元代教育管窥

YUANDAI JIAOYU GUANKUI

王建军 ◎ 著

中国社会科学出版社

图书在版编目(CIP)数据

元代教育管窥/王建军著. —北京：中国社会科学出版社，2012.10
ISBN 978-7-5161-0885-7

Ⅰ.①元… Ⅱ.①王… Ⅲ.①教育史—研究—中国—元代 Ⅳ.①G529.47

中国版本图书馆 CIP 数据核字(2012)第 098320 号

出 版 人	赵剑英
责任编辑	郭晓鸿
特约编辑	张 剑
责任校对	徐 楠
责任印制	戴 宽

出 版	中国社会科学出版社
社 址	北京鼓楼西大街甲 158 号（邮编 100720）
网 址	http://www.csspw.cn 中文域名:中国社科网 010-64070619
发 行 部	010-84083685
门 市 部	010-84029450
经 销	新华书店及其他书店

印 刷	北京市君升印刷有限公司
装 订	廊坊市广阳区广增装订厂
版 次	2012 年 10 月第 1 版
印 次	2012 年 10 月第 1 次印刷

开 本	710×1000 1/16
印 张	17.25
插 页	2
字 数	251 千字
定 价	46.00 元

凡购买中国社会科学出版社图书，如有质量问题请与本社联系调换
电话:010-64009791

自 序

这本小册子收集了我近年撰写的关于元代教育的部分论文。这些论文大部分都已发表过，但其中不少是为参加各种学术会议而写，由于时间间隔较长，所载刊物或论文集较分散，难以集中展示我在这些文章中的一些想法。而这些想法，我觉得对学术界还是有点儿意义。所以决定集结成册，广之于世。

书名之所以谓之“管窥”，因为这些文章只涉及了元代教育史中很少的领域，即使在这些领域中也是讨论了一些小问题，不宏观，不系统，不能展示元代教育的全貌。但“小”也有“小”的优势，对问题的探讨可以深入，可以以小见大，可以窥一斑而知全豹。这些文章多是从一个侧面，或是从一个角度切入，力求对影响这一问题的宏观背景有所触及，有所揭示。例如对元代文教政策的研究，只是对《庙学典礼》中所辑录的世祖朝和成宗朝的儒学政策文献进行梳理，力图揭示蒙古统治者入主中原“文治”进程的脉络。对大蒙古国国子学的研究，截取了大蒙古国国子学办学宗旨的转变这个角度，力图展示蒙古统治者与中原汉人儒士在办学问题上的第一次交锋与磨合，揭示两种文化在元代教育发展中的冲突。对蒙古国子监、国子监、回回国子监研究的文章有5篇，主要从创办原因、办学模式、隶属关系等角度切入，着重阐述了元代多元政治势力的较量，是促成元代蒙古国子监、国子监、回回国子监三元并存教育体制产生的根本原因。对书院的研究有两篇，一篇从元代西湖书院的刻书看元代的书院刻书业绩，另一篇从崇义书院的申办看元代的书院政策的走向和书院学风的转变。对元代科举的研究则利用了元杂剧的材料，对下层文人呼唤科举的心态进行揭示，反映了元代社会“权”与“财”对“才”的压制，表达了下层文人对社会政治的关注和参与的强烈意识。人物研究，一个是选取了元代教育家的代表许衡作样本，通过探讨许衡在办学问题上的努力与失望，揭示了汉人教育家与蒙古统治者在教育理念上的矛盾与冲突；另一个是选取了元代政治家的代表李孟作样本，通过探讨李孟三入中书的作为与失望，反映了汉族官僚侧身元代政治权力中心的无奈与失望。所以，从这些文章看，尽管都是“管窥”，但确实能帮助我们对元代社会和教育有所认识，有所思考，有所启示。

思考和启示的目的并不仅仅是针对历史，更重要的是为了现实。元代教育的落后，我们不能仅仅停留在是由于外族统治和草原文明落后所致这个认识层面，其深层原因还是要从中国传统教育机制的角度去寻找。中国传统教育的发展，自汉武帝确定“独尊儒术”政策，教育就成为政治统治的工具。发展至元代，这一特质表现得尤为突出。由于元代充满了蒙古、回回、汉族三大政治势力的争斗，因而政治因素十分积极地介入教育领域。忽必烈登基汗位并建立元朝，其文治方针便显现出树立蒙古文化正统地位的倾向。汉人儒士为维护汉法和争取儒治，也在努力弘扬儒学的道统地位。色目贵族则为了显示其政治地位，也绝不肯放弃在教育上的一席地位。这样，学校成为政治权力角逐棋盘上的棋子，元代教育的悲剧，根本原因在此。在专制政治的环境下，受教育者和教育者都只重视自己行为的国家价值取向，教育主体和人格主体在这种价值取向中完全被湮没和被取代。这是一种单一取向的思维定式。对这一传统思维定式的思考是现代教育发展极为重要的课题，因为这种单一取向的思维定式在今天无论是指向政治还是指向经济，都不利于现代教育的多元发展，真正的人文精神和人格理想都会在这一思维定式下被湮历史学没或被扭曲。

在这本论文集出版之际，适逢我获取历史学博士学位十周年之时。在此，我特别感谢我的导师邱树森先生，是邱先生领我走进了元史研究这个多彩的领域，并手把手地指导我掌握历史研究方法，才有了我在历史研究领域的后续发展。同时我也感谢同窗学友王秀丽和陈广恩，他们对我的帮助使我获益良多。

另外，我十分感谢本书的责任编辑郭晓鸿博士，她的渊博学识及负责精神令我感动。

王建军

2012 年春节于华南师范大学

目　录

从《庙学典礼》看元代世祖朝和成宗朝的儒学政策

《庙学典礼》一书辑录了自元太宗九年（1237）至元成宗大德五年（1301）间官府颁布的有关儒学事宜公文共 80 件，其中 78 件出自元世祖和元成宗两朝。这两朝是元代统治者意欲按照汉族中央集权体制建构元代一统天下的关键时期，因而其儒学政策便成为影响这一进程至关重要的元素。从本书所辑录的文件来看，元世祖中统至元年间是元代崇立儒学政策的奠基时期，而成宗继位之后，元代崇立儒学的政策表现出大力推进的明显态势。本文仅就《庙学典礼》中所录文件对元代儒学政策的这一走向作初步探讨。

一

《庙学典礼》中收录元世祖朝的文件（截至至元三十一年正月[①]）共 55 件。如果以元朝灭宋的 1279 年为界将世祖朝划分为前后两个阶段，其中自中统元年（1260）至至元十六年（1279）这 20 年间所收录的文件才 6 件，其余的 49 件则是颁布于至元十七年（1280）至至元三十一年（1294）正月这 14 年

① 元世祖忽必烈去世于至元三十一年（1294）正月，故统计数字以此为止。《庙学典礼》中发自至元三十一年的文件还有三件，但都是在元成宗即位后发布的，故统计时将其计人成宗朝。

间。虽然，以此划分为前后两个阶段不一定很准确，前后阶段的文件数字也并不一定能确切说明当时的历史真实情况，但这一少一多还是多少反映了当时儒学政策的推行状况。

我们首先看看前一阶段的 6 个文件。第一个文件是中统二年（1261）六月所颁布的诏令，其诏令说：

> 先圣庙，国家岁时致祭，诸儒月朔释奠，宜恒令洒扫修洁。今后禁约诸官员、使臣、军马毋得于庙宇内安下，或聚集理问词讼，及亵渎饮宴，管工匠官不得于其中营造，违者治罪。管内凡有书院，亦不得令诸人骚扰，使臣安下。①

第二个文件颁布于同年八月：

> 诸路学校久废，无以作成人才。今拟选博学洽闻之士以教导之，据某人可充某处提举学校官。凡诸生进修者，仍选高业儒生教授，严加训诲，务要成材，以备他日选擢之用。仍仰各路官司，常切主领敦劝，宜令准此。②

第三个文件颁布于至元六年（1269）四月：

> 提刑按察司官所至之处，劝课农桑，问民疾苦，勉励学校，宣明教化。若有利害可以兴除者，申台呈省。钦此。除已遵依外，事有似缓而实急者，学校是也。盖学校者，风化之本，出治之原也。照得：随路虽有设

① 《庙学典礼》卷一《先圣庙岁时祭祀禁约骚扰安下》，浙江古籍出版社 1992 年标点本，第 12 页。

② 《庙学典礼》卷一《设提举学校官》，浙江古籍出版社 1992 年标点本，第 12 页。

立学官，其所在官司，例皆看同泛常，不为用心勉励，以致学校之设，有名无实。由是吏民往往不循理法，轻犯宪章，深不副朝廷肃清风俗、宣明教化之意。今移文各路，遍行所属，如遇朔望，自长次以下正官同首领官，率领僚属吏员，俱诣文庙烧香。礼毕，从学官、主善诣讲堂，同诸生并民家子弟愿从学者，讲议经史，更相授受。日就月将，教化可明，人才可冀。外据所在乡村镇店，选择有德望学问可为师长者，于百姓农隙之时，如法训导，使长幼皆闻孝悌忠信廉耻之言。礼让既行，风俗自厚，政清民化，止盗息奸，不为小补。①

其他的三个文件，颁布于至元六年（1269）的《设提举学校官及教授》，规定了地方学官的品级和选拔教授的条件；颁布于至元十年（1273）的《释奠服色》，规定了祭祀孔庙时的服装要求；颁布于至元十六年（1279）的《儒学提举司行移体例》，规定了儒学提举司行文的规范。

应该说，这一时期的文件数量虽然不多，但元代崇儒兴学的大政方针通过这些文件基本得以确立。其一，它重申了国家祭祀先圣庙的方针，表明了元代朝廷的崇儒方向，体现了儒学在元代的地位进一步明确和巩固。这既是对太宗窝阔台汗修复曲阜孔庙政策的继承，又是元世祖忽必烈“中统建元”欲进一步实施“汉化”的象征。其二，它强调了“勉励学校，宣明教化”的施政原则，明令各地必须崇儒兴学。兴学的目的，一在提高各级官员的儒学素质，所以祭祀孔庙必须与讲学结合起来；二在培养儒学人才，所以各地必须兴办学校；三在教化百姓，使乡村镇店皆行孝悌忠信廉耻之言。其三，它将崇儒兴学提到了国家治国之方略的高度，告诫各地官吏崇儒兴学并非一时权宜之计，所以官员所到之处都必须劝课农桑，问民疾苦，勉励学校，宣明教化。如果普天之下礼让既行，便风俗自厚，政清民化，止盗息奸，这于治国而言“不为小补”。这

① 《庙学典礼》卷一《官吏诣庙学烧香讲书》，浙江古籍出版社1992年标点本，第13页。

些精神所表现的崇儒意向十分到位，其举措也颇有力度，其间所透射出元世祖忽必烈实施“汉法”的意志也是较为明朗的。

但是，如果因此认为元代贯彻崇儒政策由此便一帆风顺，那又失之偏颇了。为证明这一点，我们可以换一个角度来思考这个问题。对于立志一统江山、雄踞天下的忽必烈来说，在这长达二十年的时间内，元廷才颁发了6个关于崇儒兴学的文件，这与文件中所强调的崇儒兴学的重要性又是极不相称的。解释这种现象的答案只有两种可能。一种可能是当时的崇儒兴学进程相当顺利，朝廷的崇儒兴学方针明确，措施到位，各地官府闻风而动，贯彻得力。也就是说，对于崇儒兴学，朝廷上下思想一致，行动一致，没有阻力，没有问题，这才可能导致朝廷对此无须过多发文。然而实际情况并非如此。我们仅从上文引述的至元六年（1269）发布的文件中就可以看到，各地官府对崇儒兴学方针的贯彻并不得力，“随路虽有设立学宫，其所在官司，例皆看同泛常，不为用心勉励，以致学校之设，有名无实”。而对如此严重的状况，既未见朝廷屡屡发文督办，也不见地方频频申述其困难与疑惑。那么，对此现象的解释便只有另一种可能，即当时的崇儒兴学进程实际上是处于半停顿状态。虽然上文说过，《庙学典礼》中收录的文件数并不能完整地说明问题，但这一时期的6篇与下一阶段的49篇相比，至少说明这一时期的崇儒兴学的进程是极度缓慢的。

这一判断的依据何在？我们从至元二十年（1283）御史中丞崔少中的一则上疏中看到：“兵火之后，科举已废，民知为儒之不见用也，去儒而为吏、为商，甚至为盗，儒风十去六七矣。”[①] 社会价值取向由为儒转而为吏、为商，甚至为盗，说明社会上儒风不盛，崇儒兴学政策未见成效。而这种状况是与统治集团的不重视直接有关。至元二十三年（1286），集贤院直学士程文海在一

---

① 《庙学典礼》卷一《省台复石国秀尹应元所献学田》，浙江古籍出版社1992年标点本，第22页。

则上疏中指出："国家自中统建元以来，中外臣僚亦时闻表表伟杰者，皆自往时故老宿儒熏陶浸灌而然，历时既久，以次沦谢，迩来晨星寥寥，无几何矣。臣不知更十余年后，人物当如何其琐琐也。而主论者恬不知怪，视学校为不急，谓《诗》、《书》为无用，不知人才盛衰，张本于此。"① 所谓主论者，显然就是指当权之人，他们"视学校为不急，谓《诗》、《书》为无用"，这起码证明了崇儒兴学并未成为当时治国的当务之急。

导致这种状况的原因是多方面的。当年元世祖忽必烈迈出"中统建元"这一步，确实是向世人昭示他意欲按照中原封建王朝的规格改造大蒙古国的决心。但忽必烈的崇儒意向并不是要取"汉法"根本取代"国朝（蒙古）成法"，而是要把"汉法"与"国朝成法"结合起来，建立"一代王法"。这实质上是表明元廷行汉法是有条件的和有限度的，这就在一定程度上影响了忽必烈对儒学的态度。

另外，忽必烈行汉法本来就遭到了守旧的蒙古贵族们的反对。忽必烈建都燕京，西北藩王便遣使来责问："本朝旧俗与汉法异，今留汉地，建都邑城郭，仪文制度，遵用汉法，其故何如?"② 这一责问很典型地表现了守旧的蒙古贵族们担忧既得利益丧失的心态。君临汉族人口占大多数的国度，蒙古贵族的统治地位须靠民族特权才可得以保证和维持。如果彻底改行汉法，必然会触动蒙古贵族的既得利益，因而蒙古贵族对行汉法有着本能的抵触情绪。虽然忽必烈在坚持行汉法的总方向上是坚定的，但对蒙古贵族的特权利益也不能不予以考虑和照顾，因为他毕竟是蒙古贵族的总代表。

应该说，中统建元之初，忽必烈对汉人还是相当器重的，但发生在中统三年（1262）的李璮叛乱则使这一格局发生了重大的转变。李璮叛乱进一步加剧了蒙古统治者的民族猜忌情绪，进而在权力分配上更加有意识地重用回回人以

① 《庙学典礼》卷二《程学士奏重学校》，浙江古籍出版社 1992 年标点本，第 27 页。

② 《元史》卷一二五《高智耀传》，中华书局 1976 年标点本，第 3073 页。

牵制汉人。虽然忽必烈在处理李璮叛乱问题上采取了审慎的态度，但在朝廷职权的构建上却正式确定了“以蒙古人充各路达鲁花赤，汉人充总管，回回人充同知，永为定制”① 的任官原则。这种相互牵制的政治格局，无疑增大了崇儒兴学的阻力，延缓了崇儒兴学的进程。

而这一时期元朝廷所面临的频繁的战争，也是造成元代推行崇儒政策处于半停顿状态的一个重要原因。自中统建元以来，国内局势便一直处于动荡不安之中。先是有阿里不哥的叛乱，继而有李璮及其余党毛璋的叛乱，接着海都等西北藩王在西北地区不断制造动乱，其后还有乃颜等东北藩王在东北地区的动乱。而从至元四年（1267）开始的元朝进攻南宋，更是一场时间长久地域辽阔的战争。面对如此纷繁动荡的局面，以“守成”为功用的崇儒兴学工作确实难以成为治国的当务之急。

但是，从至元十九年（1282）开始，崇儒兴学的半停顿状况似乎有了改变，这至少从《庙学典礼》所收录的文件数量能够说明这一点。从这一年开始到至元三十一年（1294）正月，《庙学典礼》中所收录的文件共 49 件，平均每年是 4 件。文件所讨论的问题牵涉崇儒兴学政策的落实与推进，处理儒、释、道关系的政策，提学官的管理权限，学田政策，学校教官的管理政策，儒户政策等各个方面，这起码说明元代的崇儒兴学进程已在实实在在地进行了。而且，前一时期的文件多直接以皇帝旨意和朝廷规定为内容，而后一时期的文件则多是以问题的提出为引子，通过重申皇帝旨意或朝廷规定，经过有关部门的讨论，再经皇帝的“钦准”予以下发。也就是说，这一时期元代的崇儒兴学确实进入到了操作阶段。文件数量多是因为在办学过程中所出现的问题多，处理问题又多有反复，因而寻求解决问题的公文便增多了。

为什么元代的崇儒兴学进程至此会出现新的转机？我们可以看看《庙学典礼》中收录的至元十九年（1282）颁发的《岁贡儒吏》一文，文中指出：

---

① 《元史》卷六《世祖纪三》，中华书局 1976 年标点本，第 106 页。

> 近为朝廷选补掾吏无法，拟定中书省掾于枢密院、御史台内令史勾取，院、台令令史于六部令史内勾取，六部令史以诸路岁贡人吏补充。内外职官材堪省掾及院、台、部令史者，亦许擢用。已经行下吏部，依上施行去讫。都省议得：省掾考满，出而临民，入而事上，资品既高，责任亦重，溯流寻源，皆自岁贡中出。由此言之，岁贡儒吏，若不先加教养，次以铨试收之，必将苟且以求侥幸，人才失真，所关匪细。①

“选补掾吏无法”的原因固然是多方面的，但元廷认为最根本的症结在于岁贡质量得不到保障，其根源还在人才的培养。可见长年忽视培养人才，终于导致了人才供求矛盾异常突出的后果。为解决这一问题，元廷强调了四点措施：第一，各地应要求所辖儒户须各派一名入府、州学，量其有无，自备束修，从教授读书，修习儒业。岁贡之时，各地方官应先由本学教授，于系籍儒生内选试行义修明、文书优赡、深通经史、晓达时务、可以从政者保申，官府再行核实，然后贡解；第二，各路司吏有阙，须于所属诸衙门人吏内，先选行止廉慎，次论才干明敏，然后勾取，委本路长官，参佐同儒学教授立考试，择行移有法、算术无差、字画谨严、语言辩利、能通《诗》、《书》、《论》、《孟》一经者为中程式，仍取考试官保的文状，然后补充本州司吏；第三，岁贡人额：按察司、上路总管府，三年一次，贡二名，儒一名，吏一名；下路总管府，二年一次，贡一名，儒、吏递进；第四，六部令史，除补院、台令史外，诸道行省掾亦拟差补。这四项措施所贯彻的一个基本原则，就是强调儒生入仕、吏员升迁都须经过儒学知识的考试，而且须由儒学教授主考。这无疑给儒学地位的提高和促进崇儒兴学进程注入了一针强心剂。

促成这一转机的重要因素是元朝政权在全国的统一。至元十六年（1279），

① 《庙学典礼》卷一《岁贡儒吏》，浙江古籍出版社 1992 年标点本，第 17—18 页。

元朝军队基本结束了进攻南宋的战事，完成了全国的统一。由于政权的触角延伸到辽阔的国土，人才的需求便自然凸显。加之崇儒兴学进程长时间处于半停顿状态，使这种治国之才短缺的矛盾，不仅表现为量的严重不足，而且表现为质的严重滑坡，即儒学素养的滑坡。官僚队伍的儒学素质直接关系到元朝政权能否在中国这个以宗法血缘为社会纽带的农业大国立稳脚跟，对这一问题的重视应该是元廷颁布《岁贡儒吏》的直接背景。另外，元朝政权因全国统一而面临的一个新课题，便是对南宋之地的治理。诚如至元十二年（1275）忽必烈在给降臣高达的诏书中所言："夫争国家者，取其土地人民而已，虽得其地而无其民，其谁与居！今欲保守新附城壁，使百姓安业力农，蒙古人未之知也。"① 基于这一考虑，元廷就不能忽视对江南士大夫的争取，由此也必然要对士大夫所赖以立身安命的儒学文化及兴学事业予以有效的回应。《庙学典礼》中所收录这一时期的文件多是因江南之地的兴学之事而发，便是起因于此。

元廷内部的权力之争也在有意无意地为推进崇儒兴学进程发挥着作用。至元十六年（1279）真金太子开始参决朝政，"凡中书省、枢密院、御史台及百司之事，皆先启后闻"②。真金从小受到忽必烈幕僚中的三位儒家学者姚枢、窦默和王恂的教养熏陶，熟读儒家经典和历代皇朝文献，对中国传统文化素有感情。他咨访多用汉人官僚，重用主汉法的色目人官僚，这在客观上推动了元代行汉法的进程。当然此景不长，真金太子于至元二十二年（1285）死去，中书大权又操持在色目人桑哥手中，元代崇儒兴学的进程一度受阻。但阴差阳错的是，忽必烈为了牵制北方汉人，明令在中书省、院、台诸司和江南各省委用南人③，也借此安抚江南士大夫。而南人因受到北方汉人的轻视，也在一定程度上与桑哥接近，这又为江南兴学留置了一定的空

① 《元史》卷八《世祖纪五》，中华书局 1976 年标点本，第 166 页。

② 《元史》卷一〇《世祖纪七》，中华书局 1976 年标点本，第 217 页。

③ 《元史》卷一四《世祖纪一一》，中华书局 1976 年标点本，第 287 页。

间。元代崇儒兴学的进程就在这种错综复杂盘根错节的宫廷权力之争中曲折艰难地前进。

二

那么，从《庙学典礼》所收录的文件看，元世祖统治后期的儒学政策主要围绕着哪些问题而展开？

第一，自上而下地构建一个学校网络。

“勉励学校，宣明教化”的原则早在至元初期便已确立，但各地的兴学显然未能很好落实，故而这一时期要求重视兴办学校的呼声较之前一时期更为高涨。《庙学典礼》中的文件真实地反映了这一状况。御史中丞崔少中在上疏中强调：“窃惟三代、汉、唐以至于宋，皆立学以养士，生徒多至数千，置田筑室，官为营办。所以养成人才，讲明义理，习礼让之事，消祸乱之源，故识者以为急务。”① 集贤院直学士程文海则建议：“今已至此，后当若何？臣愚欲望陛下明诏有司，重学校之事，慎师儒之选。”② 左丞叶李的呼吁更为直截了当：“臣愚省得先朝创业之初，犹以收拾人才为急，今日混一之后，岂可不以设立学校为先？”③ 监察御史王龙泽则上疏陈述兴办学校应抓的六件事情：一曰定建学之规，以正风俗；二曰立养士之法，以育人才；三曰设课试之程，以考行艺；四曰黜浮薄之文，以明经理；五曰隆乐善之礼，以崇有德；六曰严教道之责，以劝小学。④

在这样的情势下，元世祖下旨要求集贤院拿出一套详细的办学方案：“那田地里立太学，合读是什么书，合设学官并生员饮食分例，合立的规矩，外头

① 《庙学典礼》卷一《省台复石国秀尹应元所献学田》，浙江古籍出版社 1992 年标点本，第 21 页。

② 《庙学典礼》卷二《程学士奏重学校》，浙江古籍出版社 1992 年标点本，第 27 页。

③ 《庙学典礼》卷二《左丞叶李奏立太学设提举司及路教迁转格例儒户免差》，浙江古籍出版社 1992 年标点本，第 29 页。

④ 《庙学典礼》卷四《王御史言六事》，浙江古籍出版社 1992 年标点本，第 71—72 页。

设立儒学提举去处写出来，我行奏著。”[1] 至元二十四年（1287），集贤院终于拿出了一个元代学校体制的构建方案。这一方案确定了在京师与地方两级设学的原则。京师设立国子学，内设祭酒、司业、监丞及博士、助教等职，学生则按蒙古五十人，色目、汉人五十人，伴读二十人的规模招收，并对校舍、学生生活、学习用品、经费来源都作了具体规定。各地则创立地方学校一所，“先立学校，后盖文庙”[2]。至元二十八年（1291），浙东海右道提刑按察司副使王朝请又提议设立小学，经有关部门讨论，形成了“于各路、各县学内设立小学”的意见。[3]

至于教育管理体制，地方又重新恢复了各道设立儒学提举司的建制，直接管理地方学校事宜；京师国子监则隶属于集贤院。教官选拔由翰林院选拟呈送中书省，并照会集贤院；地方学校的学生成材者要申报国子监；如有特别优秀者，则由儒学提举司申复，再报集贤院，再呈中书省选用。[4] 这一管理体制显然不够顺畅，多头管理必然使人无所适从，不利于教育事业的开展。于是，至元二十七年（1290），国子监上疏要求理顺管理关系，明确国子监的管理职能：“本监掌管学校，定拟南北儒官、江淮等处儒学提举司并隶本监管领。奉此，又照得各处儒学提举司所辖，俱各掌管学田钱粮，每年造册申监呈院。今本监议得：既江淮各道儒学提举司学田钱粮隶本监所管，所据教授考满给由，拟合依例申复本道宣慰司，另申国子监，呈集贤院照勘，似为便当。”[5] 这个意见得到朝廷的认可。至此，国子监除了管理国子学的教学事务以外，还要处理全国地方学校的事务。而各道的儒学提举司则接受双重领导，它既听命于国子

① 《庙学典礼》卷二《左丞叶李奏立太学设提举司及路教迁转格例儒户免差》，浙江古籍出版社1992年标点本，第29页。

② 同上书，第29—30页。

③ 《庙学典礼》卷三《按察副使王朝请申请设立小学》，浙江古籍出版社1992年标点本，第56页。

④ 《庙学典礼》卷二《左丞叶李奏立太学设提举司及路教迁转格例儒户免差》，浙江古籍出版社1992年标点本，第30页。

⑤ 《庙学典礼》卷三《教授给由》，浙江古籍出版社1992年标点本，第53页。

监，同时也要接受各地宣慰司的领导。从这些文件看，这一时期兴学的氛围和举措确实比前一阶段实在多了。

第二，进一步落实儒户的政策。

儒户是元代户役制度下的一种户计。它与其他诸色户计一样，都必须为国家承担某种特定的封建义务。设立儒户的最初举措是太宗窝阔台汗九年（1237）颁布的《选试儒人免差》，其动议源于对“自来精业儒人，二十年间学问方成”[①] 的认识，因而国家通过赋予其某些权利而规定其必须承担攻习儒业的义务。至元十九年（1282）御史台规定，各地应在所辖儒户内，“选拣有余闲年少子弟之家，须要一名入府、州学”[②]。这个政策的确立，便为地方学校的发展提供了生源的保证。

落实儒户政策，首要的一条便是保证其应有的权利。至元二十四年（1287）集贤院在确立学校体制的同时，又进一步强调：“籍内儒户，除纳地税、商税外，其余杂泛差徭并行蠲免。”[③] 这个政策在元代是一以贯之的，而且不时被政府所重申。仅至元二十四年和至元二十五年，《庙学典礼》中收录关于这一问题的专门文件就有五个。当然，通过这一现象也可看出落实这个问题的阻力很大。至元三十年（1293）的一则文件还指出了“各处官司故纵胥吏，违背诏书，舞文弄法，往往将儒人户计与民一体当差”[④] 的严重现象，可见元朝廷再三重申这一政策并不是无的放矢。

这一时期落实儒户政策的难点在儒户资格的真伪辨别。元代对儒户的确认，南北有所不同。北方儒户是通过考试确认，这个工作于至元十三年（1276）完成。而南方儒户的确认工作则完成于平宋之后的至元二十七年

① 《庙学典礼》卷一《选试儒人免差》，浙江古籍出版社 1992 年标点本，第 1 页。

② 《庙学典礼》卷一《岁贡儒吏》，浙江古籍出版社 1992 年标点本，第 18 页。

③ 《庙学典礼》卷二《左丞叶李奏立太学设提举司及路教迁转格例儒户免差》，浙江古籍出版社 1992 年标点本，第 31 页。

④ 《庙学典礼》卷四《辨别儒人难同诸色户计》，浙江古籍出版社 1992 年标点本，第 79 页。

(1290)，其方式是由地方攒报，“将归附之初元籍儒户，在儒户项下作数”[①]。然而实际操作的结果却远不尽如人意。由于儒户享有免除差徭的待遇，于是“多有豪富势要兼并之家，往往托以儒户为名，厚贿构结有司官吏，苟避差徭，不当户役”[②]，导致很多真学硕儒未能列入儒户。造成这一差错的原因，一是“归附之初，官府草创，止凭坊里正人等取到诸色户数，一时应报须知，即非儒籍，于内亡宋登科发解、真材硕学、名卿士大大，多不在内”；二是“诸路儒籍，多系县学教谕、山长、教授归附后，各年不等，自行置到文册，俱各有首无尾，中间增减改抹，真伪不辨，实难凭信”[③]。

针对这些问题，元廷主要采取了两条措施予以补救：其一，要求各地官府认真复核，勘信文凭，查照作数，对以后续收户数，收系为民。当然，对续收截止的年限当时很有争议，集贤院商定以至元二十四年为界，后续者一律收系为民。但这一标准遭到诸多地方官员的反对。他们认为，虽然在至元二十四年设置了儒学提举司，但当时许多官员并未真正到位，因而对当时的儒户名册并未作认真的查对；而且现已证明未入儒户的许多真学硕儒，在至元二十四年的名册内俱无姓名[④]。这确实是个十分棘手的问题。其二，对豪富不文之人冒充儒户的问题，朝廷要求各地官府每半个月考试一次，能通文学者，依例免役，如有怠惰荒废、不通文字之人，申省定夺，与民一体当差。各地主持考试者，由各府州县尹提调[⑤]。对这个方案，地方也有提出异议的，其理由便是色目官员不通文字，如果让他们主持考试，其效果恐怕不行。朝廷经过研究，决定改由各地文资正官一员专门提调此事。[⑥]

第三，地方学校教师管理的初步规范。

---

① 《庙学典礼》卷三《抄户局攒报儒籍始末》，浙江古籍出版社 1992 年标点本，第 57 页。

② 《庙学典礼》卷三《随路府州县尹提调儒人功业》，浙江古籍出版社 1992 年标点本，第 51 页。

③ 《庙学典礼》卷三《儒户照抄户手收入籍》，浙江古籍出版社 1992 年标点本，第 60 页。

④ 同上书，第 59 页。

⑤ 《庙学典礼》卷三《随路府州县尹提调儒人功业》，浙江古籍出版社 1992 年标点本，第 51 页。

⑥ 《庙学典礼》卷三《学官考校儒人功业府州县文资正官提调》，浙江古籍出版社 1992 年标点本，第 56 页。

从《庙学典礼》所收录的这一时期的文件看，关于地方学校教师管理的文件达18个之多，可见元朝廷对这个问题的重视程度。元朝廷强调：

> 随路教授、学正、学录，师范后进，作育人才，撰述进贺表章，考试岁贡儒吏，品级虽轻，责任实重。非公选博学洽闻有德之士，将恐幸门一启，贤不肖混淆，虽欲尽革前弊不得已。[①]

问题是如何才能“尽革前弊”？此“弊”究竟表现在哪些方面？综观这些文件，元廷认为教官管理之难，难在教官任用名实不符，保举不实，升转不周。造成这种现象的一个重要原因是教官拥挤，“员多阙少，泛滥不无”[②]。在科举未行的条件下，元代儒生入仕途径既狭窄且不通畅，教官之位便成为众多儒生奔竞的首选，由是各种钻营手段便充分展现在教官的考选升转上。为革除这一弊端，元廷在这一时期主要从教职的定编定岗和教官的选聘考核两方面加强管理。

对地方教职的编制，前一时期无统一规定，普遍存在着“冗滥”的现象。为“将额外滥设员数截日罢去”，至元十九年（1282），江浙行中书省对地方教职编制作出规定：[③]

学校	教授	钱粮官	学正	学录	斋长	斋谕
总管府	2	2	2	2	1	1
散府	2	1	1	1	1	1
书院	山长2	1	1	1	1	1
县学	教谕2	1			1	1

对这个规定，朝廷还是认为“官冗人滥”。至元二十一年（1284），为加强

① 《庙学典礼》卷二《学官职俸》，浙江古籍出版社1992年标点本，第31页。

② 同上书，第38页。

③ 《庙学典礼》卷一《郡县学院官职员数》，浙江古籍出版社1992年标点本，第17页。

地方官府对学校的直接控制，中书省下令革除各地儒学提举司，并撤除各学院的钱粮官，由各处文资正官一员专一提调。至元二十四年（1287），在府、州学及书院又增设直学一名，具体掌管本学田产、屋宇、书籍、祭器等一切文簿。但这些规定似乎执行得并不是十分严格，“各处教授员数，或一或二，因循未有定例”。至元三十年（1293），有人提议江南地区的各级学院应设教授两名，中书省认为这一方案“正合旧例，又免淹滞在都人员。况江南学校皆有养士钱粮，学官俸给就内支破，即不支费国家正俸，牒请照验，行移合属，定夺施行”①。中书省之所以在这一问题的处理上最终还是回到了“旧例”的立场，主要是众多“淹滞”人员困扰着他们。由此看来，元廷在地方教职的定编定岗问题上，之所以不能果断有效地克服“冗滥”的弊端，主要是因为朝廷本身受困于员多阙少的矛盾而无法排解。

对地方教职定编定岗的另一个问题是教官的俸禄问题。综观《庙学典礼》中收录这方面的文件，元廷并没有国家统一支付地方教官俸禄的政策。由于宋代学田政策形成了地方学校自行筹措经费的传统做法，导致元代统治者在解决这个问题时存在着明显的思想准备不足。例如，元代在地方上同时设置了儒学提举司和医学提举司，而儒学提举司所辖学校一般都有学田，故经费有着落，地方医学则一般没有学田，经费自然无着落。这便给元廷提出了一个难题：“管儒人、医人的两处提举司，教训好人，上位用着有。管着这的每底好人委付者，只于他每里头出来的钱物内与俸钱，不动着官钱，好人每也不生受，道有。俺商量得，儒学提举司有俸有，医学提举司自前无俸有，医人根底不须与，商量来。”② 同样的，就地方儒学而言，元代南北方又有不同。南方学校多有学田，故而教官俸禄便由地方官府确定，由学田经费中支出③。而北方儒学没有学田，故在至元十九年中书省关于岁贡儒吏的文

① 《庙学典礼》卷四《添设教授》，浙江古籍出版社 1992 年标点本，第 81 页。

② 《庙学典礼》卷三《儒学提举俸给》，浙江古籍出版社 1992 年标点本，第 66 页。

③ 《庙学典礼》卷二《学官职俸》，浙江古籍出版社 1992 年标点本，第 32 页。

件中只要求入学子弟“量其有无，自备束修，从教授读书，修习儒业”[1]。就是说，北方地方学校教官的俸禄要靠学生的学费来解决。这显然没有保障，而且与南方儒学待遇极不平衡。问题还在于，同样在北方的蒙古字学和医学的教官俸禄却是由朝廷支付。于是不平衡又出来了：“各处汉儿城子里，蒙古字教授、医学教授这两枝儿吃俸钱有，儒学教授无俸有，也依着那体例与俸钱呵，怎生?”[2] 为解决这一问题，至元二十九年（1292），中书省发文：“除江淮等处已有学粮去处不须支俸外”，北方各路教授月支十二两，府和上州教授月支十一两，中州教授月支十两[3]。地方教官的俸禄问题至此才初步规范。

元代地方教官的俸禄虽不高，但毕竟算一个仕途，加之职位不多，故而竞争激烈。为了保证教官的质量，元廷也开始对教官的选聘考核予以规范。元廷对教官选聘和考核的标准是十分明确的，诸如博学洽闻，学问德行，师范后进等。如何才能坚持标准，防止滥竽充数，至元二十四年（1287），中书省发文确定了对教官选聘考核的原则。次年，尚书省又专门发文，进一步明确了对教官的考核选聘措施。

其一，把好学问德行关。规定凡在南宋具有进士出身，又为本路学校公众公认为士行修洁、堪称教授者，只须如实填写年甲籍贯，于何年某人榜下登科，及历仕经历便可。如果不具有进士出身者，除了须公众按学问该博、年高德劭、为众所服、堪充教授的条件保举外，还须经过严格的考试。考试由本道按察司文资正官公坐出题，当面引试所习诗赋各一本，须文理优长，符合程式。考虑到有的地方未设提举，无人考校试验，则令本人亲笔录写所业经义、词赋、诗文共10篇，其中诗不可以超过5首。试卷及所业文字都须一并报送朝廷，由翰林国史院考校定夺。

---

① 《庙学典礼》卷一《岁贡儒吏》，浙江古籍出版社1992年标点本，第18页。

② 《庙学典礼》卷四《教授俸例》，浙江古籍出版社1992年标点本，第76页。

③ 同上。

其二，严格审核手续。教官候选人须由本地学官保举，再经本道按察司“体复”，审核是实，并开具推荐意见，连同被荐人的试卷、所业文字，粘连封缄，保结呈报朝廷。推举的格例，“白身保充学录、教谕，一考升学正，学正一考升府、州教授，府、州教授一考升路教授”，挨次保举。如有茂材异等之人须破格选聘，由本处官司依例体复具解，令本人亲赴翰林国史院出题考试，再由吏部定夺。而保结呈报朝廷的格例，“学正、学录、教谕保结申礼部外，府、州教授、路教授，保结申吏部”。

其三，对教官的考核时间，规定各路教授三年为满，依例迁转，须历两任。如遇上位缺员，处下位的教官只须历一考便可升转补缺，如直学升补学录、教谕，学录、教谕升补学正，学正升补府州教授，府、州教授升补路教授。在对教官的考核选聘过程中，如果发现有越次妄举，或推举不实的行为，则罪及保举官和审核官①。

在以后的实际操作过程中，以上措施又有所损益。例如，对教官的考核时间，至元二十七年（1290）规定，学正、学录以三十个月为考满，由儒学提举司考校所业文字，然后学正由行省审核“给由”，学录由宣慰司审核“给由”②。至元三十一年（1294）又明确规由学正、学录、山长以三年为任满③。又如，在选聘教官时，许多地方的儒学提举司自行委用，并不申报按察司体复批准，或者在已经委用之后才移交上报，于是朝廷重申：“教授、山长照依定例体复，外据学正、学录、教谕等职，今后须凭乡曲善士同举保文行兼备、众所敬服、可为后进师范之士，提举司保结，移文提刑按察司，牒文资正官体复，如实相应，准回文方许委用。”④ 更有甚者，许多地方推荐教官只有儒人保举，没有儒学正官保结，导致上下相蒙，关节附会。对此，中书省于至

① 以上内容见《庙学典礼》卷二《儒职升转保举后进例》和《学官格例》，浙江古籍出版社1992年标点本，第34—36、38—41页。

② 《庙学典礼》卷三《正录任满给由》，浙江古籍出版社1992年标点本，第49页。

③ 《庙学典礼》卷四《学正三年满考》，浙江古籍出版社1992年标点本，第83页。

④ 《庙学典礼》卷三《按察副使王朝请申明体复》，浙江古籍出版社1992年标点本，第52页。

元三十年（1293）再度重申："今之教授，月有俸给，任有出身，岂宜纵令散儒滥保。莫若立法，今后荐举学职，责任教授。"[①] 所谓责任教授，须是保举教官要负起四方面的责任："须要保结所录文字委是亲作，即非假手；须保结所录文字委是中程，堪以传授；又须保结年高德劭、今寿几何，委是为众推服；又须保结委是堪充教授或正、录、教谕。"[②] 再如，对教授的考核，集贤院在至元二十七年（1290）提议，为防止弄虚作假，所有欲升充人员都必须赴京考试。但福建方面提出异议，认为两广、福建的五品以下的朝廷命官都是就地铨注，有学寒儒怎么可能跋涉山川，往返一二万里去求一教官之职？朝廷认为这一要求合理，至元二十八年（1291）决定，无论江淮南北的儒学教授，一律按已有的推选定例，无须赴京面试[③]。

第四，明确学院产业的所有权。

当时办学所面临的一个最为实际的问题便是学院产业问题，而其中又以学田问题最为突出。当时围绕着学院产业而发生的一系列风波实质上是如何确定儒学地位问题，然而又夹杂在宫廷的权力斗争之中，故具有相当的复杂性。《庙学典礼》中收录这一时期关于学院产业的文件达 9 个之多，所反映的问题主要有三个。

其一，肆意侵占学田经济。

学田是宋代确定的地方学校经济体制，它成为地方学校和书院发展的经济命脉。元朝廷急于敛财的需求，导致世祖朝发生了两次大的学田风波。第一次风波发生在至元二十年（1283）前后，主题是欲将江南学田充官，其始作俑者是石国秀和尹应元。石国秀当时任浙东宣慰使，他建议将江东、江西、浙东、浙西等四道的赡学田产全数充官。尹应元则是南宋遗官，他为了迎合朝廷急于敛财的需要，竟危言耸听地煽动：江南地区学田所收钱粮动计数百万贯石，与

① 《庙学典礼》卷四《保勘教授》，浙江古籍出版社 1992 年标点本，第 82 页。

② 《庙学典礼》卷四《廉访司体察教官学职》，浙江古籍出版社 1992 年标点本，第 84 页。

③ 《庙学典礼》卷三《教官铨注免面试令各路定拟》，浙江古籍出版社 1992 年标点本，第 67 页。

其将这些钱粮让学官埋没受用，或让地方官府取授，不如将其用于救济百姓。此言一出，朝野俱为震惊，御史中丞崔少中上书，直言指斥“此二人素行无赖，仇疾儒生，欲夺养士之田而归之官，固出私意，亦非长策”[①]。当时真金太子尚居朝廷决策圈，朝廷中主张崇儒兴学的势力颇盛。为此，中书省和御史台于至元二十年分别发文，对这种做法予以了驳斥。文件认为：“学校之设，务在养贤，若将学田官为拘收，士类无以养奉，贤才由此而废。若令各学依旧管领，似为相应。”[②] 这一意见最终促使皇帝于至元二十三年（1286）作出了学田由学校管领的裁决[③]。

一波未平，一波又起，第二次风波直追第一次风波的主题，只是变换了个名目，要求江南各地将学田收入的剩余部分全数解送京师，以支付阴阳先生和国子监学师生的生活费用。事情的起由是由桑哥所把持的尚书省鼓噪而起，其借助忽必烈极欲筹措经济，京都极欲向江南调集粮食的需要，再一次向江南学校的学田开刀。至元二十五年（1288）八月以皇帝圣旨名义发文：“据尚书省奏，江南人处访闻得，江淮等处未附已前，诸学并有贡士庄田产，所出租课，专一养育有学问士人等，津遣赴举秀才用度。归附已后，所收租课，本管官司并主学人等夤缘侵占。今四方多学之士悉归京师，上项租课，与其无用之人冒滥支用，若选官前去，内至元二十三年为头从实取勘，除修理文庙、丁祭，并提举司学官及额设生员等年例销用外，其余数目，尽数起运京师，以备养育四方贤才用度。”这个理由当然是极其堂皇，其所调集的钱粮是江南学校正常开支后的剩余，而其用途也是为了养育四方贤才，因为这笔钱本身就是“专一养育有学问士人”。由是在至元二十五年（1288）十一月和至元二十八年（1291）五月元朝廷两度下发文件，专门催办此事[④]。可见这一次是动了真格儿，其后

① 《庙学典礼》卷一《省台复石国秀尹应元所献学田》，浙江古籍出版社1992年标点本，第22页。

② 《庙学典礼》卷一《都省复还石国秀等所献四道学田》，浙江古籍出版社1992年标点本，第19页。

③ 《庙学典礼》卷二《江南学田与种养》，浙江古籍出版社1992年标点本，第28页。

④ 见《庙学典礼》卷二《解发各学余粮赴国子监养士》和卷三《都省押发各学粮》。

果在至元二十九年（1292）的一个文件中予以了揭露：桑哥等人“设立尚书省，朋奸党恶，专务聚敛，差詹玉等一十人分道前去江淮、荆湘、闽广、两浙等处，理算各路赡学钱粮，尽数起解，交付集贤院营运，以便其私。所差人等，苦害儒生，南方学校极弊大坏”，导致南方学校的诸多教授、山长、学录自杀身亡，各学不胜其扰。直至桑哥集团败亡，此事才出现转机。许多朝廷命官在批判桑哥集团罪行之后上言反对收管学田于官府，皇帝终于下达旨意，再次明确：“属孔夫子庙底田土根脚里，不是官司底来，是秀才每置来底田地，同和尚、先生田地一般。”因此，“如今皇帝可怜见呵，依前体例里，分付与各处孔夫子庙秀才每为主。”①

其二，地方官吏及军队强占学舍喧嚣亵慢。

对地方官吏及军队强占学舍行为，中统二年（1261）朝廷曾发文明令禁止，但这种现象显然未得到有效的制止。至元二十五年（1286）枢密院在一则报告中说：“钦奉圣旨往江南等处寻访行艺高上人员，所至时有教官士人告称，诸官吏及诸管军官吏等，多于路、府、州、县学舍命妓张乐，喧嚣亵慢，习以为常，无敢谁何，甚失国家崇学重道之体。”同时，潭州路、庆元路、嘉兴路的儒学教授也都上书指斥所在学舍多遇有这一类“不知礼法之人”的骚扰。尚书省据此要求各地官府出榜禁治施行②。但至元二十九年（1292），监察御史王龙泽在一则上书中还提到许多学校“或为过客之馆舍，或为军伍之聚庐，借为设局，往来游宴”③ 的现象，可见各地官府对这种现象制止不力，甚至官府本身就是始作俑者。这又反映了当时社会不重视学校教育的倾向还是十分严重的。

其三，变卖学舍。

变卖学舍现象在当时也甚为严重，而这种行为多是官府权势所为。现仅据

① 《庙学典礼》卷四《庙学田地钱粮分付与学庙为主》，浙江古籍出版社 1992 年标点本，第 74 页。
② 《庙学典礼》卷二《文庙禁约骚扰》，浙江古籍出版社 1992 年标点本，第 41 页。
③ 《庙学典礼》卷四《王御史言六事》，浙江古籍出版社 1992 年标点本，第 71 页。

《不许变卖学舍》一文所述：至元二十七年（1290），“今有上司委官同录事司，将上项房屋等丈量出卖。”此中所说的变卖房屋，是指扬州宣圣庙学舍的教授厅两所，及先儒邹鲁祠宇一所。文中未说此上司为谁，可见来头不小，得罪不起。而江淮等处行尚书省得此举报，也只是强调文庙房舍，不应供报发卖。语气相当委婉，可以想见所为者确实势力非凡，这其中的背景可能与桑哥秉政有关。至元二十八年（1291），桑哥事发，处理变卖学舍的问题阻力显然减少，这一年江淮等处行尚书省的一则处理这类事件的榜文，其语气与前一个文件便完全不同了。文中所斥，乃时任江南释教总摄的杨琏真加。他倚恃权势，肆行豪横，将各处宫观、庙宇、书院、学舍、民户房屋、田土、山林、池塘等在十余年间尽为僧人所占据，既得之后，对文物不为修理爱护，拆毁圣像，恣行蹂践，蔑视行省、行台，欺虐良家子女，奢淫无所不至。杨琏真加败露之后，官府决定将所有这些产业“尽行给还元主，实副江淮民望”[①]。这算是处理这类事件比较成功的一个例子。

三

至元三十一年（1294）四月，皇孙铁穆耳还上都即位，是为成宗。大德十一年（1307）上月，成宗病逝，在位 13 年。史臣评曰：“成宗承天下混一之后，垂拱而治，可谓善于守成者矣。惟其末年，连岁寝疾，凡国家政事，内则决于宫壶，外则委于宰臣；然其不致于废坠者，则以去世祖为未远，成宪具在故也。”[②] 谓世祖朝的“成宪俱在”，说明铁穆耳遵循了忽必烈的治国方略，因此此处所谓守成，并非毫无作为，而是依据世祖所确定的宪章政策予以大力推进，使元朝大政方针得以连续和贯彻。而铁穆耳所倚重的右丞相完泽以谨慎和

---

① 《庙学典礼》卷三《不许变卖学舍》，浙江古籍出版社 1992 年标点本，第 51—52 页。

② 《元史》卷二一《成宗纪四》，中华书局 1976 年标点本，第 472 页。

宽厚著称于朝。出任左丞相的哈剌哈孙不仅具有才干，而且正直，还以雅重儒术而闻名。在1303年完泽去世后，他成为朝廷中最有影响的人物。铁穆耳朝初期另一个有影响的人物是不忽木，不忽木在国子学学习期间受到理学大师许衡的教育，是有元一代最有名的非汉人儒士官员。他先任平章政事，后任御史中丞，在铁穆耳朝主要起着为儒学辩护和规范朝政的作用。这些蒙古和色目重臣得到了一批汉人官员和回回理财者的支持，为执行确保政治和社会稳定的政策奠定了基础。[①] 在这样的情势下，元代的崇儒兴学进程，发展至成宗朝便有了新的起色。

《庙学典礼》中收录成宗朝的文件截止于大德五年（1301）六月，共23件。从这些文件来看，成宗朝的崇儒兴学进程力度加大，措施具体，其特点体现为以下三个方面。

第一，成宗即位之初，元廷便为推进崇儒兴学进程点了三把火。

这第一把火是铁穆耳即位之初连续颁布了两个崇儒兴学的诏令。第一个诏令是在至元三十一年（1294）四月，成宗在登宝位诏中强调：

> 学校之设，所以作成人才，仰各处正官、教官钦依先皇帝已降圣旨，主领敦劝，严加训诲，务要成材，以备擢用。仍仰中书省议行贡举之法。其无学田去处，量拨荒闲田土，给赡生徒，所在官司，长与存恤。[②]

这个诏令明确了要继续执行元世祖的崇儒兴学政策，这就从方向上肯定了崇儒兴学进程的重要性和连续性。并且，在这里明确要求中书省讨论贡举之法，表明元廷意欲加强崇儒与选士之间的联系。

第二个诏令颁布于三个月后，成宗于这一年的七月再度强调了崇儒兴学

① 参见《剑桥中国辽西夏金元史》，中国社会科学出版社1998年版，第570—572页。

② 《庙学典礼》卷四《正官教官训诲任材议贡举拨学田》，浙江古籍出版社1992年标点本，第85页。

方针：

孔子之道，垂宪万世，有国家者，所当崇奉。曲阜林庙，上都、大都、诸路府、州、县邑应设庙学、书院，照依世祖皇帝圣旨，禁约诸官员、使臣、军马，毋得于内安下，或聚集理问词讼，亵渎饮宴，工役造作，受贮官物。其赡学地土产业，及贡士庄，诸人毋得侵夺，所出钱粮，以供春秋二丁、朔望祭扫，及师生廪膳，贫寒老病之士、为众所尊敬者，月支米粮，优恤养赡，庙宇损坏，随即修完。作养后进，严加训诲，讲习道艺，务要成材。若德行文学超出时辈者，有司举保，肃政廉访司体复相同，以备选用。本路总管府、提举儒学、肃政廉访司宣明教化，勉励学校。凡庙学公事，诸人毋得沮扰，据合行儒人事理，照依已降圣旨施行。彼或恃此非理妄行，国有常宪，宁不知惧？钦此。[①]

这个诏令全面重申了世祖朝关于崇儒兴学的各项政策，表明了铁穆耳意欲按照忽必烈制定的治国方针走下去的决心。

这第二把火是通过处理濂溪书院的文物而点燃的。濂溪书院创办于南宋时期，为纪念宋代理学家周敦颐而开设。元代亡宋后，地方官府将濂溪书院所收藏的南宋文物及周敦颐等人的塑像予以收缴，并在书院改立孔子像，“诚恐滋长奸伪，愚民易惑，妄生事端”。此事最后反映到朝廷，朝廷依据“勉励学校，宣明教化”的精神，明确表态此做法“甚非所宜”。朝廷认为：

议得濂溪先生学绩千载，道传二程，维持纲常，发明仁义，实大惠于学者，乃有功于圣门，学被斯民，礼宜通祀，岂止乡土一祠而已。但国家混一之初，未有定例，况《礼》云：非天子不议礼，不制度，不考文，盖

① 《庙学典礼》卷四《崇奉孔祀教养儒生》，浙江古籍出版社 1992 年标点本，第 85—86 页。

礼乐者，自天子出也，有司不敢擅自定夺。其廉访司官所至之处，勉励学校，宣明教化，申理冤狱，建白利病，顾此不为，乃擅自改易庙像，甚非所宜。亡宋御书、牌匾，即系前代事理，况腹里并江南僧、道寺、观皆有异代牌匾、碑石，岂独濂溪书院。江南四省书院非一，恐复有不知典故之人私意更改，深为未便。①

这个处理意见，实质上明确宣示了元廷意欲传承宋代文化，传承中华文化，奉行程朱理学的意向，从指导思想上解决了文化传承中的政治偏见问题，这对于推进崇儒兴学进程是至为关键的。

这第三把火则是成宗于元贞元年（1295）颁布的关于岁贡儒吏的诏令：

议行贡举，前诏已尝及之，比及设科以来，自元贞二年，诸路有儒知吏事、吏通经术、性行修谨者，各路荐举，廉访司试选，每道岁贡一人，省台委官立法考试，必中程式，方许录用。如所贡不公，罪及选举官司。②

与前面所引诏令联系起来看，经过一年的时间，中书省便制订了贡举方案，成宗也及时颁布了岁贡儒吏、立法考试的诏令。这个诏令与世祖朝的两个贡举诏令相比，至元十九年规定每上路年贡二人，每下路二年贡一人；至元二十八年规定每路岁贡一人，而这次则是规定每道岁贡二人，贡举范围明显扩大，贡举名额明显增多，贡举力度明显加大，这对于推进崇儒兴学进程的影响是十分深远的。

这三把火的点燃，将尊孔崇儒、兴学育才与考选入仕组合成为一个有机相连的教育机制，这也就为成宗朝的崇儒兴学政策奠定了基调。

---

① 《庙学典礼》卷四《还复濂溪书院神像》，浙江古籍出版社1992年标点本，第86—87页。

② 《庙学典礼》卷四《岁贡知吏事儒人》，浙江古籍出版社1992年标点本，第92页。

第二，公开检讨了崇儒兴学进程中存在的种种问题。

《庙学典礼》中所收录成宗朝的文件有一个很明显的特色，便是许多文件都是针对崇儒兴学进程中存在的问题而发。因揭露问题而求得崇儒兴学的措施更为完善更为得力，表明成宗朝的崇儒兴学进程确实在推进之中。

从文件看，元廷已认识到影响崇儒兴学进程的关键在各地官府，特别是各地主管教育官员的素质至为关键。但现实状况却与这一要求相差甚远，“各处学官与夫提举司官，务以滥保人员、分差教谕专为己任，于人品之贤否，学校之兴废，何尝究心。是故学校之设，似有若无，生员之盛，虽多奚益”①。这个话已经说得相当直白，它将地方教育官员的为官取向与崇儒兴学之间的矛盾揭露无遗。

当时各地教育管理官员的素质之差，首先表现在他们不懂教育，只会瞎指挥。“今窃见各处所司官员，反有不便于学校者”。例如，庙像制度，释菜礼仪，乃是国家重典，非朝廷发文不得更改。但很多地方官员却以浅俗之见，或以道听途说之论，擅自更改，不仅造成有关部门无所适从，而且导致天下礼文不一。又如考核儒生，“主司之官亦合度量我之能否，然后考正彼之是非”，甚至有许多不通儒书者也在自任考试之责。对教学管理，“又有以己之好尚，辄使师生习于世无用之学，徒费日月，有误后人。又有将堂上前人所书匾额毁去，以己之书札换易，不复存古。又或风使学官，板无益之书，镌不急之石，创建改作等事，徒费学粮，妄兴工役，反致妨废生员事业，有负朝廷任责勉励之意”②。

更有甚者，有的教育官员“视学廪不啻己物，营私规利，侵破不存，坐视庙学隳颓，不顾祭器损阙，经板散失”，甚至将学校文物贿赂上司，“甚者将学

① 《庙学典礼》卷四《完颜签事请令文资正官兼提举学校职衔》，浙江古籍出版社 1992 年标点本，第 93 页。

② 《庙学典礼》卷五《行台治书侍御史咨呈勉励学校事宜》，浙江古籍出版社 1992 年标点本，第 114—115 页。

舍拆毁，田粮隐瞒，枵腹而来，饱载而去”[①]。

教育官员不以学校为念，只以发财为目标，那就必然会利用手中的权力在选聘考核教官问题上营私舞弊。“富家之子急于仕进，谒托经求，各路儒学往往徇情保举，提举司校勘，虚加褒奖，廉访司体察相应，一牒有二三十名”[②]，这在当时已成为相当严重的现象。求官之人只要“结托本处官司，馈赂提举司官吏”，教育官员便“椿捏虚文褒美，滥行保举，欺诳上司，别求选用”。他们行“保举”“体复”之事，“不问其寿几何，学业优劣，德行有无，以苞苴之多寡，为职事之高低”[③]，导致“年高德劭之士不得闻达，年少德薄之人奔竞冒进”。朝廷曾派员到台州考核儒学提举司所保举的人员，三十多人中“有趑趄不到者大半，勉强赴司者十余名，及至命题考试，其作文中程之士少，害理讹事之辈多”[④]。越来越多的滥竽充数，进一步加剧了教官员多阙少的矛盾，“即目四方保牒填委，人人希望教授，耻作以次学官，巢阙塞满，调选诚难”。据江浙行省于大德四年（1300）的统计：“到省学官已有五百八十余员，山长、学正巢阙仅有一百余处，又提举司、县设教谕二员，见在守阙，复有四百之上。”[⑤] 大德五年（1301），吏部的一则公文也说：“今见到部者，已积二百余员，不能迁调。”[⑥] 升转之途的滞碍，反过来又进一步阻碍了真学硕儒的发展，严重影响了教官队伍的质量。

教育官员的以权谋私同样也涉足儒户问题上。儒户的蠲免差役，成为富豪之家钻营的目标，大德三年（1299），据建德路反映：“一等富户不通文字，计嘱儒学官吏，买作儒户，与免差役。”[⑦] 计嘱者，显然是钱权的交易。导致富豪之家竞冒钻营的责任主要在官府，元廷认为：“且如富豪之家子弟诈入儒籍，

① 《庙学典礼》卷四《教官任满给由》，浙江古籍出版社1992年标点本，第90页。
② 《庙学典礼》卷六《行省差设教谕》，浙江古籍出版社1992年标点本，第133页。
③ 《庙学典礼》卷四《教官任满给由》，浙江古籍出版社1992年标点本，第90页。
④ 《庙学典礼》卷六《廉访分司举明体察》，浙江古籍出版社1992年标点本，第131页。
⑤ 《庙学典礼》卷六《行省差设教谕》，浙江古籍出版社1992年标点本，第133页。
⑥ 《庙学典礼》卷六《山长改教授及正录教谕格例》，浙江古籍出版社1992年标点本，第138页。
⑦ 《庙学典礼》卷六《申明儒人课试》，浙江古籍出版社1992年标点本，第124页。

或所作月课令人代笔者，自是各处正官有失检举，学官不能训导，致令有此欺弊。”[①] 由此可见，为了推进崇儒兴学的进程，元廷在揭露这些问题的同时，所表示的态度还是十分明朗的。

第三，兴学的规程进一步规范。

这一时期的文件还有一个特点，便是对办学的程式有了更为具体、更为详备的规定。朝廷曾派员到婺州路学点视，发现朔望之日到校诣学者甚少，缺席者竟达八十人之多，及至讲说，有不通者十余辈。可以想见其他地方的这种情况也较普遍，许多儒户不遵规程，“惟知户役之优免，遽忘圣经之阃奥，朔望拜谒，尚有阙礼，坐斋肄习，安有尽心”[②]。这种情况不予扭转，崇儒兴学便成空话。《庙学典礼》中关于这方面的文件共有 4 件，而且这些文件都很长，对学校、书院、小学，从教学安排、教材选定、讲书要求、课试之法，到书板刊刻、经费开支等一系列具体事宜都作了明确规定。元朝廷认为：

> 方今朝廷清明，崇重儒术，然奖谕之文虽笃，而教育之力未备。平居学校，既无素定之规，他时贡举，岂有超群之士。拟合明立教条，使之日就月将，庶几养成材器，以待选抡。[③]

朝廷规定，在籍儒人，凡遇朔望并须陪拜诣学听讲。其中五十岁以下三十岁以上的儒生须各供月课，孟月试经、赋，仲月试论，季月试经疑、史评；三十岁以下十五岁以上的儒生须常川在学肄业，延请讲书训诲，日各司所业；十五岁以下者，则设小学一所，教导二员，逐日依小学规式，教导施行。

每月课试之法，按四等计分：魁名三分，亚名二分，又次名一分半，通榜者一分。岁终总计十二次考试成绩，积十分以上者申报官府，于次年正月由文

① 《庙学典礼》卷六《申明儒人课试》，浙江古籍出版社 1992 年标点本，第 124 页。

② 《庙学典礼》卷六《宪司举明学校规式》，浙江古籍出版社 1992 年标点本，第 119 页。

③ 《庙学典礼》卷五《行台坐下宪司讲究学校便宜》，浙江古籍出版社 1992 年标点本，第 97 页。

资正官、肃政廉访司予以考核，其中对文义通畅者，取首名保申上司，以备岁贡。对十二试俱黜者，降供一季，发付本学训诲，逐日在斋习读，伺降供满日，再行考核。

各地官学包括书院的在学儒生的讲书会课，也须立定成规。如杭州路学的教学安排以旬为单位：一、六两日，本经经义、破题承冒、赋破一韵；二、七两日，本经经义、小经义、赋省题诗；三、八两日，经、赋、律诗一首；四、九两日，经、赋、古诗一首；五、十两日，经、赋、《语》《孟》口义。每日课程，上午习字、说书、读书，下午课堂作业，完成呈交教授后方许放学。

小学所讲读书，先《小学》，次及《孝经》、《论语》、《孟子》，后《诗》、《书》。每时上课，有晨参、讲书、会食、习字、试书诸项环节，师生尊卑，长幼序齿，鸣钟喝揖，规式如仪。

各地官府应确保各学校、书院、小学的教学秩序，不得任人妄行干扰。对各书院山长、县学教谕，须依例保申体复委用，不得滥行差设。各处学校书院对现有书板应检校整顿，刊补成集。对儒户政策应切实贯彻，除商税、地税之外，其余一切杂泛差徭并行蠲免。各处教官，须常切训诲，在籍儒生，各务进德修业，以待选用。①

以上这些规定既表明了元廷对各地学校发展的重视，也反映了元代的学校管理制度较之前代有了进一步的发展与规范。

从以上三个特点来看，成宗朝的崇儒兴学进程在全面继承前代的基础上，有了切实的新发展。至少从朝廷政策的角度，这一时期的崇儒兴学在思路上更为清晰明朗，措施上更为具体落实。将其与世祖朝的状况联系起来看，正表现了元代前期崇儒兴学进程的循序渐进。这种充满着曲折的循序渐进过程又折射出元代统治者的文化选择是在困惑与彷徨中前进的。当然，本文仅就《庙学典

---

① 详见《庙学典礼》卷五《行台坐下宪司讲究学校便宜》，《行省坐下监察御史申明学校规式》及卷六《宪司举明学校规式》，《成宗设立小学书塾》。

礼》所收录的文件进行梳理，它可能并非全面展示了元代前期崇儒兴学进程的风貌。而且这里也仅就元代崇儒兴学的政策予以阐述，并未将其放在元代文化政策的整体背景下考察，因而这里的论述不可避免地存在着许多局限，这有待于今后更加深入的研究。

大蒙古国国子学考论

公元1233年，蒙古军队攻陷金朝首都汴京，便借燕京宣圣庙创办了国子学。这是大蒙古国所创办的第一所学校，也是蒙古统治者在中原地区依据前代中原王朝的形式（不是模式）所创办的最高学府。然而正是由于其只模仿了传统国子学的形式而未遵照传统国子学的模式，故而围绕着办学宗旨问题，大蒙古国国子学经历了由文字教育向儒学教育的转变。这是蒙古统治者在办学问题上与汉人儒士的第一次冲突。

对大蒙古国国子学的研究，丁昆健先生的《蒙古征伐时期（1208—1259）华北的儒学教育》和袁冀先生的《元代之国子学》都有所涉及，而萧启庆先生的《大蒙古国的国子学——兼论蒙汉菁英涵化的滥觞与儒道势力的消长》一文对大蒙古国国子学作了深入的考证①。在这一基础上，本文主要从教育发展的角度，意图从大蒙古国国子学创办的原因、大蒙古国国子学的办学宗旨及其演变的深层原因等方面来探讨蒙古统治者与汉人儒

① 丁昆健：《蒙古征伐时期（1208—1259）华北的儒学教育》，载《华学月刊》第129期，1982年9月21日；袁冀：《元代之国子学》，收录于袁冀著《元史研究论集》，台湾商务印书馆1974年版；萧启庆：《大蒙古国的国子学——兼论蒙汉菁英涵化的滥觞与儒道势力的消长》，该文初次发表于1986年，后收于《蒙元史新研》，（台北）允晨文化实业股份有限公司1994年版。

士的文化冲突。

一　窝阔台在燕京颁布兴学诏令

公元1233年（南宋绍定六年、金天兴二年、蒙古窝阔台汗五年）四月，蒙古军队占领了金朝的都城汴京。和以往的政策不同，窝阔台接受了耶律楚材的意见，始废“凡攻城邑，敌以矢石相加者，即为拒命，既克，必杀之”之旧制，使避兵在汴京的一百四十七万人大部得以暂时保全。这一年的六月，窝阔台汗诏令以孔子五十一世孙孔元措袭封衍圣公[①]。这是蒙古统治者实施尊孔政策的第一个举措。此外，在这一年的六月，窝阔台汗还做了一件事，就是颁布了一个兴办国学的诏令，在燕京宣圣庙办起了国子学。

《元史》的作者注意到了这一事件的历史意义。《元史》中说：“太宗六年癸巳，以冯志常为国子学总教，命侍臣子弟十八人入学。世祖至元七年，命侍臣子弟十有一人入学，以长者四人从许衡，童子七人从王恂。至二十四年，立国子学，而定其制。”[②] 很明显，《元史》作者将燕京的这所国子学视为了元代国子监的源头，这个看法是值得重视的。清代人赞同这一观点，他们也同样认为在燕京宣圣庙创办的国子学是元代国子监的源头。“国学始于元太祖，置宣圣庙于燕京，由元及明，代有损益修葺，至本朝而崇奉规模为大备”[③]。不过《元史》作者在这里也犯了两个错误：其一，癸巳年是太宗五年，而不是太宗六年；其二，当时任国子学总教的是冯志亨，而不是冯志常。这两个错误直到20世纪80年代才经萧启庆先生依据《析津志》将其指出并纠正了过来。

① 《元史》卷一四六《耶律楚材传》，中华书局1976年标点本，第3459页。

② 《元史》卷八一《选举志一》，中华书局1976年标点本，第2029页。

③ 《御制重修文庙碑记》，于敏中：《日下旧闻考》卷六七《官署》，北京古籍出版社2001年版，第1116页。

为了能够全面了解燕京国子学，兹将窝阔台的兴学诏令全文转录如下：

皇帝圣旨：道与朵罗、咸得不、绵思哥、胡土花小通事、合住、迷速门，并十投下管匠人、官人，这必阇赤一十（八）个孩儿，教汉儿田地里学言语文书去也。不选，但是，可以学底公事呵也。教学者，宣谕文字。但是你每官人底孩儿每，去底十八个蒙古孩儿每根底，你每孩儿每内，更拣选二十二个作牌子，一同参学文书弓箭者。若这二十（二）个孩儿内，却与歹底孩儿，好底孩儿隐藏下底，并断案打奚罪戾。这孩儿每学得汉儿每言语文书会也，你每那孩儿亦学底蒙古言语弓箭也会也。粘哥千僧奴底孩儿亦一同学者，若学底会呵，不是一件立身大公事那甚么！教陈时可提领选拣好秀才二名管勾，并见看守夫子庙道人冯志亨，及约量拣选好秀才二，通儒道人二名，分作四牌子教者。虽已先禁治弓箭，军器去来，据这上项孩儿每底弓箭不在此限。你每各自斸教者，看谁管者教底先会了也。据住定房舍者，那孩儿每教的文书，不拣历日辰，起盖夫子庙廊房，并去底孩儿每住的房舍者。那孩儿每教的文书，不拣是何文书，教都学者。教学施行的文书，疾识字的文书者，教的时分，孩儿每根底休教阑当者。若识字呵，背识背写者。教参学底时分呵，自是不蒙古言语去底孩儿每，只教汉儿语言说话者会汉儿言语呵。若不汉时言语里说话，却蒙古言语里说话，一番一简子打者，第二番打两简子者，第三番打第三简子者，第四番打四简子者，这言语我亲省会与来也者。必阇赤每，比至会汉儿言语呵，说话仰胡土花小通事与两个熟会言语的通事转言语者，这必阇赤内有不服教训难道底人呵，具写姓名，我根底奏将来者，我这里更不省会那甚么。仍道与朵罗解，仰于新拜降户内，每人拨与使唤的小孩儿一个者，各人并教读人等，每人日支米面各一斤，肉一斤，本处官人每底孩儿不在此限。外据家粮每人日支米一升，这必阇赤孩儿每，晚后与解渴酒四瓶。如有爱愿就学书人等，仰本路课程所官验人数，每人日支米一升，不得因而夹带不是读书儒人冒请官粮，不得违错。准此！蛇儿年六月初九日。[①]

文末所署的蛇儿年就是窝阔台汗五年，公元1233年。这篇由蒙古式汉语硬译而成的兴学诏令，今天读来甚为吃力。然仔细琢磨，可以发现其对兴办国子学诸项事宜的考虑还是相当的到位和周全。整篇诏令共有三层意思：其一，回答为什么办学的问题；其二，回答如何办学的问题；其三，回答如何解决师生生活问题。

先看第一个问题，为什么要办学？窝阔台的诏令是发给当时驻节燕京的高官，如道与朵罗、咸得不、绵思哥、胡土花小通事、合住、迷速门，并十投下管匠人、官人等。据萧启庆先生考证，这些官员大都是契丹人或女真人，属于广义上的汉人[②]。窝阔台要求他们选派二十二个子弟，会同派遣到汉地去的十八个蒙古书生（必阇赤）"一同参学文书弓箭"。蒙古子弟的任务主要是研习汉人语言文书，汉人子弟则主要学习蒙古语言及弓箭。窝阔台对这些官员说，如果"这孩儿每学得汉儿每言语文书会也，你每那孩儿亦学底蒙古言语弓箭也会也"，那就是办成了"一件立身大公事"。所谓"立身大公事"，是要在蒙古子弟中培养一批懂得汉语言文字的必阇赤，以利于蒙古帝国对汉地的治理。其选派汉人子弟参与学习，实质上是为蒙古子弟的学习配备"伴读"，以营造一个语言交流的良好环境。这一做法是颇有创意的。以后许衡主长元朝国子学，征门生充伴读，正是这一做法的滥觞。

第二个问题，如何办学。窝阔台从四个方面提出了具体要求。首先在教师选聘上，他要求提领陈时可负责挑选两名秀才任"管勾"，与看守夫子庙的道

① 熊梦祥：《析津志辑佚》，北京古籍出版社1983年标点本，第197—198页。

② 见萧启庆前揭书。

人冯志亨共同管理这所学校，并挑选秀才二人及通儒道士二人任教师，以及选聘两个“通事”任翻译。其次对学生的管理，窝阔台借用了大蒙古国按军事组织编制户口的一个名称——“牌子”[①]，要求将这些学生编排为“四牌子”，即分作四个班进行教学，看谁先教出成绩。再次在教学目标上，窝阔台要求蒙古子弟对汉儿语言要达到“背识背写”的水平。最后在教学管理上，窝阔台强调蒙古子弟在学校上课期间中只能讲汉语，不能讲蒙古语。谁要在上课时讲蒙古语，发现一次便用“简子”惩罚一次。窝阔台认为，如能这样做，“这言语我亲省会与来也者”。如有不服管教者，窝阔台要求学校管理者具写姓名直接上报，“我这里更不省会那甚么”。可见窝阔台对语言教育的规制还是相当在行的。

第三个问题，国子学师生的生活待遇。为了使在学的师生能安心地教与学，窝阔台对他们的生活待遇给予了明确的规定。他要求为每个学生除了配备一个书童供使唤外，官府对住校生及教师还须提供每人每日米、面、肉各一斤，酒四瓶，对生员家庭也须提供相应的照顾。但本处官员子弟，即来伴读的汉官子弟不享受这一待遇。这一规定为以后元朝国子学（包括蒙古国子学、回回国子学）中区别国子生与陪堂生首开先河。

这是大蒙古国首次通过办学形式来学习被占领地语言文字的一个举措。马祖常后来在《大兴府学孔子庙碑》中对窝阔台的这一举措大为赞赏：

> 太宗皇帝当云雷经纶之世，圣训谆切，以德赏喻父师，以槚楚惩子弟，饥焉粟肉，渴焉酒醴，力焉仆使，恩义甚备，其养贤劝善之诚，固已高出于百王之上矣。[②]

① 《元史》卷九八《兵志一》中说：“其法，家有男子，十五以上、七十以下，无众寡，尽签为兵。十人为一牌，设牌头，上马则备战斗，下马则屯聚牧养”，中华书局1976年标点本，第2508页。

② 马祖常：《大兴府学孔子庙碑》，《石田文集》卷一〇，四库全书本。

二 窝阔台创办国子学的原因

当大蒙古国还处于四面扩张战事繁忙之际，窝阔台为什么要关注兴学之事？窝阔台在兴学诏令中讲得很明白，“教汉儿田地里学言语文书”是“一件立身大公事”。此中所谓“立身大公事”，当不仅是对蒙古贵族子弟的个人利益而言，也是对大蒙古国的国家利益而言。从游牧文化走出来的大蒙古国，在君临具有较高文明形态的汉民族地区时，能否借助中华文化促进本民族的文明进程，将不仅关系到蒙古国能否有效地治理汉地，而且也关系到蒙古民族的发展前途。这就是窝阔台所认识到的“立身大公事”，这应该是其创办国子学的深层原因。

（一）窝阔台兴学是大蒙古国走向文治的继续

长期以来，蒙古统治者以武力横行天下，攻城略地，拓展边界，以“战胜敌人，将他们连根铲除，夺取他们所有的一切”① 为终极信念。成吉思汗于1211年开始攻打金朝的军事行动，便充满着掠夺性和破坏性。“他们征服并毁掉了途中的一切城市和地区”②，以显示他们纵横天下的武力。然而，也正是在这种四面扩张的战争中，大蒙古国逐渐为周边民族的先进文明所吸引，从而开始了走向文治的进程。从这个意义上讲，战争往往成为落后民族文明进化的媒介。

早在1209年，成吉思汗在征服畏兀儿的过程中，攻占乃蛮国，得俘虏塔塔统阿，从而认识到了印章和文字对治国的重要性。据《元史·塔塔统阿传》所载：

① ［波斯］拉施特：《史集》第1卷《成吉思汗纪》，余大钧、周建奇译，商务印书馆1985年版，第2分册，第362页。

② ［波斯］拉施特：《史集》第2卷《拖雷汗传》，余大钧、周建奇译，商务印书馆1985年版，第198页。

> 塔塔统阿，畏兀人也。性聪慧，善言论，深通本国文字。乃蛮大扬可汗尊之为傅，掌其金印及钱谷。太祖西征，乃蛮国亡，塔塔统阿怀印逃去，俄就擒。帝诘之曰："大扬人民疆土，悉归于我矣，汝负印何之?"对曰："臣职也，将以死守，欲求故主授之耳。安敢有他!"帝曰："忠孝人也!"问是印何用，对曰："出纳钱谷，委任人才，一切事皆用之，以为信验耳。"帝善之，命居左右。是后凡有制旨，始用印章，仍命掌之。帝曰："汝深知本国文字乎?"塔塔统阿悉以所蕴对，称旨，遂命教太子诸王畏兀字书国言。①

这个故事很有意义。成吉思汗在征服乃蛮国后，通过塔塔统阿而认识到了印章于治国的作用，并决定采用畏兀儿文字来书写蒙古语言，"遂命教太子诸王以畏兀字书国言"。这是蒙古民族创设文字的开始。

在此之前，蒙古民族本无文字。直到成吉思汗崛起之时，蒙古民族的文化还基本停留于契刻阶段。平日各部落之间传递消息和发布命令，都只能依靠使者的口头传达。南宋使者赵珙于太祖十六年（1221）出使蒙古，所见到的还是这种情形："今鞑之始起，并无文书，凡发命令，遣使往来，止是刻指以记之，为使者虽一字不敢增损，彼国俗也"，其"起兵数十万，略无文书，自元帅至千户、百户、牌子头，传令而行"②。太宗七年出使蒙古的徐霆也说："霆尝考之：鞑人本无字书，然今之所用则有三种：行于鞑人本国者，则只用小木，长三四寸，刻之四角，如差十马，则刻十刻，大率只刻其数也。其俗淳而心专，故言语不差；其法，说谎者死，故莫敢诈伪；虽无字书，自可立国。此小木即古木契也。"③

这种十分原始的传达方法，在风俗淳厚的蒙古本土尚能适用。由于"其俗

① 《元史》卷一二四《塔塔统阿传》，中华书局1976年标点本，第3048页。

② 赵珙：《蒙鞑备录》，见《王国维遗书》第13册《蒙鞑备录笺证》，第4页。

③ 彭大雅：《黑鞑事略》，徐霆疏，见《王国维遗书》第13册《黑鞑事略笺证》，第8页。

淳而心专，故言语不差”，加之“其法，说谎者死，故莫敢诈伪”，因此各部落使者传递信息“虽一字不敢增损”。但随着大蒙古国的扩张，要依靠这种方法去统治不同文化背景下的其他民族，特别是对于文化较高，社会情况远为复杂的回回、汉、女真、契丹等人，显然是不适用了。因此蒙古统治者不能不借用他族文字来对新征服的地区发布文书。这由此引发了成吉思汗对官方文字的兴趣和思考，并决定采用畏兀儿文字书写国言。诚如元人程钜夫所说：“太祖时，国字未立。凡诏诰典祀，军国期会，皆袭用畏兀儿书。”[①] 虽然，塔塔统阿所创立的以畏兀字母拼写的蒙古文，当时还只停留于官府上层之间的交流，只是“太子诸王”等极少数贵族在学习，尚未推广，赵珙、徐霆出使蒙古时所见蒙古各部依然很少使用文书，但蒙古统治者毕竟在走向文明的进程中迈开了第一步。

与此同时，成吉思汗在挥师攻打金朝的战争中，也开始初步接触到了中华文化。仅据笔者所接触的史料，有三件事反映了成吉思汗对中华文化的注意在逐步加深。第一件是成吉思汗与金朝降将郭宝玉的交谈，使他对法律文字化的作用有了初步的认识。《元史》中说：

> 木华黎引见太祖，问取中原之策，宝玉对曰：“中原势大，不可忽也。西南诸蕃勇悍可用，宜先取之，藉以图金，必得志焉。”又言：“建国之初，宜颁新令。”帝从之。于是颁条画五章，如出军不得妄杀；刑狱惟重罪处死，其余杂犯量情笞决；军户，蒙古、色目人每丁起一军，汉人有田四顷、人三丁者签一军；年十五以上成丁，六十破老，站户与军户同；民匠限地一顷；僧道无益于国、有损于民者悉行禁止之类：皆宝玉所陈也。[②]

---

① 程钜夫：《武都忠简王神道碑》，《雪楼集》卷七，四库全书本。

② 《元史》卷一四九《郭宝玉传》，中华书局1976年标点本，第3521页。

第二件是成吉思汗起用耶律楚材。耶律楚材（1190—1244），字晋卿，契丹族，辽皇族子孙，自幼在母亲指导下学习汉文儒家经籍，长大后，“博极群书，旁通天文、地理、律历、术数及释老、医卜之说，下笔为文，若宿构者”[①]。对治国修身颇有心得，“以儒治国，以佛治心”、“治天下之道为治心之所兼耳”[②] 成为他的人生志向。成吉思汗在攻打金朝的过程中得到此人，随即将其“处之左右，以备咨访”[③]。成吉思汗的这一行动为其手下人所不理解。西夏人常八斤以擅长制弓而为成吉思汗重用，见耶律楚材因文才受宠，诧异地说：“本朝尚武，而明公欲以文进不已，佐乎？”耶律楚材说：“治弓尚须用弓匠，为天下者岂可不用治天下匠耶。”[④] 成吉思汗闻之甚喜，日见亲用，他对窝阔台说：“此人，天赐我家。尔后军国庶政，当悉委之。”[⑤] 虽然成吉思汗真正所重视的是耶律楚材所擅长的占卜术数，而不是耶律楚材所喜好的儒、佛之学，但至少反映了成吉思汗起用人才由重视实用匠艺之士向知识分子的变化。

第三件是成吉思汗征诏全真教教主丘处机西行。丘处机（1148—1227），字通密，登州栖霞（今属山东）人。年十九，师事全真教教主王喆，号长春子。自是刻苦修道，在领悟道教教义同时参用儒、释，主张通过积德修善以成就金丹仙道，成为王喆之后全真教最有影响力的领袖。成吉思汗十四年（1219），成吉思汗于西征途中征召丘处机，丘处机率十八弟子远赴西域雪山（今兴都库什山）成吉思汗行营，为其讲论清静无为、敬天爱民之旨[⑥]，深受成吉思汗礼敬，被奉为“丘神仙”。丘处机返回燕京后，成吉思汗专门从西域发来诏令，问候丘处机，并重申：“丘神仙应有底修行院舍，系逐日念诵经文

---

① 《元史》卷一四六《耶律楚材传》，中华书局1976年标点本，第3455页。

② 耶律楚材：《寄万松老人书》，《湛然居士文集》卷一三，中华书局1986年标点本，第293页。

③ 宋子贞：《中书令耶律公神道碑》，苏天爵：《元文类》卷五七，上海古籍出版社1993年影印本，第751—759页。

④ 同上。

⑤ 《元史》卷一四六《耶律楚材传》，中华书局1976年标点本，第3456页。

⑥ 《元史》卷二〇二《释老·丘处机传》，中华书局1976年标点本，第4525页。

告天底人每，与皇帝祝寿万岁者。所据大小差发赋税，都休教著者。据丘神仙底应系出家门人等，随处院舍都教免了差发税赋者"；"我前时已有圣旨文字与你来，教你天下应有底出家善人都管着，好底歹底，丘神仙你就便理会，只你识者，奉到如此。"[①] 对丘处机的这般尊重，不难看出成吉思汗对中原文化所具有的好感。

应该说，成吉思汗对较高文明的认识还比较粗浅。但将这些事件联系起来看，又分明能够感受到蒙古统治者已经在开启着文治的进程。太宗窝阔台在蒙古军队深入汉地攻占汴京之后，适时地提出了蒙古贵族掌握汉文的要求。这一举措与成吉思汗的以上举措有着内在的逻辑联系。它表明蒙古统治者在征服周边民族的过程中，逐步为周边民族的文明所吸引并逐步走向文治、逐步趋向更高文明的一种历史必然。

（二）窝阔台兴学是治理汉地的需要

文字是文化的表征。对某一种文字产生兴趣根源于被某种文化的吸引。成吉思汗首先是为乃蛮国的印章作用所吸引，才对畏兀儿文字发生了兴趣，首开蒙古民族以文字治国之先河。窝阔台兴学令贵族子弟学习汉语言文字，则是看到了中华文化对完善和健全大蒙古国的典章制度的重要意义。

窝阔台的这个认识首先肇始于他的登基典礼。窝阔台的登基汗位是在耶律楚材的鼎力相助下成功的。后来在窝阔台的登基典礼上，耶律楚材依照中原王朝传统礼仪，说服窝阔台的兄长察合台率领汗族和臣僚百官向窝阔台汗行下拜礼，从而奠定了蒙古国的君臣礼仪制度。"己丑，太宗即位。公定册礼仪，皇族尊长皆令就班列拜，尊长之有拜礼盖自此始"[②]。这一事实使窝阔台初次看到了儒术于治国的实际作用，从而推动了蒙古帝国真正开始由一个游牧型国家逐渐向一个有文化有组织的城域型国家的转化。

---

① 李志常：《长春真人西游记》，见《王国维遗书》第 13 册《长春真人西游记注》附录，第 1—2 页。

② 宋子贞：《中书令耶律公神道碑》，苏天爵：《元文类》卷五七，上海古籍出版社 1993 年影印本，第 751—759 页。

儒术治国之效用给窝阔台又一次留下印象的是耶律楚材请设十路课税所的成绩。窝阔台登基后，所面临的一个棘手的问题是，怎样才能有效地治理农业文明高度发达的中原汉地，怎样治理汉地才能有效地筹措经费以支撑庞大的蒙古帝国机器的运转。早在成吉思汗时代，木华黎受命经略中原。他不仅建行省于燕京，而且通过改变杀掠政策以争取汉族世侯的归顺，并听任这些汉族世侯依汉法治理辖区，从而加速了河北、山东金朝势力的瓦解，逐渐稳固了对河北、山东的统治。当然，蒙古统治者并未从理性上认识到这一做法的意义，但对经济利益的追求却促使着窝阔台不得不慎重思考治理中原的策略。

> 自太祖西征之后，仓廪府库无斗粟尺帛。而中使别迭等佥言："虽得汉人亦无所用，不若尽去之，使草木畅茂，以为牧地。"公即前曰："夫以天下之广，四海之富，何求而不得？但不为耳，何名无用哉!"因奏地税、商税、酒、醋、盐、铁、山泽之利，周岁可得银五十万两、帛八万匹、粟四十余万石。上曰："诚如卿言，则国有余矣，卿试为之。"乃奏立十路课税所，设使，副二员，皆以儒者为之。①

别迭欲将中原夷为牧场，耶律楚材则力主发展农业经济以得税利，两人争论的实质是采用蒙古法还是采用汉法来治理中原的问题。而窝阔台所关心的还是在如何解决掣肘蒙古帝国肆意扩张的经费严重短缺问题。为强化大汗本人对帝国各定居地区财富的最高权力，为保障庞大的帝国机器正常运转及军费开支，窝阔台最终没有同意别迭的主张而是采纳了耶律楚材的意见。不久，耶律楚材通过派遣燕京等十路征收课税使出行而满载而归，使窝阔台大为满意。这

① 宋子贞：《中书令耶律公神道碑》，苏天爵：《元文类》卷五七，上海古籍出版社 1993 年影印本，第 751—759 页。

不仅促使窝阔台加快了对新征服地区行政管理的重新调整，而且对以往采用纯粹征服的野蛮做法予以了调整。

儒术治国之效用给窝阔台再一次留下印象的是耶律楚材在法律方面的建议。为了整顿社会治安和吏治，耶律楚材提出了《便宜一十八事》作为临时法律，对地方官吏擅自科差、商人侵吞官物、蒙古色目贵族不纳税收、贪污官物、死刑判决等作出了具体规定，并提出："郡宜置长吏牧民，设万户总军，使势均力敌，以遏骄横。"[①] 这些建议都为窝阔台所采纳，对稳定蒙古国的社会秩序起到了一定的作用。

这些事例使窝阔台初步认识到了中华文化的价值，初步认识到了儒术于治国的重要作用，所以窝阔台会在兴学诏令告诫蒙古贵族子弟，学习汉语言文字是"一件立身大公事"，其意便在此。

（三）窝阔台兴学是中书省发展的需要

耶律楚材帮助窝阔台成功治理中原，更使窝阔台认识到耶律楚材这样的人才在治国中的重要性。耶律楚材在蒙古汗廷中长期担任"必阇赤"职务。必阇赤在蒙语中是书记官的意思，它是为适应大蒙古国频繁的征服战争多有对外文书往来的需要而设置的。《元史》说："必阇赤，译言典书记者。"[②] 彭大雅在《黑鞑事略》中载徐霆疏："必彻彻者，汉语令史也，使之主行文书耳。"[③] 这一职务在成吉思汗时期就已设置，不过当时隶属于成吉思汗的护卫军"怯薛"，其职责是为大汗处理文书。窝阔台汗时期，随着文治作用的加强，必阇赤的权限逐渐扩大。耶律楚材运用汉法治理中原的初步成效，也在客观上提高了必阇赤在汗廷中的行政地位。必阇赤开始成为帮助大断事官处理国务，尤其是处理财政事务的最重要的助手。必阇赤因此逐步从怯薛中分化出来，并开始向独立的政务机关发展。

---

① 《元史》卷一四六《耶律楚材传》，中华书局1976年标点本，第3457页。

② 《元史》卷七四《祭祀志三》，中华书局1976年标点本，第1831页。

③ 彭大雅：《黑鞑事略》，徐霆疏，见《王国维遗书》第13册《黑鞑事略笺证》，第2页。

1231年设立的中书省就是这一发展的结果。辛卯“秋八月，始立中书省，改侍从官名。以耶律楚材为中书令，粘合重山为左丞相，镇海为右丞相”[①]。从当时情况看，这些职务并不是当时大蒙古国的正式官称，只是权宜附会中原官名而已[②]。但中书省确已成为与大断事官一同负责国家行政事务的机构了。《元史·粘合重山传》中说：“立中书省……，凡建官立法、任贤使能，与夫分郡邑、定课赋、通漕运、足国用，多出楚材，而重山佐之。”[③]

中书省的日益权重，自然促使窝阔台要思考其中的人选问题。由于大蒙古国早期所占之地多为使用畏兀文字和汉语的地区，故而当时所行文书主要是用畏兀文和汉文，担任必阇赤职务的也主要是畏兀儿人、女真人，契丹人、唐兀（党项）人及汉人。如果蒙古人因不谙汉文而不能在中书省占据主要位置，不能在治理汉地时发挥主导作用，便有可能导致权力的真空，这自然是不能允许的。因此在中书省成立后不到两年，1233年，太宗窝阔台便借燕京宣圣庙办起了国子学，要求蒙古贵族子弟学习汉语文字。其目的就是要将这些学生培养成蒙古必阇赤，让他们学成后充实到中书省。所以窝阔台在兴学诏令中对着蒙古书生直呼“必阇赤”，其实就把他的兴学目的和盘托出了。而事实上，燕京国子学的毕业生后来全部都担任了必阇赤，这在下文引述宋濂的记录中便会看到。由此可以推断，燕京国子学的创办与中书省的发展应有直接的关联。

三　燕京国子学的办学宗旨

大蒙古国国子学的办学宗旨，其实在窝阔台的兴学诏令中就已十分明确。但由于窝阔台的兴学与其封孔元措为衍圣公几乎同时，这所学校又是设在燕京宣圣庙，故给人们形成了燕京国子学以崇儒为宗旨的印象。然而实际上宣圣庙

① 《元史》卷二《太宗纪》，中华书局1976年标点本，第31页。

② 参见张帆《元代宰相制度研究》，北京大学出版社1997年版，第4页。

③ 《元史》卷一四六《粘合重山传》，中华书局1976年标点本，第3466页。

其时正被全真教道士所把持，这又导致了人们对这所学校究竟是崇儒还是崇道的疑问。为深入了解大蒙古国国子学的办学宗旨，有必要对窝阔台设学燕京宣圣庙和办学倚重全真教道士的做法作一番分析。

（一）关于燕京宣圣庙

燕京的宣圣庙设置在金朝的枢密院旧址，位于燕京城南的金章宗养鱼池的南面。庙内保留了许多古刻、石经，及金朝策士碑等，很有点儿“典刑古制”[①] 的风味。宣圣庙是由时任燕京宣抚使的王檝于蒙古成吉思汗十七年（1222）所建。《析津志》说：

> 建国之始，今南城文庙收一修建旧疏，云：壬午年行省许以枢密院旧基改建文庙。是岁中都破之第八年也。自是，庙有地四顷八十亩，皆为道士冯志亨所据。[②]

蒙古军队攻陷燕京是在成吉思汗十年（1215），破城之第八年应当是公元1222年。《元史·选举志》也说：

> 国初，燕京始平，宣抚王檝请以金枢密院为宣圣庙。太宗六年，设国子总教及提举官，命贵臣子弟入学受业。[③]

王檝（约1181—1240），字巨川，其父为金朝官员。《元史》本传谓其“性倜傥，弱冠举进士不第，乃入终南山读书”，后因上书论当务之急为金朝所重，授副统军命守涿鹿关口。成吉思汗率兵攻金，王檝兵败被执，归附蒙古，后授宣抚使，兼行尚书六部事，是大蒙古国早期位居高官的少数几位汉人儒士

① 熊梦祥：《析津志辑佚》，北京古籍出版社1983年标点本，第197页。

② 同上书，第199页。

③ 《元史》卷八一《选举志一》，中华书局1976年标点本，第2032页。

之一。身处朝代更替兵火战乱中原涂炭之际，王檝虽为汉族降将，尚能尽力之所及，救民于水火。蒙古军队攻陷中都，王檝见饥民相食，建议抽军粮救急。粜军米后，民得粒食，士得金帛，获救者甚众。又提议将蒙古军队抢去的耕牛，十取其一，发还给农民耕种[①]。这些举动略可窥见王檝救世保民的情怀。另外，王檝于家中庭院养有修竹一片，于此又可见王檝之节操与志趣。一日，丘处机去他家赏竹，慨然而曰："今老矣，归期将至，当分我数十竿，植宝玄之北轩，聊以遮眼。"王檝说："天下兵革未息，民甚倒悬。主上方尊师重道，赖师真道力，保护生灵，何遽出此言耶？愿垂大慈，以救世为念。"[②] 可见王檝所虑乃在救世保民，其修复宣圣庙当应与这一思想一脉相承。

宣圣庙乃祭孔之圣地。历代地方官府依时于此举行释菜礼，以宣示朝廷尊孔崇儒的治国方针。然崇儒并非仅仅流于祭孔仪式，尊孔必读经。自汉代独尊儒术，崇儒与兴学便结下不解之缘。唐代将孔子抬到了文宣王的地位，各地都纷纷营建孔庙以推广朝廷旨意。而以孔庙附设学宫，便成为地方办学的普遍模式。"由学尊庙，因庙表学"[③]，"庙学"一名不仅由此相沿，而且内化成一种社会心理。

王檝修复宣圣庙显然受到了这一社会心理的主导。他之修复宣圣庙，是欲重振崇儒兴学，以图在中原逐步恢复荡然无存的纲常秩序。他的这一意图，通过他恢复的释菜礼活动表现了出来。《元史》中说：

> 时都城庙学，既毁于兵，王檝取旧枢密院地复创之，春秋率诸生行释菜礼，仍取旧岐阳石鼓列庑下。[④]

---

① 《元史》卷一五三《王檝传》，中华书局1976年标点本，第3611页。

② 李志常：《长春真人西游记》，见《王国维遗书》第13册《长春真人西游记注》卷下，第15页。

③ 元明善：《武昌路学记》，苏天爵：《元文类》卷二九，上海古籍出版社1993年影印本，第353—354页。

④ 《元史》卷一五三《王檝传》，中华书局1976年标点本，第3612页。

这一举措使遭遇兵火之后的燕京儒士倍感兴奋。耶律楚材注意到了这一事件的意义，他在一首《释奠》诗的序中将这事记录了下来：

> 王巨川能于灰烬之余，草创宣圣庙，以己丑二月八日丁酉率士大夫释而奠之礼也。诸儒相贺曰："可谓吾道有光矣"。①

除此之外，王檝还很有复兴庙学的意向，他在宣圣庙列置古刻、石经、金朝策士碑等就是一个明证。窝阔台借宣圣庙办国子学应该与王檝的这种意向有着某种逻辑上的关联。

但窝阔台借宣圣庙办学绝没有崇儒尊孔的意思。窝阔台于汉地办学，按汉族人办学的观念，设学宣圣庙，这样做既可与中原流行庙学结合的传统做法相合，又能起到收拾人心的作用。这应该是窝阔台兴学宣圣庙的真正意图。至于设学宣圣庙就须尊孔崇儒，迄今为止尚未有材料证明窝阔台具备这种观念。

（二）全真教与燕京国子学

窝阔台办学没有崇儒意向，但却倚重了全真教道士，萧启庆先生对此作了详尽的考证，很能说明这一点。首先，宣圣庙的地产为全真教道士冯志亨所把持，《析津志》中有"自是，庙有地四顷八十亩，皆为道士冯志亨所据"一句。而窝阔台在兴学诏令中要求陈时可拣选教师，特意强调了冯志亨是"看守夫子庙道士"，这实际上就表达了对这一事实的认可。其次，窝阔台指定负责选聘国子学教官的陈时可与全真教道士关系密切。陈时可，字秀玉，原为金翰林学士，因耶律楚材的推荐，于太宗二年（1230）出任燕京路课税所税使。陈时可与耶律楚材关系甚好，也与全真教的丘处机来往密切，与冯志亨也交情甚厚。窝阔台任命其负责拣选国子学教师，其肯定会照顾全真教的利益。再次，国子学教官于第二年二月二十四日由太宗诏书予以了确定：

① 耶律楚材：《释奠》，《湛然居士文集》卷三，中华书局1986年标点本，第46页。

> 四教读者刘某、赵某。通事二人，罗某、刘某。总教官三员：宣授蒙古必阇赤四牌子总（教）冯志亨，宣授金牌提举国子学事中书杨惟中，御前宣议国子学事仙·孔·八合识李志常。①

两名教师和两名通事姓名不全，故情况不详。在三名总教官中，冯志亨和李志常为全真教徒。冯志亨，字伯通，道号寂照，早年为金太学生，能文善诗，1223 年因李志常推荐，拜丘处机为师。他不仅把持着宣圣庙的地产大权，而且这次以“蒙古必阇赤”的身份成为了国子学的总教。这样冯志亨在实际上掌握着燕京国子学的经济大权和教学大权。李志常，道号真常，为丘处机十八大弟子之一。他随丘处机西行觐见成吉思汗后返回燕京，于 1227 年任都道录，负责教门与汗廷的联络，故为汗廷所重。窝阔台在这里称他为“仙人师傅”，由他作为国子学与汗廷的联络人，极为尊崇②。这一任命显示，他在实际上架空了提举国子学事杨惟中的权力。

在三名总教官中，只有杨惟中与全真教没有关系。杨惟中（1206—1260），字彦诚，弘州人，因出使西域三十余国而深受太宗的器重，出任中书。1234 年，杨惟中受命提举国子学事。然在第二年，即 1235 年便随太子阔端和阔出南征伐宋，受命搜集各色人才③。因而其管理国子学的时间并不长。这期间还有姚枢投奔到国子学门下，然时间也不长，便随杨惟中一起南下④。可见，在大蒙古国国子学的教官中，全真教道士占据了上风。这一特点，从下文引述的宋濂记录中也可得到佐证。

但是，办学倚重全真教道士与办学以崇道为宗旨毕竟还是两回事。窝阔台

---

① 熊梦祥：《析津志辑佚》，北京古籍出版社 1983 年标点本，第 199 页。

② 此处参照萧启庆先生的考证写定，对王檝、陈时可、冯志亨、李志常等人的介绍均未另注，详见萧启庆《大蒙古国的国子学——兼论蒙汉菁英涵化的滥觞与儒道势力的消长》，载《蒙元史新研》，（台北）允晨文化实业股份有限公司 1994 年版，第 74—82 页。

③ 《元史》卷一四六《杨惟中传》，中华书局 1976 年标点本，第 3467 页。

④ 苏天爵：《左丞姚文献公》引《神道碑》，《元朝名臣事略》卷八，中华书局 1997 年标点本，第 156 页。

兴办国子学之时，正是蒙古军队加紧武力扩张和蒙古国建制处于草创之时。戎马倥偬，干戈未已，窝阔台自然无暇顾及国子学的办学事宜。正如借宣圣庙为办学之所一样，窝阔台也必须倚重一支文化力量来主持国子学的运行。而全真教正是当时的最佳选择。

窝阔台之倚重全真教，是因为全真教在当时中国北方的影响力。丘处机与弟子李志常等人西行觐见成吉思汗，为全真教获得了一个空前发展的契机。丘处机东归燕京，四方父老士女以香花导其入城，瞻礼者塞路。这时成吉思汗又从西北传来旨意："教神仙好田地内爱住处住。道与阿里鲜，神仙高寿，善为护持。"燕京行省的官员不敢怠慢，立即以金朝皇帝花园北宫园之地数十顷为献，且请为道院。全真教的发展于此更是如火如荼，"北方从来奉道者鲜，至是圣贤欲使人归向，以此显化耳。八会之众，皆稽首拜跪，作道家礼，时俗一变"[①]。元好问曾这样描述过全真教的当时之盛："黄冠之人，十分天下之二，声势隆盛，鼓动山岳"[②]。作为入主中原的外族统治者能倚重这样一股势力，不仅能起到牢笼之效，也可达到借其教力安抚民众稳固统治的效果。况且，当时在中国北方兴办教育最有影响的也是全真教。丘处机利用成吉思汗所授予的"丘神仙底应系出家门人等，随处院舍都教免了差发税赋"[③] 的特权，在黄河流域大建全真宫观，广发度牒，安抚大批无以为生的流民，使之加入全真教。这样，全真教的宫观教育不仅很有规模，而且在社会上很有影响。因而窝阔台倚重全真教道士主持国子学的运行应是顺理成章的。

窝阔台的这一选择，当不能仅仅看做是对某一宗教的推崇。在窝阔台的思想中，他的这一选择其实融进了他对中国文化的粗浅认识。窝阔台在兴学诏令中对教师选聘标准有一个称呼，即"通儒道人"。从字面理解这一概念，窝阔台所欣赏的道士并非是那种只通道教教义之人，而是能兼通儒术的道士。耶律

① 李志常：《长春真人西游记》，见《王国维遗书》第13册《长春真人西游记注》卷下，第14页。
② 元好问：《清真观记》，《遗山先生文集》卷三五，四部丛刊本。
③ 李志常：《长春真人西游记》，见《王国维遗书》第13册《长春真人西游记注》附录，第1页。

楚材帮助窝阔台治理汉地的初步成功，确实使窝阔台对儒术留下了印象。而全真教道士也能阐述儒术，故使他形成了这个概念。1229年，窝阔台即位之时，全真教道士李志常以儒、道二家经籍进呈："己丑秋七月，见上于乾楼辇。时方诏通经之士教太子，公进《易》、《诗》、《书》、《道德》、《孝经》，具陈大义，上嘉之"[①]。李志常所进呈之书包括了儒、道二家的典籍，并且能"具陈大义"。窝阔台之所以能够对其特别嘉奖，就在于他认为能兼通儒道者当是精通中国文化的人。

事实上，全真教也确实具备了这一特点。辽、金先后在中国北方的崛起，带来了长时间的战乱和王朝的更迭，使中国北方文化的发展，尤其是儒家文化受到极大的破坏。而以儒生创始，以知识者为领导主体的全真教以它有别于一般道教的教义，为传统文化的延续作出了贡献。自全真祖师王喆开始，到全真七子，再至以后的历代掌教，大都是儒士或文人出身。在宋金三教合一的时尚影响下，全真教作为道教的一支，标出了圆融三教的教义。其创始人王喆主张以"太上为祖，释迦为宗，夫子为科牌"，劝导教徒也应读点《般若心经》、《孝经》等释儒经书[②]。丘处机便是这样的典型，他不但"于道经无所不读"，而且"儒书梵典亦历历上口"[③]。其弟子李志常，《析津志》中说他是"儒者避难为道家者流"[④]，可见也是由儒学转为道教的。由于全真教在教理上摄取了儒家思想的精华，所以它强调济贫拔苦，常怀拯救之心，先人后己，与万物无私。

圆融三教的实行，不仅为在乱世中保存中华文化起到了积极作用，而且使全真教具有了很强的文化倾向。全真教对门徒的教育，突破了传统道教轻文字的传统，重视以教言宣说教门信条，讲解修炼之理或谈论教中掌故。王鹗曾

① 王鹗：《真常真人道行碑》，李道谦：《甘水仙源录》卷三，齐鲁书社1997年影印本，第448页。

② 金源璹：《终南山神仙重阳真人全真教祖碑》，李道谦：《甘水仙源录》卷一，齐鲁书社1997年影印本，第416—419页。

③ 陈时可：《长春真人本行碑》，李道谦：《甘水仙源录》卷二，齐鲁书社1997年影印本，第434页。

④ 熊梦祥：《析津志辑佚》，北京古籍出版社1983年标点本，第199页。

说："宋末金初，有所谓全真家者，以心传心，不立文字。然重阳祖师以降，急于化人，皆有教言，以惠后学。"[①] 元人郭起南在《重修磻溪长春观记》中评丘处机："常人入道，便废斯文，专事修养。长春则不然，访古则纪之吟咏，登程则寓之述怀，咳唾珠玑，语句超俗。"[②] 这种立足于现世的人文关怀，不仅在下层民众中影响广泛，而且为退避山林深怀生命无常感的士大夫提供了安身立命的心灵慰藉。加之全真教不像佛教那样，要求教徒落发，要求其遵守严格的戒律，教徒可以正常地生活在俗间。知识者即使不入教，也可以与教士们往来，鼓琴咏歌，结成方外友，追求一种既作道士、隐士、文士，又兼有二者情趣的非隐非俗的生活。而全真教中比较有文化素养的道士也"乐从士大夫游"，常与文士们结为"苍烟寂寞之友"。因此，金亡之后，"衣冠北渡者多往依焉"[③]。

在这样的情势下，北方的文化力量就如元好问在《紫微观记》中所说："贞祐丧乱之后，荡然无纲纪文章，蚩蚩之民，靡所趣向，为之教者，独是家而已。今河朔之人，什二为所陷没。"[④] 纲纪文章无存，儒家力量显然支离破碎，才会有"为之教者，独是家而已"的局面。窝阔台办学倚重这支力量，当然也是顺理成章的事。这与国子学是否崇道并无直接关联。

（三）燕京国子学的教学内容

其实，窝阔台兴学既不是要崇儒，也不是要崇道。他的兴学只是"权就燕京文庙，以道士兼教汉儿文字"[⑤]，仅此而已。因此从本质上讲，燕京国子学就是一所语言学校，它的任务就是培养翻译人才。这就是它的办学宗旨。

为了督促蒙古子弟学好汉语言文字，窝阔台还专门对学生们发布了一道诏

---

① 王鹗：《云山集序》，《云山集》卷一，四库全书本。

② 郭起南：《重修磻溪长春观记》，载《道家金石略》，文物出版社 1988 年版，第 501 页。

③ 宋子贞：《普照真人范公墓志》，李道谦：《甘水仙源录》卷四，齐鲁书社 1997 年影印本，第 462 页。

④ 元好问：《紫微观记》，《遗山先生文集》卷三五，四部丛刊本。

⑤ 熊梦祥：《析津志辑佚》，北京古籍出版社 1983 年标点本，第 199 页。

令，殷切地鼓励学生们克服困难学好汉语：

> 燕京去底必阇赤孩儿省谕底圣旨，教汉儿文书并言语去也。然虽汉儿字难学有，那般有虽深细的文字不教呵。但是容易施行的文字学的会呵，不好那甚么。[①]

从这则诏令看，窝阔台的意向十分明确，其督促也十分到位。他对学生的要求既没有修齐治平的儒学信条，也没有修炼成仙的道教旨意。有的只有一条，就是要求把汉儿语言学好。宋濂后来记录的有关燕京国子学的材料，可以很清楚地看到燕京国子学的这一办学取向：

> 太宗即位之五年，新建国子学于燕京，御制宣谕二通。
>
> 其一通谕朵罗等，及十投下管匠等官。方是时，遣蒙古子弟一十八人，来习汉人语言文字。复抡汉人子弟二十二人，攻习蒙古语言、弓箭。命提领陈时可择二名儒管勾，并主守孔子庙。道人冯志亨选秀士二人、通儒道人二人，分作四牌子教读，不率教者以简子量捶之，更权用燕京真定历日银，建立夫子庙两庑及肄业之舍，其子弟日给米人一升，面如之，肉一斤，晚间给酒四缶。家粮之给亦一升，土著者皆不与。又于降户每人拨小仓头一名，以奉使令。此蛇儿年六月初九日所颁也。
>
> 其一通谕受学诸弟子员，习汉人文书之外，兼谙匠氏艺事，及药材所用彩色所出地，州郡所纪，下至酒醴曲蘖水银之造，食饮烹饪之制，皆欲周览旁通。仍戒饮酒，不可有违，而于习读之事尤谆也。所颁之年月与前同，不书何日，意稍后于前，亦不过旬日尔。
>
> 后十六年，当定宗崩之明年己酉十月望日，夫子庙住持赐紫知观李志

① 熊梦祥：《析津志辑佚》，北京古籍出版社1983年标点本，第199页。

元始衮乐石，令重玄子葛志仙刊置学中。其左方序列四教读弟子名，蒙古必阇赤自礼古鲁真以下凡十九人，汉人必阇赤自尔宣奴而下凡二十八人。所谓必阇赤者，译言书生也。其数比旧有所加者，续有慕效而来者耳。又列罗、刘二通事，不著其名。又列宣授蒙古必阇赤四牌子总教冯志亨，宣授金牌提举国子学事中书杨惟中，御前宣议国子学事仙孔·八合识李志常三人衔名。所谓八合识，译言师傅也。惟中即杨文肃公，从事征行，劳烈甚著。余者志元、志先、志亨、志常，则皆黄冠师。当时制尚淳质，混儒道二者为一，不复异别，有合于老、易同用之旨。厥后勋硕辅颇有为道家所荐而起者。

濂谨按，蛇儿年六月九日，正金哀宗天兴二年癸巳六月壬午也。金自宣宗以贞祐二年五月壬午迁汴，三年五月庚申燕京入我职方，至是垂二十载。立学以教胄子，固惟其时。然窃独怪是年王师南征围汴蹴蔡，决策制胜，日不暇给，而我太宗乃以教育英才为先务。而其为教，又能达理事不二，凿凿见诸实用，神谋睿算，度越前王。天纵之圣，为不可及已。列圣有作，益修成均养士之制，百年以来，遂用人文化成天下，兹盖其权舆始也者欤。石刻今藏京师，与御赐祭，宣圣王斝，皆提举学事者司之。每当代云出以相传，且系其名于籍，非惟不忘其本先，盖亦慎之至也。濂因得而备记之，俾览者知祖宗垂意学校。文运之兴，殆非一日。而纂修史臣，或得以参考焉。①

宋濂对窝阔台创办的燕京国子学予以了充分的肯定，尤其对其办学宗旨倍加赞赏。在当时“混儒道二者为一，不复异别，有合于老、易同用之旨”的社会风气下，燕京国子学的成功并不在于它是否崇儒还是崇道，而是在于它“凿

① 宋濂：《元太宗皇帝御制宣谕后题》，载《新增格古要论》卷一〇《古今诰敕题跋》，丛书集成本，第197—198页。

凿见诸实用”。燕京国子学的教学内容，除了汉语文字以外，还要求学生学习匠艺之术、药材之理、州郡所纪、酒醴曲蘖水银之造、食饮烹饪之制等实用知识，为培养必阇赤奠定较为厚实的基础。这典型地反映了蒙古人对匠艺的重视和国子学的实用目的。这种重视实用的教育特色，体现了蒙古统治者的教育取向。这是与传统儒学教育观念，与传统国子学的办学宗旨截然不同的。

四　大蒙古国国子学办学主权的易位

正因为燕京国子学的办学宗旨不同于儒学教育传统，由此燕京的道士与儒士之间引发了一场关于燕京宣圣庙地产权的争夺。燕京宣圣庙为宣抚王檝所建，从道理上讲，其主权本应由官府所有或由儒士代管，然却为道士冯志亨所占据。在全真教极盛的环境下，燕京宣圣庙地产权的旁落在当时并未引起争议，甚至窝阔台诏令办学也承认了这一既成事实。但是随着儒道势力的消长变化，围绕着燕京宣圣庙地产权的问题，燕京的儒、道两派势力在太宗、宪宗年间展开了一场大争夺。争夺的实质则是国子学的办学主权问题。

（一）大蒙古国国子学的地产之争

《析津志》中对这一过程有简略的记述：

> 又七年己丑，太宗皇帝即位。五年癸巳立四教读，六年甲午金亡。又十五年己酉，定宗皇帝之四年也，是年十月十五日道士立石。宪宗皇帝元年辛亥，道士冯志亨退庙及地，与在京儒士主领。明年壬子，世祖皇帝潜邸，三月令魏祥卿传旨，六月令杨中书传旨，二次令阿鲁瓦赤众断事官增修文庙。癸丑年六月二日，宣授燕京路都总管赛典赤出色银钞，奉令旨增修一新，此皆文庙石刻所记也。[①]

① 熊梦祥：《析津志辑佚》，北京古籍出版社 1983 年标点本，第 199 页。

熊梦祥的这段话表明，大蒙古国国子学历太宗、定宗、宪宗数朝，一直延续了下来。而且其间还发生了宣圣庙所有权的纷争，最后转由在京儒士主领而告结束。“又七年己丑”是指宣圣庙建造后七年，即1229年，这一年窝阔台即汗位。窝阔台汗五年，即1233年立国子学。“又十五年己酉”是指又过去了十五年，即1249年，这一年为己酉年，作者称之为定宗四年。其时定宗贵由已于前一年去世，己酉年为海迷失后元年。在这一年的十月十五日道士立石。道士所立之石，就是刻有窝阔台汗兴学诏令的那块碑石，即上文所引宋濂记录所提到的那块碑石。从表面看，这个立石犹如国子学成立十五周年的纪念，以追忆太宗兴学之功绩，总结十五年办学之成绩。但联系引文的前后句，看来实际情况并不是这么简单。这一立石与两年后冯志亨的退还宣圣庙及地应该有着一种内在的关联。据宋濂记录可知，道士之所以立石，是因人事变动引起。“夫子庙住持赐紫知观李志元始袭乐石，令重玄子葛志仙刊置学中”。可见在这一时间内，掌管宣圣庙者由冯志亨转到了李志元，现时又要转到葛志仙手上。这些人都是“黄冠师”，即宣圣庙一直都为全真教道士所把持。新老交接，恐怕最重要的交代还是宣圣庙的地产问题。道士立石重刻窝阔台的兴学诏令，其意是向世人宣示，宣圣庙的地产权早已在十五年前就为太宗所首肯，因为窝阔台在其中明白写着“见看守夫子庙道人冯志亨”一句。这说明，燕京的儒士们届时已经提出了宣圣庙的地产归属权问题，而道士的立石正是对儒士们的一种回应。由是才有了文中的后面一句：“宪宗皇帝元年辛亥，道士冯志亨退庙及地，与在京儒士主领”。

现在已找不到关于这场争夺的直接材料。从后来忽必烈的旨令看，这场争夺闹到了地方官府，是由时任燕京行省札鲁忽赤的牙鲁瓦赤等人出面裁定的。牙鲁瓦赤（即前引文中的阿鲁瓦赤）忽鲁谟斯人，佐太宗定西域丁赋，授燕京行省札鲁忽赤，较长时间负责汉民事宜，历定宗、宪宗，皆得宠遇[①]。由于他

① 参见何高济、陆峻岭《元代回教人物牙老瓦赤和赛典赤》，载《元史论丛》第二辑。

的裁定，“宪宗皇帝元年辛亥”，公元1251年，道士冯志亨不得已退还了宣圣庙及地产，由在京儒士主领。牙鲁瓦赤依据什么而作出这一裁定，现已无从查实。有一个材料可以帮助我们思考，据《姚枢神道碑》载：“岁辛丑，赐金符，公以郎中（佐）伊鲁斡齐行台于燕。”[1] 辛丑年为窝阔台汗十三年，即1241年。伊鲁斡齐即牙鲁瓦赤，此时正在燕京行省任大断事官。曾经在燕京国子学干过一阵的姚枢以郎中身份辅佐过牙鲁瓦赤。这是否会影响到牙鲁瓦赤对宣圣庙问题上的态度，是一个值得考虑的因素。

另外，1251年蒙哥即汗位。面对困弊已极的帝国，蒙哥颇有革除积弊、更新庶政的势头。因而于登基伊始，他整饬朝政，颁布“便益事宜于国中”，推行了一系列除旧布新的法令。《元史》本纪中论蒙哥“刚明雄毅，沉断而寡言”，“凡有诏旨，帝必亲起草，更易数四，然后行之。御群臣甚严”[2]。道士冯志亨不得已于这一年将燕京宣圣庙的管辖权交出，恐怕跟这个大环境也有关系。

这一年还有一个大背景，就是忽必烈以皇弟的身份受命治理漠南，开府于金莲川。燕京宣圣庙之事，忽必烈肯定是注意到了。因为就在冯志亨交出燕京宣圣庙管辖权的第二年，壬子年，1252年，三月令魏祥卿传旨，六月令杨惟中传旨，忽必烈两次命断事官增修燕京文庙。接着又在癸丑年，1253年，忽必烈令燕京路都总管赛典赤出钱，最终完成了宣圣庙的修缮工作。

本来此事已告一段落。但不久，冯志亨又开始后悔了，他想要赖，企图再度夺回国子学的主权。这次他遇到了忽必烈。宪宗四年（1254），受命管理漠南汉地的忽必烈方平大理，回师途经六盘山，听闻此事后立即发出令旨一道，其文曰：

---

① 姚燧：《姚枢神道碑》，《牧庵集》卷一五，四部丛刊本。

② 《元史》卷三《宪宗纪》，中华书局1976年标点本，第54页。

长生天气力里，蒙古皇帝福荫里，忽必烈大王令旨里，道与赛典赤。据恁说将来底宣圣庙并赡学地土，已前牙鲁瓦赤、塔剌浑断事官每断定与秀才每来。其先生冯志亨即时当面说与情愿分付文字。如今冯志亨却行整占夺事，为此今与这文字去也。如委是实已前众断定来呵，又兼本人既有情愿分付文字，如何再争夺得？如今依先断定底庙舍土地分付与秀才每者，冯志亨先生每今后再不得争夺。准此。甲寅年五月二十八日六盘山口子里写来。[①]

这道旨令态度鲜明，口气强硬，容不得丝毫的申辩，为燕京宣圣庙地产的归属作了最终的判决。这一决定使燕京的儒士们大受鼓舞，他们立即上书忽必烈，除了表示感激之情外，希望还能得到冯志亨当年交付庙地产权的“执结文书”。同年七月一日，忽必烈再度派遣使臣传旨：

长生天气力里，蒙哥皇帝福荫里，忽必大王令旨里，使臣习勒必阇赤到来，于七月三十日就宣圣庙，会聚燕京儒人赵楠、马大昭等。对众口传，面奉到忽必烈大王令旨，道与燕京秀才每者。你每奏说底已前田地得了也，谢的笺文我都理会得也，文字说我教好人收着也。你说的道人执结文书，要那的则什么？我先与来的文书，你每上了名也，不是依着已前皇帝大王体例，教以后万万年不朽，好名听都知也者。已后我与你每做主底令旨，不与去那做什么？再道与使臣习南必阇赤：你上来下去，秀才每有的公事言语，你休怕！我根底奏将来者。[②]

忽必烈在这里再次明确表态：“秀才每有的公事言语，你休怕！我根底奏

① 熊梦祥：《析津志辑佚》，北京古籍出版社1983年标点本，第200页。

② 同上。

将来者”，表达了他在燕京国子学问题上对儒士的全力支持。

（二）大蒙古国国子学地产权易位的原因分析

忽必烈为什么能在这个时候全力支持儒士？萧启庆先生从儒道力量的消长变化这一角度对这一结局的原因进行了透彻的分析[①]，很有见地。全真教在大蒙古国时代独擅胜场，肆意扩张，自然引起蒙古统治者的注意和警惕。与此同时，中原禅宗、西藏喇嘛教相继得到蒙古皇族的青睐，佛、道之间的争斗趋于激烈。全真教道士在李志常的支持下，毁坏佛像，侵占寺庙，并刊行《老子化胡经》及《八十一化图》，引起佛教徒的抗争。这一争斗最后闹到了蒙古统治集团那儿。宪宗时期，蒙古统治者召集僧侣、道士、儒士举行了两次辩论会，两次都以全真教的失败而告终。虽然最终解决燕京国子学产权问题时，佛、道争斗尚在进行之中，但全真教的声名已大不如前。在国子学产权问题上也明显未能得到官方的支持。《析津志》所谓“累朝诏旨，取回道士冯志亨占夺亡金学地”[②]，就是一个明证。

儒家的地位于此时有了上升，这也是促成国子学地产权易位的一个重要因素。随着蒙古统治者对治理汉地重要性的认识逐步加深，对儒学的认识便相应有所提高。其中最为典型的事件就是太宗批准的戊戌选试。窝阔台汗九年(1237)，太宗接纳了耶律楚材的建议，诏令以论、经义、辞赋三科取士。太宗窝阔台在诏令中强调：

> 自来精业儒人，二十年间学问方成。古昔张置学校，官为廪给，养育人才。今来名儒凋丧，文风不振。所据民间应有儒士，都收拾见数。若高业儒人，转相教授，攻习儒业，务要教育人材。其中选儒士，若有种田者，输纳地税，买卖者，出纳商税，开张门面营连者，依行例供出差发，

① 参见萧启庆《大蒙古国的国子学——兼论蒙汉菁英涵化的滥觞与儒道势力的消长》，载《蒙元史新研》，（台北）允晨文化实业股份有限公司 1994 年版，第 79 页。

② 熊梦祥：《析津志辑佚》，北京古籍出版社 1983 年标点本，第 200 页。

除外，其余差发并行蠲免。[①]

在大蒙古国的历史上，最高统治者以诏令形式肯定儒士的重要性这是第一次。选试在第二年进行，这次选试的一个重要成果便是确立了儒户。儒户是元代户役制度下的一种户计。它与其他诸色户计一样，都必须为国家承担某种特定的封建义务。儒户的确立表明儒士的地位为蒙古统治者所初步承认，攻习儒业成为大蒙古国受保护的职业之一。这一举措对提升儒学在蒙古国的地位具有积极意义。

当时蒙古统治集团中对儒术具有较深认识的代表忽必烈受命掌管漠南汉地军国庶事，对当时儒道势力的消长产生了关键的影响。忽必烈很早就开始注意接触中原文化，“岁甲辰（1244），帝在潜邸，思大有为于天下，延藩府旧臣及四方文学之士，问以治道”[②]，比较深入地思考治理汉地的问题。开府金莲川后，云集在忽必烈周围的儒士更多，使他进一步认识到儒术对治理汉地的重要。这一因素最终促成了燕京国子学主权转入儒士手中。

以上因素只是反映了蒙古统治者施政政策的转变。这固然是极为重要的因素，但这只是问题的一个方面。我们不能忽视问题的另一方面，即中原儒士的崇儒兴学努力。如果忽视这一因素，我们就不能从根本上回答燕京的儒士为什么非要燕京宣圣庙这块地皮这个问题。我们看到，燕京儒士的要求是得到了当地官府和忽必烈的支持的。如果他们的办学要求合理，另外划拨一块地皮显然不是个难题，但他们非要宣圣庙不可。由此我们可以作这样的推断，燕京儒士们重视这块地皮的产权，一是因为它在燕京，二是因为它是宣圣庙，三是因为在这里办的是国子学。因此他们坚持燕京国子学的办学主权不能旁落，燕京国子学的办学宗旨必须转轨。当然，从目前所查阅的材料看，尚未发现能从正面

① 《庙学典礼》卷一《选试儒人免差》，浙江古籍出版社 1992 年标点本，第 1 页。

② 《元史》卷四《世祖纪一》，中华书局 1976 年标点本，第 57 页。

直接证实这一推断的证据。但分析当时中原地区汉人儒士崇儒兴学的努力，这个结论当能成立。

1. 燕京儒士的崇儒兴学取向。

燕京曾经作过金朝的首都，迁都后这里遂为中都。自成吉思汗十年（1215）蒙古军队攻占燕京后，这里便成为蒙古国治理中原汉地的中心，燕京行省就设于此地。马祖常说："国初官制未遑立，凡军国机务悉决于断事官。断事官行治在燕，銮舆尚驻和宁，中原数十百州之命脉系焉，非今日隶于省院者也。"[①] 燕京行省是当时治理汉地民政、财政、司法的最高机关。这一地位在隶属蒙古国的中原各州来看，这里就是一个权力中心。因而设置在燕京的宣圣庙显然就不同于一般州县的宣圣庙，它对于儒学文化根基深厚的中原汉地自然具有一种标志性的辐射作用。因而燕京国子学的办学性质也自然影响着中原各地的教育走向。

事实上，窝阔台在燕京宣圣庙创办国子学也确实给中原各地带来了很大的反响。在《湛然居士文集》中，耶律楚材为各地兴建宣圣庙写过七首诗[②]。据王国维考证，这七首诗的写作时间大致在1233—1236年间[③]。也就是说，在大蒙古国国子学开办以后，许多地方闻风而动，纷纷致力效仿，重修宣圣庙。耶律楚材对此十分振奋，他希望这些宣圣庙的修复能够促成中原地区尊孔崇儒的恢复，如《重修宣圣庙疏》中"试问中州士君子，谁人不出仲尼门"，《邳州重修宣圣庙疏》中"宣尼万古帝王师，可叹荆榛没古祠。重整庠宫阐文教，颙观日月再明时"，《太原修夫子庙疏》中"既倒狂澜扶不起，直须急于建庠宫"等，这些诗句都在强调修复宣圣庙的旨意就应该是尊孔崇儒。

但对中原地区具有标志性辐射作用的燕京国子学却没能以尊孔崇儒为办学

---

① 马祖常：《容国夫人赞布凌氏碑铭》，《石田文集》卷一四，四库全书本。

② 耶律楚材：《湛然居士文集》卷一二《寄金城士大夫序》；卷一三《贾非熊修夫子庙疏》，《重修宣圣庙疏》，《邳州重修宣圣庙疏》；卷一四《周敬之修夫子庙疏》，《云中重修宣圣庙疏》，《太原修夫子庙疏》。

③ 王国维：《耶律文正公年谱》，耶律楚材：《湛然居士文集》附录。

宗旨。从现有材料看，耶律楚材对此并未发表任何意见，但这并不能说明耶律楚材对这一状况持认可态度。相反，耶律楚材在太宗身边，“时时进说周孔之道，且谓天下虽得之马上，不可以马上治。上深以为然”①。太宗封孔子后裔袭衍圣公，接着又诏令开办国子学，这两个信号表达了蒙古统治者开始对中原文化的初步认同。耶律楚材从中获得了信心，他希望尽可能地促使蒙古游牧贵族能够适应中原汉族的农业文明，使中原传统的儒家礼乐制度延续下去：

> 自愧才术草芥微，偶然千载遇明时。惟希一统皇家义，何暇重思晁氏危。
>
> 仁义且图扶孔孟，纵横安肯效秦仪。行看尧舜泽天下，万国咸宁庶绩熙。②

为了能够尽快推进这一进程，耶律楚材通过其他形式来努力推进燕京儒学教育的开展。《元史》本传说：“命收太常礼乐生，及召名儒梁陟、王万庆、赵著等，使直释九经，进讲东宫。又率大臣子孙，执经解义，俾知圣人之道。置编修所于燕京，经籍所于平阳，由是文治兴焉。”③ 招收太常礼乐生、召名儒进讲东宫、为大臣子孙执经解义、创编修所、经籍所，这些行为都是在国子学开办之后发生的。也就是说，耶律楚材很好地利用了窝阔台开办国子学的时机，在燕京大兴文治，并努力使文治朝着儒学化的方向发展。他的这些努力还是卓有成效的。他保护并起用了一大批儒士，抬高了儒学在蒙古国中的地位，甚至影响了最高统治者对儒学的看法，促成了戊戌选试的实施。可见耶律楚材是在努力地按传统的儒家政治模式影响着蒙古政权。

① 宋子贞：《中书令耶律公神道碑》，苏天爵：《元文类》卷五七，上海古籍出版社 1993 年影印本，第 751—759 页。

② 耶律楚材：《和杨君敬韵二首》，《湛然居士文集》卷二，中华书局 1986 年标点本，第 36 页。

③ 《元史》卷一四六《耶律楚材传》，中华书局 1976 年标点本，第 3459 页。

在燕京创办了儒学教育的还有杨惟中。在随太子南征伐宋中，杨惟中不仅搜罗到一批人才，而且获得了程朱理学的著作。他“收伊、洛诸书送燕都，立宋大儒周敦颐祠，建太极书院，延儒士赵复、王粹等讲授其间，遂通圣贤学，慨然欲以道济天下”①。很显然，杨惟中也在燕京创办了另外的教育机构，以传播程朱理学。《国朝名臣事略》引《周子祠堂记》说：“初周子祠祀之礼，盛于江左而未至河朔，公领中书，始嗜其学，乃建太极书院于燕都，立周子祠，以二程、张、杨、游、朱六子配食，岁时释奠。又刻《太极图》、《通书》、《西铭》于祠壁，请云梦赵复为师儒，右北平王粹佐之，选俊秀之有识度者为道学生。”② 身任提调国子学事的杨惟中返回燕京传播程朱理学，不是借助国子学，而是另创书院为之，这显然是因为与国子学办学宗旨的相悖所导致。

这样，在燕京地区就出现了两类教育机构，或者说，形成了两种办学旨趣的对立。耶律楚材、杨惟中在燕京推进儒学教育在客观上对燕京国子学的办学宗旨提出了挑战。

2. 东平、真定儒士的崇儒兴学取向。

燕京国子学的辐射影响不仅带动了各地宣圣庙的修复，而且推动了华北地区的地方兴学。《国朝大典·学校》中指出：“我朝自太宗皇帝投戈讲艺，建学于燕，四方诸侯相继兴学。”③ 这一兴学局面对燕京国子学的办学宗旨也提出了挑战。

金贞祐南渡后，中原地区处于瘫痪状态。各地权势之家纷纷团聚民众，起兵自卫，各自为政，割据一方。蒙古军队攻占这些地方后，招降了这些割据势力，并授予他们自管一地军、民、财赋的权力，让他们自置僚属，世代承袭。当时习惯上称这些人为世侯。这些世侯为提高声望，“竞收纳贤俊，以系民望，

① 《元史》卷一四六《杨惟中传》，中华书局1976年标点本，第3467页。

② 苏天爵：《中书杨忠肃公》，《国朝名臣事略》卷五，中华书局1996年标点本，第85页。

③ 《国朝大典·学校》，苏天爵：《元文类》卷四一，上海古籍出版社1993年影印本，第509页。

以为雄夸"①。而大批亡金儒士流离失所，无以为寄，便纷纷投靠各地世侯，充当幕宾，"各趋所依以自存"②。例如，东平严实、严忠济父子是山东西部的大世侯。1220年严实投降蒙古，木华黎"承制拜实金紫光禄大夫、行尚书省事"③。1221年，严实入驻东平，称东平行台。1234年灭金后，窝阔台授严实东平路行军万户，统山东西部五十余城。严实父子在治理东平的过程中，广纳名士，"四方文学之士闻风而至"④。这些亡金儒士积极协助严氏父子兴学养士，形成"若夫礼乐之器，文艺之学，人才所归，未有过于东鲁者矣"⑤的局面。

值得注意的是，这些儒士的兴学任教，是在努力按照传统儒学教育的模式实施教育。为东平兴学出力很大的是宋子贞。宋子贞，字周臣，潞州长子人。为严实招致东平幕府，任详议官，兼提举学校。宋子贞帮助严实、严忠济父子兴办东平府学，"公倡新庙学，敦命前进士康晔、王磐为教官，自先圣、颜、孟子孙至生徒几百人，咸继庖廪，俾肄艺业。春秋释奠，随季程试，必亲临之。齐鲁儒风，为之一变"⑥。

徐世隆也为东平兴学立下汗马功劳。徐世隆，字威卿，陈州西华人，金朝进士。汴京破，为严实招致东平幕府。"中原版荡之后，郓学久废，严侯修复，以养生徒，公从臾之力居多。又岁署题考试，等其甲乙，屡中高选者，擢用之。时自入学，亲为诸生讲说，其课试之文，有不中程者，辄自拟作，与为楷式。一时后进，业精而行成，人才辈出"⑦。

襄助东平兴学的得力人士还有商挺。商挺，字孟卿，曹州济阴人。严实据东平招徕名士，得商挺，以礼聘之，使教诸子经学。严实死后，商挺"赞忠济

① 魏初：《故总管王公神道碑铭》，《青崖集》卷五，四库全书本。
② 虞集：《曹文贞公文集序》，《道园学古录》卷三一，四部备要本。
③ 《元史》卷一四八《严实传》，中华书局1976年标点本，第3505页。
④ 苏天爵：《平章宋公》引墓志，《国朝名臣事略》卷一〇，中华书局1996年标点本，第201页。
⑤ 虞集：《曹文贞公文集序》，《道园学古录》卷三一，四部备要本。
⑥ 苏天爵：《平章宋公》引墓志，《国朝名臣事略》卷一〇，中华书局1996年标点本，第201页。
⑦ 苏天爵：《太常徐公》引墓志，《国朝名臣事略》卷一二，中华书局1996年标点本，第251页。

大兴学校，聘康晔说《书》，李昶说《春秋》，李桢说《大学》，学生百余人，养之优厚，督于课试，后皆通显”①。

真定史天泽则在河北诸侯中颇具影响。1213 年，其父率里中子弟数千口投降南下攻金的木华黎。1220 年，木华黎命其兄还军真定，承制授河北西路兵马都元帅，行府事。1225 年，其兄被杀，史天泽继承兄职为都元帅。史天泽家族素有招贤纳士的传统，至史天泽更是努力搜罗亡金遗士，任为幕僚。“北渡后，名士多流寓失所，知公好贤乐善，偕来游依。若王滹南（若虚）、元遗山（好问）、李敬斋（治）、白枢判（华）、曹南湖（居一）、刘房山（百熙）、段继昌、徒单颙轩（公履），为料其生理，宾礼甚厚。暇则与之讲究经史，推名治道。其张颐斋（德辉）、陈之纲、杨西庵（果）、张條山、孙议事，擢用荐达至光显云”②

真定府学则是在忽必烈的过问下奠定的。忽必烈在 1247 年听说真定府学遭殃于兵火而久未修缮，特命张德辉等人尽快修复：

> 王以丁未之五月，召真定总府参佐张德辉北上。德辉既进见，王从容问及镇府庙学今废兴何如。德辉为言：“庙学废于兵久矣！征收官奉行故事，尝议完复，仅立一门而已。今正位虽存，日以颓圮，本路工匠总管赵振玉方营葺之，惟不取于官，不敛于民，故难为功耳。”于是令旨以振玉、德辉合力办集，所不足者具状以闻。德辉奉命而南，连率史天泽以下，晓然知上意所向，罔不奔走从事，以资以力选为佽助实。……乃八月落成。弦诵洋洋，日就问学。胄子渐礼让之训，人士修举选之业。③

① 苏天爵：《参政商文定公》引墓碑，《国朝名臣事略》卷一一，中华书局 1996 年标点本，第 218 页。

② 刘因：《处士寇君墓表》，《静修集》卷一七，四部丛刊本。

③ 元好问：《令旨重修真定庙学记》，《遗山先生文集》卷三二，四部丛刊本。

真定府学于1249年修缮完毕，于是出现了“弦诵洋洋，日就问学。胄子渐礼让之训，人士修举选之业”的景象。

从以上介绍看，东平府学和真定府学的办学模式皆因袭金朝的传统，虽未能摆脱文辞取士的弊端，然实行的却是崇儒方向。这一特点不仅体现在东平府学和真定府学，而且也体现在当时山东、河北、河南、山西、陕西的许多府、州、县的兴学之举中。在蒙古国统治下的华北地区，这些地方兴学推动着儒学文化的开展，为儒学地位的提升创造着条件，也与燕京国子学的办学宗旨形成强烈对比。

3. 汉人儒士对忽必烈所劝谏的兴学理念。

忽必烈开府金莲川，广召文学之士问以治道。当年姚枢应忽必烈征召，“既至，上大喜，日客遇之，时召与语，随问而言，久之询及治道。公见上聪明神圣，才不世出，虚己受言，可大有为，乃尽平生所学，为书数千百言”[①]。在忽必烈登基汗位以前，汉人儒士对忽必烈最为欣赏的就是其“聘起儒士，讲论书史，究明理学，问以治道”[②] 的热忱，所以才有如刘秉忠、王鹗、赵璧、张文谦、张德辉、姚枢、商挺、郝经、徐世隆、宋子贞等名士相继汇集其帐下。忽必烈对儒术的热忱进一步增添了汉人儒士争取蒙古统治者奉行汉法的信心，于是这些先后投奔到世祖门下的汉人儒士在向忽必烈介绍中原传统文化的同时，也刻意灌输了崇儒兴学于治国的重要意义。

刘秉忠（1216—1274），初名侃，字仲晦，邢州（今河北邢台）人。出家为僧，成海云禅师的弟子。1242年，刘秉忠随海云禅师应忽必烈召来漠北，遂成为忽必烈藩府中最得力的谋士。1250年刘秉忠上书，向忽必烈阐述“以马上取天下，不可以马上治”的道理，其中建议：“古者庠序学校未尝废，今郡县虽有学，并非官置。宜从旧制，修建三学，设教授，开选择才，以经义为

① 姚燧：《中书左丞姚文献公神道碑》，《牧庵集》卷二七，四部丛刊本。

② 郝经：《上宗主请区处书》，《陵川集》卷三七，四库全书本。

上，辞赋论策次之，兼科举之设，已奉合罕皇帝圣旨，因而言之，易行也。开设学校，宜择开国功臣子孙受教，选达才任用之。”①

张德辉，字耀卿，冀宁交城人。世祖在潜邸，召张德辉，问曰：“孔子殁已久，今其性安在?”对曰：“圣人与天地终始，无往不在。殿下能行圣人之道，性即在是矣。”1248年春，张德辉释奠毕，忽必烈问：“孔子庙食之礼何居?”对曰：“孔子万代王者师，有国者尊之，则严其庙貌，修其时祀。其崇与否于圣人无所损益，但以见时君尊师重道之心何如耳。”忽必烈说：“自今而后，此礼勿废。”不久，“公奉旨教胄子孛罗等，及修理镇之学官，内外焕然一新。乃会生徒行祀礼，衣冠济济，有承平之旧。郡邑化之，文风翕然为振”②。

姚枢，字公茂，营州柳城人。世祖在潜邸，姚枢乃尽其平生所学，敷心沥胆，为书数千百言。首以二帝三王为学之本，为治定之叙，与治国平天下之大经，汇为八目，曰修身、力学、尊贤、亲亲、畏天、爱民、好善、远佞。次及救时之弊，为条三十，其中强调“修学校，崇经术，旌节孝，以为育人才、厚风俗、美教化之基，使士不偷于文华”。③

忽必烈在儒臣的劝谏下，对儒学教育确有所体会，这从他为皇子所安排的儒学教育就能看到。据《姚枢神道碑》：

岁庚戌(1250)，使授太子经，以太师淇阳王之兄故丞相土木各儿、故右丞不华吉丁、今司徒买奴为之伴读，日以三纲五常、先贤格言熏陶德性。……明年(1253)，师行，留裕宗后谓曰：“姚公茂吾不能离，恐废汝学，今遣窦汉卿教汝。”④

① 《元史》卷一五七《刘秉忠传》，中华书局1976年标点本，第3690页。

② 苏天爵：《元朝名臣事略》卷一〇《宣慰张公》引行状，中华书局1996年标点本，第206—207页。

③ 姚燧：《中书左丞姚文献公神道碑》，《牧庵集》卷二七，四部丛刊本。

④ 同上。

1250 年，真金时方八岁，忽必烈请姚枢为其师，按儒家教育模式授之以学。1253 年，姚枢随忽必烈南征云南，恐中断真金的学业，忽必烈又派窦默施教。《窦默墓志》载：

> 时皇太子未冠，上命公教之。及征大理，以玉带钩为赐，曰：此金内府物也，汝老人，佩服为宜，且太子见之，与见朕无异，庶几知所儆畏。[①]

《元史·裕宗传》也说：

> 少从姚枢、窦默受《孝经》，及卷终，世祖大悦，设飨枢等。[②]

《王恂行状》也有：

> 初事潜邸，命为太子伴读。[③]

从以上材料看，忽必烈对太子的儒学教育是极为重视和体贴细微的，从中也可看出他对儒学教育的认可和赞同态度。推而广之，他在这一时期带着这样的观念去关注和支持地方兴学也是顺理成章的。

我们不妨将发生这些事实的时间作一通盘考察。刘秉忠建议兴学是在 1250 年，姚枢上书，及命姚枢为真金太子之师也都是在 1250 年，真定府学的修缮是在 1247 年开始，忽必烈与张德辉讨论孔子问题是在 1248 年，任命张德辉教授胄子及提举真定学校也当在这之后，当时各地兴学也大都在这一时间的

① 苏天爵：《内翰窦文正公》引墓志，《元朝名臣事略》卷八，中华书局 1996 年标点本，第 152 页。
② 《元史》卷一一五《裕宗传》，中华书局 1976 年标点本，第 2888 页。
③ 苏天爵：《太史王文肃公》引行状，《元朝名臣事略》卷九，中华书局 1996 年标点本，第 182 页。

前后。将这些事件联系起来看，燕京宣圣庙事件发生在这一时间就并不奇怪了，忽必烈对燕京宣圣庙事件的处理也就顺理成章了。特别是他三次下令要燕京行省修缮宣圣庙，这与他这一时期的崇儒倾向是一致的。

4. 追求国子学的儒学化是燕京宣圣庙地产权易位的深层原因。

综合上述分析，人们不禁要问，蒙古国时期的中原儒士为什么要热衷于崇儒兴学？这里可从耶律楚材的一句话中寻找答案：

> 太原路课税使、副以赃罪闻。上让公曰："卿言孔子之教可行，儒者皆善人，何故亦有此辈？"公曰："君父教臣子，岂欲陷之于不义，而不义者亦时有之。三纲五常之教，有国有家者莫不由之，如天之有日月星辰也。岂可因一人之有过，使万世常行之道独见废于我朝乎！"上意乃解。①

"岂可使万世常行之道独见废于我朝乎"，耶律楚材此言并非是防患于未然的警告，而是面对现实的一种抗争。蒙古统治者以武力入主中原，以草原游牧文明冲击着中原农业文明的纲常秩序，给中原士人带来天崩地裂般的心灵震撼。作为被征服被占领地的儒士文人，面对国破家亡的惨变，面对天纲绝人理灭的打击，必然会产生某种应战式的反应②。尽管这种应战方式可以是多样的，他们可以遁世高隐，可以改换门庭，可以浪迹江湖与倡优为伍，但他们始终释怀不下的就是中华文化之根，他们在骨子里不可丢弃的就是纲常伦理之道。对于那些因偶然原因为蒙古统治者所征辟所任用的儒士文人来说，他们凭借着任职的条件，自觉承担起"卫道"使命，以积极说服蒙古统治者奉行汉

① 宋子贞：《中书令耶律公神道碑》，苏天爵：《元文类》卷五七，上海古籍出版社 1993 年影印本，第 751—759 页。

② 关于元代儒士在文化上的应战，徐子方的《挑战与抉择》有较详细论述，河北教育出版社 2001 年版。

法，在各地努力恢复纲常秩序。在耶律楚材、王檝、姚枢等人身上都表现出了这一信念。儒士文人手中的武器不是别的，就是中华文化，就是儒学理论。历史上多少次北方少数民族入主中原，最终都在中原文化的熏陶下融入中华民族大家庭之中。这一史实使元代儒士坚信，只要中华文化不倒，只要儒家伦理纲常秩序不乱，只要努力去传播去实践这一学说，以夏变夷的目标就能实现。当年著名理学家赵复因九族俱残而欲投水自尽，姚枢强止而言："徒死无益。汝存，则子孙或可以传绪百世。"[①] 姚枢所强调能够为子孙传绪百世的东西，正是赵复所修习的程朱理学之道，正是儒士文人赖以应战的法宝。从这个角度去理解当时儒士文人力倡崇儒兴学，当能抓住根本。

根据以上分析，我们可以得出这样的结论，追求国子学的儒学化是燕京宣圣庙地产权易位的深层原因。既然设置于燕京宣圣庙的国子学对各地具有明显的辐射影响，那么，国子学的办学方针自然便成为汉人儒士所关注的焦点。而实际情况是，国子学办在宣圣庙，却未能遵行尊孔崇儒的办学方针，反倒去培养在传统价值观念中属于"器"、"末"一类的翻译人才。这在汉人儒士的眼中是绝对不可容忍的。当然，他们并不敢对窝阔台汗的办学设想说三道四，于是借助全真教道士占据宣圣庙地产的问题大做文章。在忽必烈的支持下，他们最终把燕京国子学的办学主权夺了过来，目的就是要恢复和弘扬国子学尊孔崇儒的主旨。

有一则材料，见于赵著的《佐玄寂照大师冯公道行碑》，里面介绍的是燕京国子学的教学内容：

> 先是，承诏教授胄子十有八人。公乃于名家子弟中，选性行温恭者如其数，为伴读。令读《孝经》、《论语》、《孟子》、《中庸》、《大学》等书。庶几各人口传心授之间，而万善固有之地，日益开明，能知治国平天下之道，

---

① 姚燧：《中书左丞姚文献公神道碑》，《牧庵集》卷二七，四部丛刊本。

本自正心诚意始。是后日就月将，果皆克自树立，不惟俱获重用，复以才德见称于士人。[①]

这则材料显然是按照程朱理学的思想撰写的。如果将这则材料理解为燕京国子学的一贯的教学内容，显然是不恰当的。因为其中所体现的程朱理学思想在杨惟中南征之前还根本没有传播到北方，更不可能为全真教的道士所采纳并运用得如此娴熟。赵著，字祖光，渔阳人，金朝汴京陷落之前，元好问推荐给耶律楚材的人员之一。1236 年，耶律楚材“请立编修所于燕京，经籍所于平阳，编集经史，召儒士梁陟充长官，以王万庆、赵著副之”[②]。以后赵著一直任燕京编修官。冯志亨死于 1254 年，赵著为其写道行碑，当是在燕京儒士夺得宣圣庙主权之后。这时介绍燕京国子学，自然有为国子学粉饰的目的，以利于燕京国子学朝着儒学化的轨道运行。这也从一个侧面说明燕京国子学的办学宗旨正是当时儒士们所关注的焦点问题。

另有一则材料也能说明这一点。马祖常在《大兴府学孔子庙碑》中说：

太宗皇帝首诏国子通华言，乃俾贵臣子弟十八人，先入就学。时城新刳于兵，学官摄于老氏之徒。迨世祖皇帝教命下，始正儒师，复学官，庙事孔子，归儒垣四侵地，勒石具文，作新士子。[③]

马祖常在这里说得比较客观，燕京国子学创办初期，“学官摄于老氏之徒”。直到忽必烈干涉后，才“始正儒师，复学官，庙事孔子”，是说国子学自此才开始走上了正轨。这再清楚不过地将办学宗旨问题给点出来了。后来的许

① 赵著：《佐玄寂照大师冯公道行碑》，李道谦：《甘水仙源录》卷六，齐鲁书社 1997 年影印本，第 483 页。

② 《元史》卷二《太宗本纪》，中华书局 1976 年标点本，第 34 页。

③ 马祖常：《大兴府学孔子庙碑》，《石田文集》卷一〇，四库全书本。

有壬在《上都孔子庙记》中则索性说：

> 太宗嗣位，择必阇赤子十八人，学汉语文字。汉官子弟参学国语弓矢。且分四队以教，命中书令杨惟中主其事，作屋居之，饩廪育之，夏楚督之，迨定宗朝不辍。[①]

在这里，当时主持燕京国子学的冯志亨、李志常等全真教道士全都不存在了，只剩下了一个杨惟中。许有壬这样写的主旨看来在强调元代国子监的发展自开创之时就在儒士的引导之下。这显然有违历史真实。抹杀历史真实的目的无非是为了维护正统。元代儒士为了给国子学树立一个承继尊孔崇儒道统的形象，不惜掩饰历史真相。其良苦用心也从一个侧面昭示了燕京国子学的办学宗旨是当时宣圣庙争夺的核心问题。

这是蒙古统治者在办学问题上与汉人儒士的第一次冲突。这一冲突反映了蒙古草原文化与中原儒学文化的初步接触与碰撞。

① 许有壬：《上都孔子庙记》，《至正集》卷四四，元人文集珍本丛刊。

忽必烈的文治思路与元代蒙古国子监

元世祖忽必烈居潜邸之时，金莲川幕府中的汉人儒士就极力劝导忽必烈采用崇儒兴学的中原政治模式。中统建元后，汉人儒士更是鼓动忽必烈采纳行汉法的文治路线。但忽必烈建置中央学校之举措，首先创办的是蒙古国子学而不是儒家学者所希望的国子学。在不忽木等人提议创办教育管理机构之后，忽必烈首先设置的是蒙古国子监而不是儒家学者所期望的国子监。这是耐人寻味的。人们在分析这一原因时，多会归之于蒙古统治者的民族歧视，然而当时的事实并非就是这么简单。

一　忽必烈的文治思路

忽必烈参照汉制，中统建元，确实给了汉族士大夫以极大的振奋。一时人才影附，群贤毕至，由此在中统至元之际，元代社会一度出现了被后人津津乐道的“治比唐贞观之盛”时期：“世祖初置中书省，以忽鲁不花、塔察尔、线真、安童、伯颜等为丞相，史天泽、刘秉忠、廉希宪、许衡、姚枢等，实左右之，当时称治比唐贞观之盛。”[①] 后来欧阳玄在分析促成这一局面的原因时指出：

---

① 《元史》卷一七六《王寿传》，中华书局1976年标点本，第4104页。

“中统、至元之治，上有不出世之君，能表章其臣，继述往圣之志；下有不出世之臣，能赞襄其君，宪章往圣之心。”[①] 也就是说，这种局面的促成靠的是君臣思想的一致和通力的合作。

上述议论确实在一定程度上道出了元初朝政的兴盛景况。但这种兴盛仅仅只体现为元初蒙古统治者与汉人儒士在治国目标上取得了初步共识。至于如何去实现这一目标，周身散发着漠北草原文化气息的蒙古统治者与浸润着中原农业文明的汉人儒士在具体做法上，甚至在努力方向上都存在着巨大的差异。有人指出，入主中原的蒙古统治者虽然酌取汉法，但其内心深处的部落文化本色并未被完全冲刷掉，而儒臣们对蒙古贵族心中所存之漠北本土文化的根深蒂固又认识不足。因此这种浅表一致性掩盖下的深层文化异构，造成了蒙元时期君臣在文化心理上的异质错位[②]。这种异质错位导致了忽必烈的文治思路与汉人儒士的儒治期望之间的差异，也主导了元朝崇儒兴学的整个进程。

汉人儒士所鼓噪的文治，就是希望蒙古统治者能实施“以马上取天下，不可以马上治”的治国方略，就是要以纲纪礼仪、典章文物为立国之本，就是要走一条偃戈息马，文致太平，德泽四海，化育万民的治国之路。对这一总目标，忽必烈是赞同的。他在即位诏中明确指出了蒙古自建国以来“武力迭起，文治多阙，五十余年于此矣”[③] 的缺憾，表达了欲以文治兴国的愿望。

至于如何兴文治，忽必烈希望能把“汉法”与“国朝成法”两者结合起来，以建立“一代王法”[④]。这样做的目的是为了提升蒙古文化的优势地位，以巩固蒙古贵族的统治地位。

有着多年治理漠南汉地经历的忽必烈，深感只有行“汉法”才能使社会安

---

① 欧阳玄：《许衡神道碑》，《圭斋文集》卷九，四部丛刊本。

② 罗立刚：《宋元之际的哲学与文学》，复旦大学出版社 1999 年版，第 14 页。

③ 《元史》卷四《世祖纪一》，中华书局 1976 年版，第 64 页。

④ 邱树森：《元朝简史》，福建人民出版社 1999 年版，第 133 页。

定，国家才能久治长安。这一做法立即招致来自西北诸藩王的诘问：“本朝旧俗与汉法异，今留汉地，建都邑城郭，仪文制度，遵用汉法，其故何如？”[①]然忽必烈不为所动。忽必烈是清醒的。元朝建国以中原文化为依托，实质上就借助了农业文明来改造蒙古帝国的机构，一是在经济上弥补了游牧经济的脆弱性，帮助忽必烈顺利地粉碎了各种叛乱，加速了农牧经济的结合，为蒙古民族的生存提供了坚实的保障；二是在政治上改造了国家机构，使蒙古大汗的权力朝着更专权更稳固的方向发展。忽必烈的这些举措是自成吉思汗以来文治路线的继续，是蒙古民族步入封建化的历史必然。

在采用汉法中，忽必烈认识到了儒学的治国之术在汉法中的作用，因而对汉人官员所信奉的孔夫子，表现出了礼貌和尊重。早在蒙哥汗时代，忽必烈在潜邸，元好问与张德辉一起北觐，请忽必烈为“儒教大宗师”，忽必烈“悦而受之”[②]。忽必烈后来也颁布了祭祖“宣圣庙”的制度：“至元十年三月，中书省命春秋释奠，执事官各公服如其品，陪位诸儒襕带唐巾行礼。”[③] 忽必烈也十分注意汉人儒士对治国的建议，并发挥他们的作用。至元二年，安童为中书右丞相，忽必烈希望许衡辅导他，说：“安童尚幼，未更事，善辅导之。汝有嘉谋，当先告之以达朕，朕将择焉。”后来安童建议：“内外官须用老成人，宜令儒臣姚枢等入省议事。”忽必烈对此十分赞同：“此辈虽闲，尤当优养，其令入省议事。”[④] 元代实行四等人制，南人列最下等，但忽必烈对南方士人并不排斥。元朝平定江南，即令御史大夫相威行台江南，求其遗贤。至元二十三年(1286)，又专门派程钜夫到江南搜求逸贤高士。这次被推荐到朝廷的二十余人，世祖皆擢置台宪及文学之职。当时有台臣从中作梗，世祖很干脆地说：“汝未用南人，何以知南人不可用！自今省部台院，必参用南人。”[⑤]

---

① 《元史》卷一二五《高智耀传》，中华书局1976年标点本，第3073页。
② 苏天爵：《宣慰使张公》引行状，《元朝名臣事略》卷第十，中华书局1996年标点本，第207页。
③ 《元史》卷七六《祭祀志五》，中华书局1976年标点本，第1892页。
④ 《元史》卷一二六《安童传》，中华书局1976年标点本，第3082页。
⑤ 《元史》卷一七二《程钜夫传》，中华书局1976年标点本，第4016页。

但是忽必烈并不崇尚儒学，或者说他并没有从本质上去把握儒学。《草木子》中记述了这么一件事："立怯里马赤，盖译史也，以通华夷言语文字。昔世祖尝问孔子何人，或应之曰：是天的怯里马赤。世祖深善之。盖由其所晓以通之，深得纳约自牖之义。"[①] 可见忽必烈对儒学的理解十分表面。他只是从"儒术实用"的角度，欣赏那些能为他的统治带来实效的儒臣。儒学治术之于建章立制有用，忽必烈则用之。而当忽必烈急欲理财积敛之时，儒士们的儒治主张则显得迂阔而不周世用，忽必烈便很现实地疏远儒士而倾向于能够为其敛财的色目官员。以致王恽曾在《儒用篇》中提出了这样的疑问："国朝自中统元年来，鸿儒硕德济之为用者多矣，如张、赵、姚、商、姚、许、三王之伦，盖尝忝处朝端，谋王体而断国论矣。固虽圣神广运于上，至于弼谐赞翼，俾之休明贞一，诸人无不效焉。今则曰：'彼无所用，不足以有为也'。是岂智于中统之初，愚于至元之后哉！"[②]

忽必烈对儒学采用实用主义方针，根源于他的文治并不是走全盘汉化之路。按郝经给他的总结，是附会汉法[③]，即走蒙汉文化结合的道路。这一点与汉族儒士的愿望是不一致的。刘秉忠深解其意，言必参用汉法[④]；许衡性格笃实，坚持必用汉法[⑤]。这两种提法其实都是针对忽必烈的文治思路所提出的。入主中原的蒙古统治者，面对先进的华夏文明，不能不借鉴新的典章制度以推动全国性的政权建设。但借鉴的目的是为了维护和巩固蒙古贵族的统治地位。因此忽必烈在文治的过程中很注意保留蒙古民族原有的礼俗，以保持其民族特性和种族统治。忽必烈建上都于开平，始终与漠北草原保持着联系，就是其中

① 叶子奇：《杂俎篇》，《草木子》卷之四下，中华书局 1959 年标点本，第 83 页。

② 王恽：《儒用篇》，《秋涧先生大全集》卷四六。四部丛刊本。

③ 郝经在《立政议》说："今自践祚以来，下明诏、蠲苛烦、立新政、去旧污，登进茂异，举用老成，缘饰以文，附会汉法。"见《郝文忠公陵川文集》卷三二。

④ 《元史》卷一五七《刘秉忠传》谓：上问以治天下之大经、养民之良法，刘秉忠"采祖宗旧典，参以故制之宜于今者，条列以闻"。

⑤ 许衡上《时务五事》称："考之前代，北方奄有中夏，必行汉法，可以长久。"见《鲁斋遗书》卷七。

一个重要的举措。在朝廷礼乐制度中，忽必烈也保留了许多蒙古礼俗。“大飨宗亲，赐宴大臣，犹用本俗之礼为多”[①]。《元史》又说：“元之五礼，皆以国俗行之，惟祭祀稍稽诸故”，如至元十三年（1276）灭南宋，“以平宋，遣使告天地，中书下太常议定仪物以闻，制若曰：‘其以国礼行事。’”[②] 这里所谓国礼，即蒙古旧礼俗。柯九思也曾有诗言及忽必烈为坚持蒙古习俗而在宫廷内实施的两个做法：

> 万国贡珍陈玉陛，九宾传赞卷珠帘。大明前殿筵初秩，勋贵先陈祖训严。（自注：凡大宴，世臣拿金匮之书，必陈祖宗大札撒以为训。）
>
> 黑河万里连沙漠，世祖深思创业艰。数尺阑干护春草，丹墀留与子孙看。（自注：世祖建大内，命移沙漠莎草于丹墀，示子孙毋忘草地也。）[③]

《草木子》中也提及此事：

> 元世祖皇帝思太祖创业艰难，俾取所居之地青草一株，置于大内丹墀之前，谓之誓俭草，盖欲使后世子孙知勤俭之节。[④]

忽必烈的这两个做法，一是朝廷举行经筵，必先陈祖宗大札撒；二是移沙漠莎草于宫廷丹墀，示子孙毋忘草地。其目的是加强对蒙古贵族及后代进行本民族的传统教育，以维系着蒙古的文化传统。

忽必烈之所以如此，还不仅仅是为了蒙古民族的生存。在蒙古人的意识里，“大元”不过是“大蒙古国”的延续，大蒙古国是以蒙古人为中心的世界

---

① 《元史》卷六七《礼乐志一》，中华书局1976年标点本，第1664页。

② 《元史》卷七二《祭祀志一》，中华书局1976年标点本，第1781页。

③ 柯九思：《宫诗十五首》，《元诗纪事》卷一七，第391页；《草木子》中谓此诗为大司农达不花所作。

④ 叶子奇：《谈薮篇》，《草木子》卷之四上，中华书局1959年标点本，第72页。

帝国，包罗万方，不以中原为限。忽必烈就认为自己不是中国一国之君主，而是世界的“普遍帝王”，因而必须接受在理论上受其控制地区的不同文化，而不能独重汉文化①。正由于此，忽必烈的文治思路明显带有不同于汉族传统思维模式的特点。

第一，对待各种宗教采取不偏不倚的态度。《多桑蒙古史》载：“成吉思汗命其后裔，切勿偏重何种宗教，应对各教之人一律平等。”② 这一原则忽必烈是基本遵守了。他对宗教力图采取不偏不倚的宽容态度。《马可波罗行记》中有一段他参加基督教例行仪式时的描述：

> 大汗届时召大都之一切基督教徒来前，并欲彼等携内容四种福音之《圣经》俱来。数命人焚香，大礼敬奉此经，本人并虔诚与圣经接吻，并欲在场之一切高官大臣举行同一敬礼。彼对于基督教徒的主要节庆，若复活节、圣生节等节，常遵例为之。对于回教徒，犹太教徒，偶像教徒之主要节庆，执礼也同。脱有人询其故，则答之曰：“全世界所崇奉之预言人有四，基督教徒谓其天主是耶稣基督，回教徒谓是摩诃末，犹太教徒谓是摩西，偶像教徒谓其第一神是释迦牟尼。我对于兹四人，皆致敬礼，由是其中在天居高位而最真实者受我崇奉，求其默佑。”③

这种强烈的意念不能仅仅视为蒙古民族凭借武力征战世界傲视天下的反映，它也反映了蒙古民族在征战世界中学习吸纳各被征服地文化所养成的博大的文化视野和胸怀。

第二，采取了多方网罗人才、兼容并蓄的政策。蒙古统治者对各类人才

---

① 萧启庆引述罗沙比（M. Rossabi）观点，见萧启庆：《元朝的通事与译史》，载《元朝史新论》，第 342 页。

② 《多桑蒙古史》，冯承钧译，第一卷第十章，上海书店出版社 2001 年版，第 155 页。

③ 《马可波罗行记》，冯承钧译，第二卷第七九章（重），上海书店出版社 2000 年版，第 190 页。

都能予以容纳，完全没有以往朝代独尊儒术的做法。元廷对儒、释、道、医、卜，以及各类工匠，乃至隐逸，都能尽力网罗，量才任用。当然，蒙古统治者所重视的人才，是属于“技术”型人才，是能为其统治发挥实用效益的人才。他们不喜欢那种空谈性理卖弄玄机的人才，但能以宽容的态度对待他们，不施文网。这一点连《元史》的作者都予以了赞赏：“屡诏求言于下，使得进言于上，虽指斥时政，并无谴责，往往采择其言，任用其人，列诸庶位，以图治功。其他著书立言、裨益教化、启迪后人者，亦斟酌录用，著为常式。”①

第三，但以上这些开放的文化意识却与狭隘的民族情结纠缠在一起。蒙古统治者为了确保自己的统治地位，施行“四等人制”，采用民族歧视的政策。《草木子》中说：“元朝自混一以来，大抵皆内北国而外中国，内北人而外南人。以至深闭固拒，曲为防护，自以为得亲疏之道。”② 在这样一种民族歧视政策主导下，其文治思路具有包容性与排他性并存的特点。在面对各种先进文明能为我所用时，蒙古统治者能以一种开放型文化的包容性去对待它；然而当需要固守民族礼俗坚守种族特权时，他们又表现出封闭型文化的排他性。这一特点深刻地影响了元代文治的进程。

第四，忽必烈文治思路的终极目的是要推进蒙古民族的文明进程。他的“附会汉法”只是欲借助先进的华夏文明将蒙古民族带入文明之域，而绝不希望让蒙古民族在汉化中消失。这样做有利于逐步提升蒙古文化的优势地位，以维护其至尊的统治地位。

二　从采用畏兀儿字到学习汉字再到创制蒙古字

忽必烈为提升蒙古文化优势地位的重大举措就是创制蒙古字。至元六年

① 《元史》卷八一《选举志一》，中华书局1976年标点本，第2035页。

② 叶子奇：《克谨篇》，《草木子》卷之三上，中华书局1959年标点本，第55页。

(1269)，元世祖忽必烈命国师八思巴创制蒙古新字[1]，并于同年诏令颁行：

> 朕惟字以书言，言以纪事，此古今之通制。我国家肇基朔方，俗尚简古，未遑制作，凡施用文字，因用汉楷及畏吾字，以达本朝之言。考诸辽、金，以及遐方诸国，例各有字，今文治寖兴，而字书有阙，于一代制度，实为未备。故特命国师八思巴创为蒙古新字，译写一切文字，期于顺言达事而已。自今以往，凡有玺书颁降者，并用蒙古新字，仍各以其国字副之。[2]

为什么要命人创制蒙古新字，忽必烈从蒙古民族文明进程的发展需要角度回答了这个问题。蒙古民族本无文字，记事靠契刻，交流则口耳相传，“俗尚简古”。成吉思汗在征服乃蛮国后，决定采用畏兀儿文字作为官方文字，这是蒙古民族走向文明的第一步。窝阔台在南征伐金之时，适时地在燕京创办国子学，要求蒙古贵族子弟学习和掌握汉语文字，以适应其深入中原汉地的统治需要。这是继成吉思汗后蒙古统治者走向文明的又一举措。这就是忽必烈所说的“凡施用文字，因用汉楷及畏吾字，以达本朝之言”。但这些都毕竟是在学习着和使用着他民族的文字。比较而言，辽、金及其他诸国，皆有本国文字，作为统治横跨欧亚大帝国的蒙古民族却没有自己的文字，这终归是个大缺憾。“今文治寖兴，而字书有阙，于一代制度，实为未备”，忽必烈认为，创制蒙古新字实为实施文治开万世基业之需要。八思巴字的创制是忽必烈多元一体思想在文化上的体现。八思巴是用藏文字母“译写一切文字”，是试图统一中国文字

① 关于忽必烈命八思巴创制蒙古字的时间，有三种说法：一种说法定为中统元年，根据《元史·释老传》，其谓“中统元年，世祖即位，尊为国师，授以玉印。命制蒙古新字，字成上之。……至元六年，诏颁行天下”；另一种说法定为至元六年，根据《滋溪文稿》卷十五，其谓“至元六年，乃命国师肇造新字，颁布天下”；第三种说法定为至元七年，据王磐《帝师拔思八行状》：“至元七年，诏制大元国字，师独运摹画，作成称旨，即颁行朝省，郡县遵用，迄为一代典章。”查《元史·世祖纪》，中统元年中未有命八思巴制新字的记载，而至元六年只有“二月己丑，诏以新制蒙古字颁行天下”的记载，史料中又多有至元六年开蒙古字学的记载。权衡再三，本文采第二种说法。

② 《元史》卷二〇二《释老传》，中华书局 1976 年标点本，第 4518 页。

的伟大尝试。所以，从成吉思汗采用畏兀儿文字，到窝阔台兴学学习汉族文字，再到忽必烈命八思巴创制八思巴蒙古字，这正好构成一条蒙古民族文明演进的主线。

在这一进程中，忽必烈此举乃是蒙古民族走向文明的一个质的飞跃。至元四年（1267），朝廷议论科举，中书省臣与翰林学士在讨论后提出："依前代立国学，选蒙古人诸职官子孙百人，专命师儒教习经书，俟其艺成，然后试用，庶几勋旧之家，人材辈出，以备超擢。"① 蒙古统治者为了维护蒙古贵族的政治利益，保障其以"根脚"入仕的特权，对重才学轻门第的科举制度倍加提防。特别是在蒙古族与汉族的文化差异悬殊的状况下，这一制度的施行显然会危及蒙古族的统治地位。因此朝廷为照顾蒙古贵族特权而决定先办学后科举。而忽必烈则进一步看到，让蒙古贵族子弟学习儒家经典固然很重要，但那毕竟学习的是汉族文化，使用的是汉族文字。长此以往，蒙古贵族只能同化于汉族文化之中而最终丧失自我。这不是忽必烈所追求所期望的。要使蒙古民族真正进入文明境地，创制本民族文字则是关键。

历史也证明，蒙古民族之所以能得以延续和发展，其中一个重要因素就是注意了本民族文化的独立与发展。创制文字是人类文明得以延续的基本条件。赵孟頫曾这样评价八思巴蒙古字的创制："余曾读北史，见当时臣族贵种皆以工译语相高。其间虽时见一二语恨无文字相传，不知作如何云云也，盖译语皆有声而无文，虽欲传，其可得乎？圣朝混一区宇，乃始造为一代之书，以文寄声，以声成字，于以道达译语，无所不通。盖前代之所未有也。"② 张昱也为此诗赞：

八思巴师释之雄，字出天人渐妙工。龙沙仿佛鬼夜哭，蒙古尽归文

① 《元史》卷八一《选举志一》，中华书局1976年标点本，第2017页。

② 赵孟頫：《皇朝字语观澜纲目序》，《松雪斋文集》卷六，四部丛刊本。

法中。[①]

忽必烈创制蒙古文字委托的是来自藏传佛教萨迦斯派领袖八思巴。藏传佛教自印度传入，其教推崇秘密真言（即陀罗尼）的修行法，为藏人所普遍信仰。蒙哥汗时期，忽必烈率兵平大理，15 岁的藏传佛教领袖八思巴求见，为忽必烈所欣赏。八思巴（1235—1280），本名罗追坚赞，出生于西藏一个显贵的佛教家庭。据王磐《帝师拔思八行状》载，土波国（即吐蕃）有国师禅怛啰乞答，累叶相传，其国王世师尊之。凡十七代而至萨师加哇，即八思巴之伯父班达智。八思巴自小随伯父学法，"七岁演法，辩博纵横，犹不自足，复遍咨名宿，勾玄索隐，尽通三藏。癸丑，师年十五，世祖皇帝龙德渊潜，师知真命有归，驰驿径诣王府，世祖宫闱东宫皆秉受戒法，特加尊礼。戊午，师二十岁，释道订正《化胡经》，宪宗皇帝诏师剖析是非，道不能答，自弃其学，上大悦。庚申，师年二十二岁，世祖皇帝登极，建元中统，尊为国师，授以玉印，任中原法主，统天下教门"[②]。由此可知，年轻的八思巴不仅以其教深得蒙古王室的"特加尊礼"，而且在评判宪宗时期的佛、道辩论时能剖析是非，致全真教道士理屈词穷。由此在忽必烈建元中统之时能够登上"国师"宝座。

至元六年（1269），八思巴进呈所创制的蒙古新字。八思巴运用吐蕃文法创制出蒙古字仅千余。这种蒙古文字属拼音文字，有字母四十一个。"其相关纽而成字者，则有韵关之法，其以二合三合四合而成字者，则有语韵之法，而大要则以谐声为宗也"[③]。由于是八思巴主持创制，因而这种蒙古字也称作八思巴字。八思巴字属于梵文系统。不过梵文与藏文都是横写，而八思巴字为直书，这可能是受到了中国汉字的影响。

① 张昱：《辇下曲》，《张光弼诗集》（续编）卷三，四部丛刊本。

② 王磐：《帝师拔思八行状》，大正本《大藏经》卷四九，引自《全元文》第 2 册，第 260 页。

③ 《元史》卷二〇二《释老传》，中华书局 1976 年标点本，第 4518 页。

蒙古新字的产生，进一步加强了蒙古统治者的统治地位。“自今以往，凡有玺书颁降者，并用蒙古新字，仍各以其国字副之”。文字的主次之别又可成尊卑贵贱的统治工具，这是蒙古统治者所希望的文治效果。至元二十一年(1284)，元廷要求“今后拟令各处大小衙门，将应系贡进表章并用蒙古字书写”[①]，这实际上等于取消了衙门文件的汉文副本。虽然这一做法遭到了来自汉族官员的反对，尤其是招致了江南人士的反感与抵触，忽必烈对此也能够采取宽容的态度，如当时诏令皆用蒙古字，忽必烈遣程钜夫求贤江南，特命以汉字书诏[②]；又如河南、福建的省臣“奏请诏书用汉字”，忽必烈对此做了个折中的处理，“帝命以蒙古语诏河南，汉语诏福建”[③]。但蒙古字为“国字”，在“诸字之右”的“国语”地位并未动摇。

三　从蒙古字学到蒙古国子学到蒙古国子监

蒙古新字的推行，相应地便带来了教育的问题。至元六年，朝廷决定在各地设置蒙古字学。《元史・选举志》中说：“至元六年秋七月，置诸路蒙古字学。十二月，中书省定学制颁行之。”[④] 元朝廷对推行蒙古字的决心与措施是有力的。二月颁布蒙古新字，七月便在各地设置诸路蒙古字学，十二月便由中书省定学制颁行全国。这个进度在中国古代教育史上都是少见的。

至元八年（1271）正月在京师开办了蒙古国子学，元世祖忽必烈亲自发布诏令：

皇帝圣旨：间者采近代之制，创为国字，已尝颁告天下，然学者尚

① 《元典章》卷三一《礼部》卷四《学校一・蒙古学》，中华书局、天津古籍出版社 2011 年版。
② 《元史》卷一七二《程钜夫传》，中华书局 1976 年标点本，第 4016 页。
③ 《元史》卷一七《世祖纪十四》，中华书局 1976 年标点本，第 358 页。
④ 《元史》卷八一《选举志一》，中华书局 1976 年标点本，第 2028 页。

少。今复立条划，其令有司，明谕四方庶几多所兴起，以传布永久。故兹诏示，想宜知悉。

一、京师设国子学，教授诸生。于随朝百官、怯薛歹、蒙古、汉儿官员，选择子孙弟侄俊秀者入国子学。

二、诸王位下及蒙古千户所，依在前设畏吾儿八合赤体制，设立教授。

三、随路所设教授学，有愿充生徒者，与免一身差役，上路额设生员三十人，下路二十五人，仍委本路按察司兼提举学校，一同选择生徒俊秀者充应。除中选仍受官职外，随路达鲁花赤、总管以下及运司诸役下官员，子孙弟侄堪读书者并听入学。随处居住回回、畏吾、河西人等，愿入学者听，不在额设之数。据学校房舍，令所在官司给付。

四、《通鉴节要》事，就翰林院现设诸官并译史译作蒙古言语，用蒙古（字）写录，逐旋颁降与国子学、诸路教授；

五、符宝郎设好识蒙古学必阇赤一员，验合使宝；

六、吏部台（院）诸印信并发所铺马札子，并用蒙古字；

七、省部台院，令蒙古子孙弟侄作蒙古必阇赤头儿，凡有行移文字，并用蒙古字标写本宗事目，即令习学汉儿公事，其余内外诸衙门亦令并用蒙古字人员充必阇赤；

八、省部台院凡有奏目用蒙古字；

九、随朝见当直怯薛歹必阇赤限一百日须管习熟会蒙古字；

十、二、三年后，习学生员选择俊秀，出策题试问，观其所对，精通者为中选，约量授以官职；

十一、今后不得将蒙古字道作新字。①

---

① 《元典章》卷三一《礼部》卷之四《学校一·蒙古学》，中华书局、天津古籍出版社 2011 年版，第 1082 页。

这一诏令，忽必烈从四个方面架构起推行蒙古字的促进体制。

其一，在全国自上而下建立起一个实施蒙古字教育的学校网络。这个网络由三级构成：第一级在京师设置国子学，以朝廷百官子弟为对象；第二级在诸王位下及蒙古千户所，按当年蒙古国时期设置畏兀儿八合赤模式配置蒙古字教授，以王公贵族为对象；第三级则在各路设置蒙古字学，以地方官员子弟及平民子弟为对象。

其二，朝廷各级机构的行移文书一律采用蒙古字，包括省、部、台、院所有的奏章，吏部台院的印信及所发布的铺马札子等各类公文，元朝大小衙门的印章“其印文皆用八思麻帝师所制蒙古字书”[①]。为了达到这一目标，忽必烈要求当值的怯薛歹必阇赤必须在一百天内掌握蒙古字，省、部、台、院的蒙古必阇赤头儿必须由蒙古贵族子弟担任，掌管印章者（符宝郎）要由精通蒙古字者担任。

其三，蒙古国子学的教学内容主要是学习蒙古字，以《通鉴节要》为载体，蒙古国子学除了教授蒙古新字之外，忽必烈认为还应该学习数学知识。于是，在这一年的五月，“令蒙古官子弟好学者，兼习算术”[②]。在经过两三年的学习后，朝廷从蒙古国子学中选择学习优秀者，出策题试问，观其所对，精通者为中选，约量授以官职。中选者一般都担任各级官府衙门的通事、译史或地方蒙古字学的教官。在蒙古统治者的“四等人制”政策下，元代任译职者的地位要高于其他封建王朝。仅以地方蒙古字学教授为例，“至元十九年，定拟路府（路）[州]设教授，以国字在诸字之右，府州教授一任，准从八品，再历路教授一任，准正八品，任回本等迁转”[③]。而地方儒学的教授只有正九品。二者的差异就为发展蒙古字学的教育构建了一个强有力的激励机制。

其四，不准将蒙古字称作新字。在至元六年颁布蒙古字的诏令中，忽必烈

① 叶子奇：《杂制篇》，《草木子》卷之三下，中华书局1959年标点本，第63页。

② 《元史》卷七《世祖纪四》，中华书局1976年标点本，第136页。

③ 《元史》卷八一《选举志一》，中华书局1976年标点本，第2028页。

还将蒙古字称作"新字"。未及两年，他就强调要取消这一提法，这显然是为维护蒙古字的正统地位而考虑的。

从忽必烈的诏令看，其推行蒙古字的举措是深思熟虑的。尤其是其首办蒙古国子学的决策，表现了忽必烈维护蒙古贵族在中原统治地位的思路。历代王朝创办国子学，乃是将国之贵族子弟集中于此学习儒家经典，一则为朝廷储备官僚后备军，二则为全国教化标帜尊孔崇儒之方向。忽必烈深谙此意，推陈出新，首办蒙古国子学，令随朝百官、怯薛歹、蒙古、汉儿官员，选择子孙弟侄俊秀者入学，带头学习蒙古字，以此推动全国各地蒙古字学的兴起。这里还有一个背景要交代。至元七年秋，真金太子抚军称海，太子赞善王恂随同前往[①]。东宫中一批为太子伴读而师事王恂的贵游子弟将面临辍学的局面。如何安置这些人的学业，成为朝廷亟待解决的问题。史书又载，张文谦和窦默于至元七年上疏请立国子学[②]。这个上疏时间与真金太子抚军称海的时间相吻合，应该认为张文谦和窦默就是为解决这个问题而上疏的。按他们的本意是希望创办学习儒家经典的国子学[③]，而忽必烈在至元八年正月的兴学诏令中却是开办了学习蒙古字的蒙古国子学。这种文化的错位正体现了忽必烈维护蒙古贵族正统地位的决心。

这一举措又与这一年十一月忽必烈定国号"大元"有着内在关联。忽必烈取《易经》的"乾元"之义而定国号"大元"，就是要向天下昭示其承继中原王朝的正统地位。而兴办蒙古国子学便是这一正统地位的象征之一。然而在这一年的三月，以许衡为国子祭酒的国子学也已经开办。为了区别二学的主次，同年十二月，忽必烈再次向全国发布诏令，"诏天下兴起国字学"[④]。这就很清楚地表明，忽必烈创办蒙古国子学的真正意图，就是要大张旗鼓地推行蒙古

---

① 《元史》卷一一五《裕宗传》，中华书局1976年标点本，第2888页。

② 《元史》卷一五七《张文谦传》，中华书局1976年标点本，第3697页。

③ 苏天爵：《元朝名臣事略》卷八引《窦默墓志》：公奏言："三代所以历数长久，风俗纯粹者，皆自设学养士所致。方今宜建学立师，博选贵族子弟以教之，以示风化之本。"

④ 《元史》卷八一《选举志一》，中华书局1976年标点本，第2027页。

字，在全国树立蒙古文化的正统地位，以达到“传布永久”的目的。

蒙古字的推广和蒙古字教育的开展，相应地要求朝廷设置专门的文翰机构以突出其地位和加强管理。至元十二年（1275），窦默与王磐等请分置翰林院，专掌蒙古文字，以翰林学士承旨撒的迷底里主之①。所谓“分置”，即在翰林兼国史院之外另设蒙古翰林院。

至元十三年（1276），国子生不忽木等人向忽必烈上书，希望朝廷加强学校建设，应借鉴以往朝代的办法，在京师设置国子监。“书奏，帝览之喜”②。按不忽木等人的本意，是希望朝廷设置以崇儒为宗旨的国子监，以推动全国的儒学教育。然而在第二年，元廷设置的却是蒙古国子监，这一举措，与忽必烈的文治思路是一致的。

至元十四年（1277），元廷在蒙古翰林院下设置蒙古国子监，置司业一员。至元二十七年（1290），依汉人国子监例，元廷进一步完善了蒙古国子监的组织机构。据《元史·百官志》，蒙古国子监和蒙古国子学的编制状况如下：

蒙古国子监，秩从三品。至元十四年始立，置司业一员。二十九年，准汉人国学例，置祭酒、司业、监丞。延祐四年，升正三品。七年，复降为从三品。后定置祭酒一员，从三品；司业二员，正五品；监丞一员，正六品；令史一人，必阇赤一人，知印一人。

蒙古国子学，秩正七品。博士二员，助教二员，教授二员，学正、学录各二员。掌教习诸生。于随朝百官、怯薛歹、蒙古、汉儿官员家，选子弟俊秀者入学。至元八年，置官五员。后以每岁从驾上都，教习事繁，设官员少，增学正二员、学录二员。三十一年，增助教一员、典给一人。后定置博士二员，正七品；助教二员，教授二员，并正八品；学正、学录各

① 《元史》卷一五八《窦默传》，中华书局1976年标点本，第3732页。

② 《元史》卷一三〇《不忽木传》，中华书局1976年标点本，第3166页。

二员，典书一人，典给一人。

这一编制与国子监、国子学的设官情况大致相同，只是在蒙古国子监中设置了令史和必阇赤，在蒙古国子学中另设置了教授一职。

由此看来，忽必烈在推广蒙古字方面的步骤是稳妥而积极的。由创制蒙古字而创设蒙古国子学再设置蒙古国子监，有条不紊，逐步推进，体现了忽必烈借鉴汉法发展蒙古文化的总思路。苏天爵在议论此事时说："世祖皇帝临御中国，思建百度，以兴文治。至元六年，乃命国师肇造新字，颁布天下。京师设国子学以教胄子，外则州郡并置校官，以教民之俊秀者，又置提举学校官以总之。初以制敕符改用新字，于是国家言语文字盛行于时。"[①]

四　元代中后期蒙古国子监的发展

在元代的中后期，崇儒兴学进程有了较为显著的发展，但元廷对蒙古字学的重视并未减弱。他们遵循着忽必烈的文治思路，依然把蒙古字学和蒙古国子监放在优先发展的地位。这一点从成宗即位不久的一则诏令便可看出：

> 羊儿年三月，钦奉圣旨：翰林院官人每奏，"在先薛禅皇帝，'蒙古文字，不拣那里文字根底为上交宽行者，各路分官人每，与按察司官人每一处提调者，好生的交学者。各路里教授、各衙门里必阇赤委付呵，翰林院官人每委付者。'么道，圣旨交行有来。如今提调的官人每不好生的提调上头，学的人每不谨慎有。各衙门里蒙古必阇赤每委付呵，俺根底也不商量了委付有。更汉儿文字教的州里也交教去有，蒙古学教的州里也不曾教去来交去的"。那般奏来。如今依在先圣旨体例里，翰林院官人每根底不

① 苏天爵：《卫吾公神道碑铭》，《滋溪文稿》卷一五，中华书局 1997 年标点本，第 238 页。

> 商量了，蒙古必阇赤休委付者，州里也依那体例委付学正去者，提调的路分里，廉访司官人每好生的提调者，交学者好生的学呵，依着薛禅皇帝交行来的圣旨体例里，提调来的，则依着那个体例里提调者，文字好生的教学者，教授、学正、必阇赤则依着那般体例里委付着，学文书的其间里不拣谁休入来者，道来。这般道了阿，不好生的提调阿，文字其间里入去的人每，不怕那甚么。[①]

羊儿年即元贞元年（1295），这一年的三月，距成宗即位还不到一年。翰林院以当年真金太子要求加强蒙古字学的指令，报告了当时各地不重视蒙古字学的情况。成宗转发了翰林院的这个奏疏，并进一步强调，凡愿意学习蒙古文字者，不论其民族、出身，一律欢迎；各地官府要切实过问蒙古字学的情况，各学校的教官要切实负起教学的责任；地方官府如存在失职现象，鼓励各地上报朝廷。这一诏令，表达了忽必烈的继承者推行蒙古字学的强硬态度，反映了蒙古统治者坚持文治方向的基本原则。

在这一原则之下，元成宗朝以后，蒙古国子监还是保持了不断发展的势头。尽管从史料中难以找到更多更详细的材料，但从仅有的材料看，蒙古国子监的发展受到了朝廷的足够重视。元朝统治者往往是先发展蒙古国子监、学，然后再发展国子监、学。这一事实值得我们注意。其发展蒙古国子监的措施主要体现在如下方面。

（一）强化蒙古国子监的地位

为了强调蒙古字学的重要性，元廷首先在用人政策上对学习蒙古字者实行倾斜。大德四年（1299），朝廷进一步重申了“上自国学，下及州县，举生员高等，从翰林考试，凡学官译史，取以充焉”[②] 的原则，这就在客观上为发展

① 《通制条格》卷五，浙江古籍出版社 1986 年标点本，第 78—79 页。

② 《元史》卷八一《选举志一》，中华书局 1976 年标点本，第 2028 页。

蒙古国子学提供了很好的条件。

武宗时期这一趋势继续加强。武宗朝曾进行了较大力度的吏制改革。这次改革吏制为全面提升中上层胥吏素质，始建立以职官转充通事、译史的制度，并规定职官转任者应占各该吏职名额之半数。具体规定是，中书省之通事、译史由正从七品文资流官内选任，枢密院、御史台及各行中书省之通事、译史由正从八品官内选任，六部及宣慰司之译职人员则由九品官内选取。但各该职官必须“识会蒙古、回回文字，通晓译语”。转任译职之职官于考满后返任官职，于原来资品之上加叙一等[①]。也就是说，通晓蒙古文字、回回文字的职官可由此转任为京官，而经过考满后便可得到官升一等的机会。

仁宗对儒学的推崇在蒙古统治者中是较为突出的，但他也同样坚持了蒙古国子监优先发展的原则。仁宗延祐二年（1315），蒙古国子监升为正三品，提高了蒙古国子监的品秩。而国子监升为正三品是在延祐七年（1320）由英宗决策的，这比蒙古国子监的提升晚了五年。

（二）丰富蒙古文字的教学内容

“言之无文，行之不远”，孔子的这句古训应用到蒙古字的推行与传授上是至为贴切的。蒙古字创制后，蒙古统治者如不能借助某种文化内容为载体，此文字便成无本之木，根本不可能推广开来。由是在世祖朝时，就有了用蒙古字译写四书及《资治通鉴》的举措。早在忽必烈居潜邸之时，赵璧精通蒙古字，便致力于以国语翻译四书，忽必烈派遣蒙古贵族子弟师从赵璧。“是时，国言语未尽通，中原亦未始知有经传之学也。自公始以国语译《论语》、《大学》、《中庸》、《孟子》诸书而教授焉，然后贵近之从公学者始知圣贤修己治人之方”[②]。蒙古新字创制之后，忽必烈又命人翻译《通鉴》，至元十九年，“刊

① 《元典章》卷一二《吏部》卷六《吏制一·职官补充官员》和《吏制一·选取职官译史》。元代任译职者地方高于其他封建王朝，而且此职位常成为跃登高级职位的跳板。萧启庆的《元代的通事和译史》一文对此有详细的论述，见《元朝史新论》，（台北）允晨文化实业股份有限公司 1999 年版。

② 虞集：《中书平章政事赵璧谥议》，《道园学古录》卷一二，四部备要本。

行蒙古、畏兀儿字所书《通鉴》”[①]。

元朝中后期的历代皇帝也都有诏令以蒙古字译写中原文化典籍及蒙古历史典籍的举措，意欲提高蒙古民族的文化素质，加速其封建化进程。武宗时期，中书丞孛罗铁木儿以国字译《孝经》进，武宗诏曰：“此乃孔子之微言，自三公达于庶民，皆当由是而行。其命中书省刻版模印，诸王而下皆赐之。”[②]

仁宗对蒙古字的发展更为关心。却吉斡斯尔在畏兀儿蒙古字的基础上，进一步改革完善，使蒙古字更符合蒙古语特征[③]。又据《元史》卷二五《仁宗纪二》：至大四年（1311）六月，仁宗读《贞观政要》毕，对翰林侍讲阿林铁木儿说：“此书有益于国家，其译以国语刊行，俾蒙古、色目人诵习之”；延祐元年（1314）四月，仁宗以《资治通鉴》载前代兴亡治乱，命集贤学士忽都鲁都儿（迷失）及李孟择其要者译写以进；延祐四年（1317），仁宗命将《大学衍义》译成国语，并由浙江省刊印后赐给朝臣五十部。此时任中书平章政事的察罕“尝译《贞观政要》以献。帝大悦，诏缮写遍赐左右。且诏译《帝范》。又命译《脱必赤颜》，名曰《圣武开天纪》，及《纪年纂要》、《太宗平金始末》等书，俱付史馆”[④]。

英宗时，翰林学士忽都鲁都儿（迷失）译写《大学衍义》以进，帝曰：“修身治国，无逾此书。”[⑤]

以蒙古字译写儒家经典和蒙古发展史，这从一个侧面体现了蒙古统治者的文化选择，从中也能看到蒙古统治者的文治思路。这样做，既有利于用中原文化丰富蒙古民族的文化养料，也有利于增强蒙古民族的历史意识和文化传统。这些典籍的刊行在客观上丰富了蒙古国子监的教学内容，为提升蒙古

---

① 《元史》卷一二《世祖纪九》，中华书局 1976 年标点本，第 242 页。

② 《元史》卷二二《武宗纪一》，中华书局 1976 年标点本，第 486 页。

③ 参见亦怜真《蒙古族对元代历史的重大贡献》，载《元史论集》，人民出版社 1984 年版，第 432 页。

④ 《元史》卷一三七《察罕传》，中华书局 1976 年标点本，第 3311 页。

⑤ 《元史》卷二七《英宗纪一》，中华书局 1976 年标点本，第 608 页。

字在社会上的地位推波助澜。这样，蒙古国子学的教学就不仅仅是文字教育，而且对学生也能进行治国之术的熏陶，其品牌和地位也自然不亚于国子学了。

（三）增加蒙古国子学的生员

扩大蒙古国子监的规模，提高其生员的待遇，这也是蒙古统治者为保障蒙古国子监的优先地位而采取的重要举措。成宗时期有两次增加蒙古国子监生员定额的举措。第一次是在大德七年（1302），据《元史》载："成宗大德七年（1302）十月，增蒙古国子生员。"[①] 国子学增加生员定额是在大德八年，而蒙古国子学则在大德七年便先行一步了。一个月后，朝廷又发文，要求各地官府解决地方蒙古字学的学舍问题：

> 大德七年十一月，中书省礼部呈：翰林院关，近年以来各处官司不为用心，以致生徒数少，学校堕废，甚失圣旨兴崇之意。拟令遍行合属，依额选择生徒，标拨学校房舍，令各道廉访司一同提调，庶见成效。本部议得：蒙古生徒学舍，拟于系官房舍内标拨，令各路正官提调，廉访司勉励。都省准呈。[②]

这个文件从一个侧面反映了成宗对发展蒙古字学的重视。成宗大德十年（1305）春二月，朝廷再次增加蒙古国子学生员的廪膳，并将蒙古国子学三十人的定额增加为六十人[③]。在短短的四年中，蒙古国子学两次调整生员指标，既体现了元朝廷对其的重视程度，也反映了在朝廷政策激励下，学习蒙古字的人有了较大增长。

武宗至大二年（1309），蒙古国子学再度增加生员编制：

① 《元史》卷二一《成宗纪四》，中华书局1976年标点本，第455页。

② 《通制条格》卷五，浙江古籍出版社1986年标点本，第79页。

③ 《元史》卷八一《选举志一》，中华书局1976年标点本，第2027页。

> 至大二年，定伴读员四十人，以在籍上名生员学问优长者补之。[1]

也就是说，蒙古国子学的生员定额至此已达到一百人。蒙古国子监的生员由三部分人组成。朝廷所定额数为正式生员，一般以朝廷官僚子弟充任。无此资格者也能入学旁听，但须自费，称作陪堂生。为鼓励陪堂生积极向学，朝廷又定伴读生制，由陪堂生之学问优长者考选产生。此次增加的四十个名额是伴读生，可见当时社会上其他人员来蒙古国子学陪堂听课的人数大为增长。朝廷为了鼓励这些陪堂生的学习积极性，确定了这么高的伴读生名额，对整个社会都极具刺激性。而国子学内配备伴读生，一般是一百个生员定额二十个伴读生，而蒙古国子学则达到四十个。两学待遇孰高孰下，于此也可窥见一斑了。

仁宗延祐二年，仁宗再一次增加了蒙古国子学的生员数额：

> 延祐二年冬十月，以所设生员百人，蒙古五十人，色目二十人，汉人三十人，而百官子弟之就学者，常不下二三百人，宜增其廪饩，乃减去庶民子弟一百一十四员，听陪堂学业，于见供生员一百名外，量增五十名。元置蒙古二十人，汉人三十人，其生员纸札笔墨止给三十人，岁凡二次给之。[2]

武宗时期，蒙古国子学的学生定额已达一百名，然在这里学习的人数常在二三百人上下，可见其学之盛。但这也同时带来了经费紧张的问题，影响了官僚子弟的学习待遇。于是朝廷决定，出身庶民的114人必须自费方可继续陪堂听课，另外再给蒙古国子学增加50个学生编制。这样，蒙古国子学的学生编制总额达到150名。

---

① 《元史》卷八一《选举志一》，中华书局1976年标点本，第2027页。

② 同上书，第2027—2028页。

文宗在位时间短暂，他只是在至顺元年（1330）八月，发布了一个兴举蒙古字学的诏令[①]，对蒙古国子监的发展未见具体举措。

顺帝时蒙古国子监的生员情况，正史不见记载。据《庚申外史》所述：至正年间，“大兴国子监，蒙古、回回、汉儿人三监生员，凡三千余”[②]。这则材料如果属实，蒙古国子监的发展在当时还是相当兴盛的。至正十五年（1355）六月，中书参知政事实理门言：“旧立蒙古国子监，专教四怯薛并各爱马官员子弟，今宜谕之，依先例入学，俾严为训诲。”从之[③]。这说明在顺帝时期蒙古国子监确实有过发展，只不过后来衰落了。

（四）以中书省臣领蒙古国子监

顺帝朝对蒙古国子监的发展有一个重大举措，就是命中书平章政事撒的领蒙古国子监。据《元史》卷三十八《顺帝纪一》载，顺帝元统二年（1334）五月，命中书平章政事撒的领蒙古国子监。撒的又译作撒迪，据《元史·宰相年表》，文宗天历二年、至顺元年和至顺二年（1329—1331）任中书右丞，元统元年至至元元年（1333—1335）任中书平章政事。这是顺帝仿中书省管理国子监的做法，以示对蒙古国子监的重视。而撒的领蒙古国子监的一个直接成果，便是至元元年（1335）十二月，蒙古国子监成[④]。可惜其他材料尚未发现，不能一展当时的景况。

五 元代蒙古国子监师生考

目前查阅到的蒙古国子监职官只有两人：一个是蒙古国子监司业卫吾野先，另一个是蒙古国子学教授林希颜。卫吾野先之先祖历仕高昌，其父文买奴

① 《元史》卷三四《文宗纪三》，中华书局1976年标点本，第765页。

② 权衡：《庚申外史》卷上，商务印书馆1935年版，第8页。

③ 《元史》卷四四《顺帝纪七》，中华书局1976年标点本，第925页。

④ 《元史》卷三八《顺帝纪一》，中华书局1976年标点本，第830页。

移家京师。因协助八思巴创制蒙古字，文买奴由翰林应奉文字超拜翰林直学士。卫吾野先从小敏悟，世其父业。年二十，擢为蒙古国子学教授，随后迁助教、博士、监丞、司业，方欲升祭酒，不幸病逝。其神道碑说：

> 公性谨厚，其于教人孜孜不怠，作成人材居多。尝考古者圣贤行事及历代君臣善恶成败可监戒者，译以国言，传诸学徒。故诸生服公之训，人人卓然自奋，思立事功，非但诵习其空言而已。公又依仿成均之制，定为学规，下至米盐笔札，亦皆出纳有法。其所译润诸书，人争传之。学国言者，以得公师为荣。至大间，武宗皇帝亲择贵臣子孙数十人，俾从公游。仁宗皇帝方兴学校，眷公尤深，尝曰："此人极有学守，不可使离监学。"公亦泊然守职，不变不退，盖自教授累至司业，几三十年，未尝别迁他官。一时台阁名卿硕辅，往往皆其弟子。或欲援公居要官者，辄力辞曰："是有命焉，不可幸而取也。"旧制司业班列五品，以公故特升四品。方欲进为祭酒，而公不幸病卒矣，得年四十有七。①

卫吾野先自二十岁（1292）任蒙古国子学教授，至延祐六年（1319）去世，在蒙古国子监任职长达二十八年，历世祖、成宗、武宗、仁宗四朝，未曾任他官。"公亦泊然守职，不变不退，盖自教授累至司业，几三十年，未尝别迁他官。一时台阁名卿硕辅，往往皆其弟子"，从中也可见蒙古国子监办学效果还是可观的。

另一个是蒙古国子教授林希颜。据揭傒斯记载，揭傒斯有仆人邹福，是其家乡一农夫之子，闲暇爱自观书。揭傒斯将其带至京师。当时新开奎章阁，置授经郎，令揭傒斯与国子教授林希颜为之。邹福余暇又从林希颜学国书②。可

① 苏天爵：《卫吾公神道碑铭》，《滋溪文稿》卷一五，中华书局1997年标点本，第238页。

② 揭傒斯：《题邹福诗后》，《揭文安公全集》卷一四，四部丛刊本。

见林希颜乃蒙古国子学教授。

蒙古国子学培养的学生，据萧启庆先生考证，有五个在毕业后担任了译职。一个是张士杰，汤阴人，“初制国字，学者通其字，卒难其言。公入胄监，习其书，又精其言。甫冠，从戍北庭蒙古史”①。从内容看，张士杰所入之“胄监”当是蒙古国子学，因为其学习的主要内容是蒙古字，出来后出任了北庭都元帅府译史。张士杰于 1265 年出生，其“甫冠”当是 20 岁左右，即在世祖朝后期便从蒙古国子学毕业了。再一个是张震，清苑人，出生于 1264 年，“八岁入小学，……弱冠入右学，期年而通其要，选为中书省书诏史，……叙留守译史”②。元代以右为尊，这里所言“右学”，当指蒙古国子学。张震弱冠入右学，当是在世祖后期入蒙古国子学。另一个是保定人王珪，“蚤游成均，后以通国书入仕”③。另外两个，萧启庆先生未作肯定推断。一是清苑人周贞，“早聪敏，既长，思树功名，乃游京师，学国语，数月尽能之。擢翰林院译掾，语益精熟”④。一是泽州人元亨“幼侍亲，读书京师，通译语国书，补武备寺史，除将仕郎”⑤。这两人都是在京师学得蒙古字而后任职译史，有可能他们进的学校就是蒙古国子监。

应该说，元代蒙古国子监的发展条件是相当优越的。不仅蒙古字以“国字”之尊居诸文字之“右”，而且学习蒙古字者也身价不菲。元季明初学者徐一夔说：“元制，蒙古字视儒学出身为优。器局疏通之士，多由此进。”⑥ 这样的境况在儒士仕进艰难的元代是令人羡慕的。贡奎在《赠送蒙古字周教授》一诗中就流露出这种心态。其诗中有“知君达时尚所学，落笔星斗光森罗”，“愧于鄙俚事章句，儒冠多误将如何”⑦ 等句，将自愧不如的心理跃然纸上。

---

① 许有壬：《张士杰神道碑》，《至正集》卷五七，元人文集珍本丛刊。

② 虞集：《张震神道碑》，《道园学古录》卷四三，四部备要本。

③ 危素：《龙山堂记》，《危太朴集》卷四，元人文集珍本丛刊。

④ 苏天爵：《周侯神道碑铭》，《滋溪文稿》卷一七，中华书局 1997 年标点本，第 284 页。

⑤ 许有壬：《铅山州知州元公墓志铭》，《至正集》卷五四，元人文集珍本丛刊。

⑥ 徐一夔：《国子助教李君墓志铭》，《始丰稿》卷一二，四库全书本。

⑦ 贡奎：《赠送蒙古字周教授》，《云林集》卷三，四库全书本。

但尽管如此，元代蒙古国子监的发展及影响始终不及国子监。究其根源，乃在于蒙古文化从总体上落后于中华文化。文字是文化的表征，文字如不能依托本民族的文化加以传播，其影响终归是极为有限的。蒙古字创制出来后，元代统治者未能及时对蒙古文化进行整理提炼并将其文字化。因而人们学习蒙古字所能依托的书籍多是汉族儒学经典，只是到元代中后期才有几本记述蒙古发展史的书籍。而国子监的教育则有一种深厚的文化作其支撑的根基，蒙古国子监所缺乏的正是这种根基。它的职能只是语言文字的教育，而且其语言文字的载体又主要是表现汉族儒家文化的教材。这虽然有助于蒙古民族学习和吸收先进的中原文化养料，但作为一个民族的教育机构，其教学内容较少反映本民族的历史文化，这便使蒙古国子监丧失了发展的内在生命力。这是元代蒙古国子监在发展进程中不具优势的根本所在。

教育与政治:元朝国子监创办之争

这里讲的元朝国子监，是指与当时蒙古国子监、回回国子监并列的教育机构，当时人也有称其为汉人国子监、汉儿国子监的[①]。在元朝以前，历朝国子监都是朝廷主管中央官学的最高教育行政机构，同时又是国家教育的正统象征。北齐首创国子寺，其职能明确定位在"掌训教胄子"[②]。隋唐继承这一做法，更名为国子监，并进一步明确其"掌邦国儒学训导之政令"[③] 的职能。这一定位强调了国子监的儒学教育性质，体现着朝廷崇奉儒学、推行教化的教育方向。然而忽必烈在元朝首开国子学，首置国子监，都在其名称前面标以了"蒙古"二字，展示了一条不同于历代王朝的国家教育之路。在这样的情况下，元朝汉族官僚集团为坚持尊孔崇儒的教育方向，经过了三次较大的抗争才得以创办国子监。

一

在元代国子监创办问题上，汉族官僚集团所展开的第一次抗争发生在至元

① 权衡:《庚申外史》卷上，商务印书馆 1935 年版，第 8 页。

② 《隋书》卷二七《百官志中》，中华书局 1973 年标点本，第 757 页。

③ 《唐六典》卷二一《国子监》，中华书局 1992 年标点本，第 557 页。

八年（1271)。这一年的一月，忽必烈首开以传授八思巴字为宗旨的蒙古国子学。两个月后，许衡欣然应命国子祭酒一职，明确表示“此吾事也”[①]，并立即着手国子学的筹办工作。这样，在基本相同的时间内，蒙古国子学和国子学相继开办，展示出两种完全不同的教育旨趣。而在不同教育旨趣的后面，体现着两种政治主张的对峙。

或许有人会说，此言是否过重。蒙古国子学和国子学之开办，完全可能是元廷因两种文化的发展需要之所为，并非是一种抗争之举。其实，古代朝廷办学，从来都首先是一种政治行为。东汉灵帝时期，宦官集团为了与官僚集团抗衡，借助灵帝喜好美术而于太学之外另创鸿都门学，以培植自己的势力。西晋之时，门阀士族为显示其不同于寒门庶族的教育特权，于太学之外另创国子学，以“殊其士庶，异其贵贱”[②]。元代也不例外。元代实行“四等人制”，蒙古、色目和汉人官僚集团的利益争夺更为激烈，于教育特权自然也不会轻易放弃。元代三所国子监的并立就是这一权力斗争的产物。

忽必烈首开蒙古国子学是其实施文治路线的重要举措。忽必烈于即位之初明确指出了蒙古自建国以来“武力迭起，文治多阙，五十余年于此矣”[③] 的缺憾，表达了欲以文治兴国的愿望。但他的文治绝不是要走全盘汉化之路，而是欲借鉴中原王朝的典章制度，来补充和完善蒙元帝国的国家机器，以巩固蒙古贵族的统治地位。这样，忽必烈一方面“登用老成，大新制作，立朝仪，造都邑，遂命刘秉忠、许衡酌古今之宜，定内外之官”[④]；另一方面，忽必烈看到，辽、金及其他诸国，皆有本国文字，而作为统治横跨欧亚大帝国的蒙古民族却没有自己的文字，这终归是个大缺憾。“今文治寖兴，而字书有阙，于一代制度，实为未备”[⑤]，于是，他命人创制八思巴蒙古字，并将这种文字纳入其种

① 《元史》卷一五八《许衡传》，中华书局1996年标点本，第3727页。
② 《南齐书》卷九《礼志上》，中华书局1972年标点本，第145页。
③ 《元史》卷四《世祖纪一》，中华书局1976年标点本，第64页。
④ 《元史》卷八五《百官志一》，中华书局1976年标点本，第2119页。
⑤ 《元史》卷二〇二《释老传》，中华书局1976年标点本，第4518页。

族统治的框架中，规定“自今以往，凡有玺书颁降者，并用蒙古新字，仍各以其国字副之”[①]。文字的主次之别成为尊卑贵贱的统治工具，八思巴文字成为蒙古统治集团彰显其种族特权的文化表征。接着，忽必烈又决定在各地设置蒙古字学，在京师设置蒙古国子学，以国家最高学府的教育导向来突出其“国字”地位。这样，这种文字教育的性质也就烙上了鲜明的政治印记。忽必烈首办蒙古国子学，也就不再体现为单纯的教育意义，而是作为维护蒙古文化正统地位的象征，作为元朝国家教育正统的象征昭然于世。

而汉族官僚集团所倡导的文治则是要行汉法崇儒治，在全国上下迅速恢复儒家的伦理纲常秩序。中原儒士看到，元朝治国之艰难，根源于传统的伦理纲常秩序遭到了严重破坏，而蒙古、色目贵族所具有的嗜杀、好利、纲常观念淡漠等特性又成为推行汉法的障碍。因而欲求元朝治国之长久，唯有广设学校、大兴教育方是根本的下手功夫。然而这个教育，必须是那种不尚词章不习举业的教育，必须是那种教以君臣父子之大伦，以及教以洒扫进退应对及治国平天下之大道的教育。诚如许衡对忽必烈所言：“自上都、中都下及司县，皆设学校，使皇子以下至于庶人之子弟，皆从事于学，日明父子君臣之大伦，自洒扫应对至于平天下之要道，十年已后，上知所以御下，下知所以事上，上下和睦，又非今日比矣。”[②] 窦默也十分支持这个观点：“三代所以历数长久，风俗纯粹者，皆自设学养士所致。今宜建学立师，博遣贵族子弟教之，以示风化之本。”[③] 只有在全国推行尊孔崇儒的教育方针，才能保证汉法的有效推行，才能保证元朝的治国路线遵循传统中原王朝的政治轨道，才能真正实现汉人儒士对蒙古统治者的“帝中国，当行中国事”[④]、“能行中国之道，则中国之主”[⑤]的期望。这就是元朝汉人官僚集团在蒙古国子学开办之后积极争取创办国子学

① 《元史》卷二〇二《释老传》，中华书局 1976 年标点本，第 4518 页。

② 许衡：《时务五事·农桑学校》，《鲁斋遗书》卷七，北京图书馆古籍珍本丛刊。

③ 苏天爵：《内翰窦文正公》，《元代名臣事略》卷八，中华书局 1996 年标点本，第 153 页。

④ 《元史》卷一六〇《徐世隆传》，中华书局 1976 年标点本，第 3769 页。

⑤ 郝经：《与宋国两淮制置使书》，《陵川集》卷三七，四库全书本。

的真正目的。

那么，许衡等人既然认识到教育如此重要，许衡何以不在中统二年（1261）初次受命国子祭酒之时就着手开办国子学，而非要等到10年后才意识到“此吾事也”?

许衡与忽必烈的第一次见面是在中统元年（1260）。这一年忽必烈即位于上都开平，诏许衡至京师。《考岁略》中记载：

> 庚申，上在正位宸极，应诏北行，至上都，入见。问所学，曰：孔子。问所长，曰：虚名无实，误达圣听。问所能，曰：勤力农务，教授童蒙。问科举如何，曰：不能。上曰：卿言务实，科举虚诞，朕所不取。①

从交谈内容看，两人谈得并不十分投机。许衡的语气虽然谦恭，但态度十分明朗，即表示要坚守儒家之道，注重农耕和教育。这既是许衡志向的表露，也是对忽必烈治国方略的一个建言。但忽必烈并没有借着这个话题与许衡讨论教育的问题，只是问科举如何。这至少说明忽必烈此时并未有复办国子学的意向。

一年之后，朝廷还是任命了许衡为国子祭酒。这个任命颇具有戏剧性，而且，许衡受命之后便托病辞去了这一职务。《考岁略》中记载：

> 辛酉三月，应召至上都，时王文统秉政，深忌雪斋诸公，以先生素无因缘而弗惮也。及窦公力排其学术之非，必至误国，文统始疑先生唱和其说。五月，授雪斋太子太保师，窦公太子太傅，先生太子太保，外佯尊之，内寔不欲备顾问也。窦公既以言文统不中，欲依春宫以避祸，先生独以为不可，曰：“姑舍其不安于义者，且以一事言之。如中古以来，师傅

① 苏天爵：《左丞许文正公》，《元代名臣事略》卷八，中华书局1996年标点本，第168页。

与太子相见，则就西位东向，太子东位西向，公能为此事否？不然，是师道自我而亡也。”雪斋亦赞其说，相与怀麻力辞于阙下，凡数日，始从其请。由是改授雪斋大司农，窦公翰林侍讲学士，先生国子祭酒。既拜命，以疾辞。九月，得告南还，仍奉旨教授怀孟路子弟。[①]

从表面看，这是朝廷中的一场权力之争，许衡因对其任命不满而辞职，然而认真分析，事情其实并非这么简单。许衡劝阻窦默等人受命的理由是师道问题。尊师重道是儒家教育价值观中具有核心意义的命题之一，师不尊则道不行。在蒙古统治者入主中原之初，征服者以傲慢之心雄踞中原，以强权之势蔑视中华文明。在这样的条件下，如果屈从权势而放弃师道，汉人儒士所赖以立身安命的儒家之道则面临被亵渎之境，企望以夏变夷的利器将不攻自破。这是许衡劝阻窦默等人坚拒太子太傅职务的根本原因。另外，朝廷虽然后来改任许衡为国子祭酒，但这一任命带有明显的敷衍性。而且，既然任命了国子祭酒，却没有相应地颁布办学诏令，那么，国子学的办学宗旨是什么？是继续执行当年太宗窝阔台的旨令，以传授汉语言文字为宗旨，还是按历代王朝的教育传统，以尊孔崇儒为宗旨？如果是前者，这样的宗旨不符合许衡以弘扬儒道为己任的教育追求。如果是后者，忽必烈并没有授予许衡如此权力。在这样的情况下，对许衡而言，剩下的只有一种选择，那就是辞职。

在大道不行的条件下，宁可不为也绝不因强力所迫而自我弃道、废道，这本身就是一种抗争，是一种为了维护儒道尊严的抗争。这种态度显然不合忽必烈之意，至元三年，忽必烈借王文统事件对许衡有一个很严厉的指责：“窦汉卿独言王以道，当时汝何为不言？岂孔子教法使汝若是耶？汝不遵孔子教法自若是耶？”此言甚重，直指许衡坚守的孔子之道。许衡对此只是承认自己对圣

① 苏天爵：《左丞许文正公》，《元代名臣事略》卷八，中华书局1996年标点本，第168页。

人之道“所得甚浅”[①]，并在随后向忽必烈所上《时务五事》中再次表达了自己的信念：“孔子谓以道事君，不可则止。臣之所守者，其大意盖如此也。”[②]可见，维护“道尊”是许衡行为选择的根本标准，也是许衡当初辞去国子祭酒的深层原因。

当然，许衡也并非是消极卫道，隐居守节。在元初崇儒兴学的大环境尚不具备尚不充分的条件下，许衡及其汉族官僚集团将主要注意力投放在元代政权建设上，以求为元代崇儒兴学进程创造一个好的政治环境。当时姚枢、窦默等人十分佩服许衡的任道之志和刚毅不屈的精神，因而在中统初极力推荐给忽必烈，并希望能起用许衡任相以取代学术不正的王文统[③]。许衡应该也有这个意思，希望能够通过直接参政来影响元廷的汉化进程。以后忽必烈数度召许衡北上，希望许衡或能议事中书省，或能参与制定官制，许衡皆能尽力而为，希望通过直接参政影响蒙古统治集团的政治走向，推动元朝走汉法文治的治国之路。这也是许衡等人在当时未将注意力放在创办国子学上的重要原因。

那么，在至元八年，许衡为什么又乐意接受了国子祭酒职务，并真正着手开办了国子学？

第一个原因，忽必烈于此时开办了蒙古国子学，国家教育正统的问题很尖锐地摆在了汉族官僚集团面前。自汉武帝“独尊儒术”政策的确立，尊孔崇儒便成为历代王朝国家教育的正统所在。如果国家的最高学府抛弃这一传统，中国传统的教育精神将丧失殆尽。这一现实迫使汉族官僚集团不得不将关注点转向国子学的开办，以争取国家教育正统地位。

第二个原因，许衡对忽必烈行汉法的诚意失去了信心。许衡向忽必烈提出不任中书左丞的理由是：“臣有三宜辞：一非勋旧，二蔑才德，三所学迂，恐

① 苏天爵：《左丞许文正公》，《元代名臣事略》卷八，中华书局1996年标点本，第169页。

② 许衡：《时务五事》，《鲁斋遗书》卷七，北京图书馆古籍珍本丛刊。

③ 《元史》卷一五八《窦默传》，中华书局1976年标点本，第3731页。

于圣谟神算未能尽合。"[①] 这个话清楚地表达了许衡对忽必烈的失望，而许衡出任中书左丞的经历更加剧了这种感受。忽必烈只是从"儒术实用"的角度，欣赏那些能为他的统治带来实效的朝仪制度。儒术之于建章立制有用，忽必烈则用之。而当忽必烈急欲理财积敛之时，儒士们的儒治主张则显得迂阔而不周世用，忽必烈便很现实地疏远儒士而倾向于能够为其敛财的色目官员。在中书省，许衡与阿合马有过直接的冲突[②]，而忽必烈显然是偏袒于后者，以致王恽上疏为许衡美言："伏见左丞许公衡师心大学，养气至刚，独立危言，清苦自守，挺然有蹇蹇匪躬之操，方之古人，不可多得。且自立中省，迄今十有二年，前后相臣如衡竭尽者多矣，未若许之切直敢言，不以荣贵为心者。"他希望忽必烈能够对许衡持宽容态度："伏惟陛下圣智天临，明烛万里，求治之心，亟若饥渴，一旦得臣如此，夫复何求。且君圣则臣直，虎啸则风冽，气所感召，理之固然。若是则国家之福，天下之幸也。"[③] 从这委婉的语气中不难看出，许衡与忽必烈的合作不十分和谐。所以，经过10年的努力与观察，许衡意识到忽必烈不可能按照汉人儒士的思路走汉法文治的道路，希望直接影响忽必烈一代蒙古、色目贵族去行汉法文治的愿望和努力显然是不现实了。在这样的情境下，与其身陷朝廷政治旋涡作无谓的消耗，不如将精力转向培养在中原地区成长的蒙古贵族后代。"行汉法"之路只能寄希望于长远，寄希望于蒙古贵族的下一代，这是许衡接受国子祭酒一职的深层原因。

第三个原因，许衡对培养蒙古贵族子弟具有信心。许衡对蒙古贵族子弟本无接触，在担任中书左丞期间，开始承担教养蒙古子弟的任务。"先生方居相府，丞相传旨令教蒙古生四人，后又奉旨教七人"[④]。通过教学实践，许衡感觉到："蒙古生，质朴未散，视听专一，苟置之好伍曹中，涵养三数年，将来

① 欧阳玄：《魏国文正公许先生神道碑》，《圭斋文集》卷九，四部丛刊本。

② 苏天爵：《左丞许文正公》，《元代名臣事略》卷八，中华书局1996年标点本，第172页。

③ 王恽：《论左丞许公退位奏状》，《秋涧先生大全文集》卷八六，四部丛刊本。

④ 苏天爵：《左丞许文正公》，《元朝名臣事略》卷八，中华书局1996年标点本，第173页。

必能为国家所用。”[①] 这句话最能说明许衡致力办学的心理转变。恰逢此时，至元七年秋，真金太子抚军称海，太子赞善王恂随同前往[②]，东宫春坊的学生去向成了难题。“初，裕皇设学于春坊，命赞善王公恂教养宫府侍卫之子孙”[③]，这些受学于东宫的勋戚子弟因王恂随真金太子北征而面临学业中断。此时又正值蒙古国子学筹办之时，如果此时朝廷不另外开办国子学，东宫春坊的学生必然转入蒙古国子学。这是汉族官僚集团所不希望看到的事。于是张文谦和窦默于至元七年上疏请立国子学[④]，这是国子学开办和许衡接受国子祭酒职务的直接原因。

由此可见，许衡的关注点由朝政转到办学，由尊道转向传道，根本的还是为了政治。由此就不难理解，至元八年一月忽必烈诏令开办蒙古国子学，许衡在两个月后欣然受命筹办国子学，这种时间上的巧合绝非没有意义，两个国子学的同时开办分明在竞争着什么。

二

在元代国子监创办问题上，汉族官僚集团所表现出来的第二次抗争是许衡坚辞国子祭酒职务。当时以阿合马为首的朝廷权臣本与许衡素有积怨，因而对其办学以传播儒学汉法也极为嫉恨。由是利用权势屡屡克扣、中断国子生的廪食费用，以泄愤作梗。至元十年（1273），许衡因不满朝廷权臣的有意刁难而愤然辞职。

这又是一次以退为进的抗争。许衡的办学已初见成效，并深得学生的欢迎，“先生之教人也，恩同父子，义若君臣，因其所明，开其弊而纳诸善，时

① 苏天爵:《左丞许文正公》,《元朝名臣事略》卷八，中华书局 1996 年标点本，第 173 页。
② 《元史》卷一一五《裕宗传》，中华书局 1976 年标点本，第 2888 页。
③ 苏天爵:《耶律有尚神道碑铭》,《滋溪文稿》卷七，中华书局 1997 年标点本，第 103 页。
④ 《元史》卷一五七《张文谦传》，中华书局 1976 年标点本，第 3697 页。

其动息而张弛之，慎其萌蘖而防范之。其日渐月渍，不自知其变也；日新月盛，不自知其化也。其言谈举止，望而知其为先生弟子”①。这样的教学效果自然为许衡的声望带来了良好影响，也必然会引起阿合马集团的不安与嫉恨。面对阿合马集团的肆意刁难，许衡以辞职相抗争，以图引起朝廷乃至忽必烈对国子学的重视。至于忽必烈对许衡办学作何评价，史料不见。但有次忽必烈与国子生不忽木讨论古今成败之理，大为赞叹说：“曩与许仲平论治，仲平不及汝远甚。先许仲平有隐于朕耶？抑汝之贤过于师耶？”② 这个话既流露出忽必烈对许衡依然隔膜，也表达出忽必烈对国子学的教学效果基本满意。正是这样一种态度，导致忽必烈在许衡辞职问题上采取了慎重态度。《王磐墓志》中说：

> 国子祭酒许衡将告归，上命中书左丞张文谦问公（王磐），公言：“自古有国家者，必与人材共治。若无学校，人材何从而得？今许某教生徒有法，数年之后，皆可从政，事体所系至大。某素廉介，意其所以求退者，得非生员数少，坐糜廪禄，有所不安而然耶！宜增益生员，使之进学，庶几人材有成，某之受禄亦可以少安矣。”③

《元史·许衡传》说：

> 十年，权臣屡毁汉法，诸生廪食或不继，衡请还怀。帝以问翰林学士王磐，磐对曰：“衡教人有法，诸生行可从政，此国之大体，宜勿听其去。”帝命诸老臣议其去留，窦默为衡恳请之，乃听衡还，以赞善王恂摄学事。刘秉忠等奏，乞以衡弟子耶律有尚、苏郁、白栋为助教，以守衡规

① 苏天爵：《左丞许文正公》，《元朝名臣事略》卷八，中华书局1996年标点本，第173、175页。

② 赵孟頫：《文贞康里公碑》，《松雪斋集》卷七，四部丛刊本。

③ 苏天爵：《内翰王文忠公》，《元朝名臣事略》卷一二，中华书局1996年标点本，第244页。

矩，从之。[①]

《元史·世祖纪》说：

> 至元十年（1273）九月，刘秉忠、姚枢、王磐、窦默、徒单公履等上言："许衡疾归，若以太子赞善王恂主国学，庶几衡之规模不致废坠。"又请增置生员，并从之。[②]

《白栋墓志铭》说：

> 许衡辞，"乃奏有尚与公（白栋）从仕郎国子助教。昔者贵胄友也，一旦能横经下心，事之为师属，非其道耸，是曹不可得其驯然北面"[③]。

《耶律文正公神道碑铭》说：

> 十年，文正公南归，诸生祖饯于国都门外，文正悉语之曰："他日能令师道尊严，惟耶律某能之，汝等当以事我之礼事之可也。"久之，起公为国子助教。[④]

许衡的这次抗争具有什么意义，以上的这些材料给了我们如下信息：第一，开办国子学的意义通过这次抗争得以在朝廷公开讨论，国子学的重要地位通过对许衡去留问题的讨论而在朝廷乃至对忽必烈得以重申和强调。"事体所

① 《元史》卷一五八《许衡传》，中华书局1976年标点本，第3728页。
② 《元史》卷八《世祖纪五》，中华书局1976年标点本，第151页。
③ 姚燧：《河南道劝农副使白公墓碣铭》，《牧庵集》卷二六，四部丛刊本。
④ 苏天爵：《耶律有尚神道碑铭》，《滋溪文稿》卷七，中华书局1997年标点本，第102—103页。

系至大”、“此国之大体”，国子学在国家政治中的地位得以确立；第二，通过这次抗争，国子学的生员得以增加，规模得以扩大。从以上材料分析，阿合马集团反对国子学的主要理由，或者说能够摆上桌面的理由，是办学成本太高，所以他才会克扣和中断学生的廪食费用。许衡借题发挥，大概在辞职理由中提出了诸如不愿增加朝廷负担之类的意思，所以才有如王磐所言“某素廉介，意其所以求退者，得非生员数少，坐糜廪禄，有所不安而然耶”的话，也因此才有诸朝臣“增置生员”的请求。于是，歪打正着，国子学不仅没有被摧垮，反而扩大了规模；第三，生员增多，必然要求增加教师编制，这又是这次抗争的成果。经过朝臣们讨论，朝廷不仅确定了由有真金太子为背景的王恂接替许衡，而且将许衡当年的门生、国子伴读耶律有尚、苏郁、白栋等三人任职为国子助教。这就从体制上保证了“庶几（许）衡之规模不致废坠”。

从这里也可以看到，在许衡的身后实际上站着一个群体，一个齐心协力推动元代儒治进程的儒学集团。在他们眼中，国子学的意义绝不是一所普通的学校，而是元代推行儒学的一面旗帜。为了使这面旗帜不倒，他们成功地健全了国子学的体制，在祭酒之下增设了数名助教，坚固了这个崇儒兴学的桥头堡。所以《元史》中说：“及（许）衡告老而去，复命（王）恂领国子祭酒。国学之制，实始于此。”①

三

在国子监发展问题上，汉族官僚集团所表现出来的第三次抗争是争取国子监的设置。许衡之后，王恂、耶律有尚等皆能承继许衡之教，师道卓然，诸生皆帖帖敬服，国子学的教学依然井然有序。但元廷中反对汉法的势力绝不肯善

① 《元史》卷一六四《王恂传》，中华书局1976年标点本，第3844页。

罢甘休，至元十三年（1276）三月，元廷将国子学校址改为大都路学，设官署提举学校所于其间[①]。一时间国子学师生学无定所，国子学教学秩序受到了直接的干扰和破坏。面临此种困境，当时身为国子生的不忽木等人在王恂等人的授意下上疏忽必烈，要求设置国子监。这封奏疏，洋洋千言，从儒家以兴学为治国之本的角度立论，概述了各朝代广设学校、大兴文治的历史经验，并指出，发展学校的重要措施是建立教育的管理机构，使“凡学政因革、生员增减，若得不时奏闻，则学无弊政”，以保障和促进学校的发展。而元代学校发展的缺陷正在于此，由于没有一个如国子监这样的教育行政机构，导致国子学的命运处在任人宰割的地步。所以不忽木等人发出了“然学校之政，尚未全举，臣窃惜之”的感叹。忽必烈在看完这一奏疏后，十分高兴[②]。然而在至元十四年（1277）朝廷设置的却是蒙古国子监。这分明是对国家教育正统地位的争夺，就如当年首设蒙古国子学一样，忽必烈在维护蒙古特权统治问题上丝毫不予含糊。

遭此重创，元朝国子学的发展开始步入低潮。至元十四年，“举国子生驿致上都，布官中书，宥密宪台”[③]，朝廷将不忽木等当年受许衡、王恂教诲的国子生全部安排工作，离开学校。在以后的几年间，耶律有尚、白栋、苏郁等教官也都相继任职朝廷其他部门，离开了国子学。而朝廷中一批力主崇儒兴学的耆儒老臣在这一段时间内相继去世：至元十一年，刘秉忠去世；十二年，史天泽去世；十七年，廉希宪、姚枢、窦默去世；十八年，许衡、王恂去世；十九年，张文谦去世。当年鼎力支持国子学的汉人儒士集团已丧失力挽狂澜的气势，国子学真正陷入风雨飘摇的境地。

在这样的情况下，真金太子给予了国子学以全力的支持。真金乃忽必烈之嫡子，他从小受到忽必烈幕僚中的三位儒家学者姚枢、窦默和王恂的教养熏

① 《元史》卷八一《选举志一》，中华书局 1976 年标点本，第 2032 页。
② 《元史》卷一三〇《不忽木传》，中华书局 1976 年标点本，第 3164—3166 页。
③ 苏天爵：《平章鲁国文贞公》，《元朝名臣事略》卷四，中华书局 1996 年标点本，第 62 页。

陶，熟读儒家经典和历代皇朝文献，对中国传统文化素有感情。至元十六年（1279）真金太子开始参决朝政，“凡中书省、枢密院、御史台及百司之事，皆先启后闻”[①]。他咨访多用汉人官僚，重用主汉法的蒙古、色目官僚，“每与诸王近臣习射之暇，辄讲论经典，若《资治通鉴》、《贞观政要》，王恂、许衡所述辽、金帝王行事要略，下至《武经》等书，从容片言之间，苟有允惬，未尝不为之洒然改容。时侍经幄者，如王恂、白栋皆朝夕不出东宫，而待制李谦、太常宋衜尤加咨访，盖无间也”[②]。

至元十九年（1282），苏天爵谓之为“朝政更新”[③] 之年。这一年三月，贪横不法的阿合马被人刺杀。在真金太子的力主下，忽必烈改组中书省，由和礼霍孙出任右丞相。真金太子希望新班子能在崇儒兴学方面有所起色，他对新进入中书省任职的何玮、徐琰说：“汝等学孔子之道，今始得行，宜尽平生所学，力行之。”[④] 为了有效推进儒治进程，这一年元廷正式颁发了《岁贡儒吏》，强调“岁贡儒吏，若不先加教养，次以铨试收之，必将苟且以求侥幸，人才失真，所关匪细”[⑤]，将儒学教育的重要性予以了肯定。

为了切实提高崇儒兴学的地位，设置国子监的问题再度引起崇尚儒学的汉族、蒙古、色目官僚的重视。他们在这一问题上形成一股合力，以争取国子监的设置。至元二十年（1283），为提高国子学的地位，真金太子考虑应有一个身份相配的大儒取代许衡、王恂的地位。在不忽木的推荐下，真金太子选中了刘因，并对国子学的体制进行了调整。其本传说：

> 二十年春，辟刘因于保定，（刘）因以疾辞，固辟之，乃至，拜右赞善大夫，以吏部郎中夹谷之奇为左赞善大夫。是时，已立国子学，李栋、

---

① 《元史》卷一〇《世祖纪七》，中华书局1976标点本，第217页。

② 《元史》卷一一五《裕宗传》，中华书局1976标点本，第2889页。

③ 苏天爵：《刘因墓表》，《滋溪文稿》卷八，中华书局1997年标点本，第112页。

④ 《元史》卷一一五《裕宗传》，中华书局1976年标点本，第2890页。

⑤ 《庙学典礼》卷一《岁贡儒吏》，浙江古籍出版社1992年标点本，第17—18页。

宋衜、李谦皆以东宫僚友，继典教事。至是，命（刘）因专领之，而以（宋）衜等仍备咨访。尝曰："吾闻金章宗时，有司论太学生廪费太多，章宗谓养出一范文正公，所偿顾岂少哉。其言甚善。"会（刘）因复以疾乞去。二十二年，以长史耶律有尚为国子司业。中庶子伯必以其子阿八赤入见，谕令入学，伯必即令其子入蒙古学。逾年又见，太子问读何书，其子以蒙古书对，太子曰："我命汝学汉人文字耳，其亟入胄监。"①

这里讲了几件事：其一，在国子学教官相继离去之时，真金太子派出东宫官员李栋、宋衜、李谦等人照管着国子学事宜；其二，在王恂去世后，真金太子征召刘因来接任王恂的工作，并继续留宋衜在国子学协助工作。"初，裕皇建学宫中，命赞善王公恂教近侍子弟，恂卒，继者难其人，乃以先生嗣其教事"②；其三，刘因任职不过数旬，因母疾辞归。真金太子又任命耶律有尚为国子司业，"刘公归，至是命公教之。寻授奉训大夫、国子司业"③。其时尚未设置国子监，但真金太子已经在按照国子监的框架来调配人员了；其四，当时蒙古国子监和国子学确实是两学并存，这从真金太子命伯必送子读书一事便可印证。对蒙古国子监和国子学的关系，真金太子明确将国子学称为"胄监"，其关爱之情于此可见一斑。

与此同时，朝廷中部分官僚纷纷建言，力倡崇儒兴学。至元二十年(1283)，刑部尚书崔彧上疏，言时政十八事，其中"六曰贵游子弟，用即显官，幼不讲学，何以从政。得如左丞相许衡教国子学，则人才辈出矣"④。御史中丞崔少中在上疏中强调："窃惟三代、汉、唐以至于宋，皆立学以养士，生徒多至数千，置田筑室，官为营办。所以养成人才，讲明义理，习礼让之

① 《元史》卷一一五《裕宗传》，中华书局1976年标点本，第2891页。

② 苏天爵：《刘因墓表》，《滋溪文稿》卷八，中华书局1997年标点本，第112页。

③ 苏天爵：《耶律有尚神道碑铭》，《滋溪文稿》卷七，中华书局1997年标点本，第103页。

④ 《元史》卷一七三《崔彧传》，中华书局1976年标点本，第4040页。

事，消祸乱之源，故识者以为急务。”①

在这些人当中，来自西域的阿鲁浑萨理所发挥的作用较为特殊。阿鲁浑萨理是畏兀儿人，三世精佛教。其自幼聪慧，受业于国师八思巴，既通其学，且解诸国语。世祖闻其才，俾习中国之学，于是经、史、百家及阴阳、历数、图纬、方技之说皆通习之。八思巴见此，深知阿鲁浑萨理之志在儒学，于是致书推荐给真金太子，得召入宿卫。至元二十一年，擢朝列大夫、左侍仪奉御，上书忽必烈，强调“治天下必用儒术，江南诸老臣及山林薮泽有道艺之士，皆宜招纳，以备选录”，“又请置国子监学官，增博士弟子员，优其廪饩，学者益众”②。阿鲁浑萨理对忽必烈的影响力非一般汉人儒士所能及，陈垣先生论及此，有一段精辟议论：“当是时，百汉人之言，不如一西域人之言，一西域人儒者之言，不如一西域人释者之言之尤为有力。许衡、吴澄之徒之所以能见用于时者，纯恃有二三西域人后先奔走之，而孔子之道之所以能见重于元者，亦赖有多数异教西域人，诵其诗，读其书，倾心而辅翼之也。”③

另外，南方士人的加盟也给这次力倡崇儒兴学的声浪增色不少。至元二十三年（1286）二月，集贤院直学士少中大夫程钜夫在上疏中指出：“国家自中统建元以来，中外臣僚亦时闻表表伟杰者，皆自往时故老宿儒熏陶浸灌而然，历时既久，以次沦谢，迩来晨星寥寥，无几何矣。臣不知更十余年后，人物当如何其琐琐也。而主论者恬不知怪，视学校为不急，谓《诗》、《书》为无用，不知人才盛衰，张本于此。”因此建议：“臣愚欲望陛下明诏有司，重学校之事，慎师儒之选。京师首善之地，尤当兴建国学，选一时之名流为国人矜式，优以饩廪，隆以礼貌，庶四方观感有所兴起。”④ 程钜夫的这个奏疏，忽必烈看过后十分同意，但一直未有落实。

① 《庙学典礼》卷一，浙江古籍出版社1992年标点本，第21页。
② 赵孟頫：《赵国公全公神道碑铭》，《松雪斋文集》卷七，四部丛刊本。
③ 陈垣：《元西域人华化考》卷二之四，上海古籍出版社2000年版，第29页。
④ 《庙学典礼》卷二《程学士奏重学校》，浙江古籍出版社1992年标点本，第27页。

至元二十四年（1287）正月，朝廷中的色目官僚提议开办回回国子学[①]。这显然又是一个信号，说明朝廷中的色目贵族为了显示其政治特权，绝不肯放弃其在教育上的一席地位。这就进一步加剧了设置国子监的必要性和紧迫性。同年二月十五日，随忽必烈至柳林的尚书左丞叶李，向忽必烈奏疏请立太学。叶李强调："善政不可以徒行，人才不可以骤进，必训以德义，摩以《诗》、《书》，使知古圣贤行事方略，然后贤良辈出，膏泽下流。唐、虞、三代，咸有胄学，汉、唐明主，数幸辟雍，匪为观美也。"[②]他以太宗窝阔台设立儒户为例，对忽必烈说："臣愚省得先朝创业之初，犹以收拾人才为急，今日混一之后，岂可不以设立学校为先？"并指出忽必烈对去年程钜夫的奏疏已有明确旨令，只是未有落实。忽必烈当即表态要求集贤院拿出一套详细的办学方案："那田地里立太学，合读是什么书，合设学官并生员饮食条例，合立的规矩，外头设立儒学提举去处写出来，我行奏著"[③]。

五天后，二月二十日，集贤院南北诸儒并众官依忽必烈旨令开会讨论兴学之事，元代的国子监终于得以设置。《元史·世祖纪》中说：至元二十四年（1287）闰二月，"设国子监，立国学监官：祭酒一员，司业二员，监丞一员，学官博士二员，助教四员，生员百二十人，蒙古、汉人各半，官给纸札、饮食，仍隶集贤院。设江南各道儒学提举司。"[④]苏天爵在《耶律有尚神道碑铭》中说："二十四年，初置国子监学，设祭酒、司业、博士、助教员，始给印章，分官署以典教。诏春坊学徒从公赴监，命太常卿周公砥为祭酒，公仍司业。"[⑤]

从至元十四年元廷设置蒙古国子监，到至元二十四年再设置国子监，前后历时10年。其间的曲曲折折，实质就是围绕着儒学地位和国家教育正统所在

---

① 《通制条格》卷五《学令·亦思替非文书》，浙江人民出版社1986年标点本，第80页。

② 《元史》卷一七三《叶李传》，中华书局1976年标点本，第4049页。

③ 《庙学典礼》卷二《左丞叶李奏立太学设提举司及路教迁转格例儒户免差》，浙江古籍出版社1992年标点本，第29页。

④ 《元史》卷一四《世祖纪十一》，中华书局1976年标点本，第296—297页。

⑤ 苏天爵：《耶律有尚神道碑铭》，《滋溪文稿》卷七，中华书局1997年标点本，第103页。

的问题而展开。汉族官僚集团之所以坚持要设置国子监，最根本的还是为了坚守汉法文治的政治方向，维护崇儒兴学的正统地位。尽管这之后的国子监发展并不是一帆风顺，儒学在元代也始终没有争取到至尊的地位，但在元代的政治舞台上，毕竟有了一个坚守尊孔崇儒方向的教育阵地。汉人儒士凭借着这一阵地，便可以为推进元代的崇儒兴学进程施展拳脚，元朝儒士对此是欢欣鼓舞的。诚如程钜夫后来所言："教有业，息有居，亲师乐友，诸生各安其学，咸曰：大哉，天子之仁至哉！相臣之贤，工曹之勤，其知政治之本源矣。臣窃谓天地至神，非风雨霜露罔成其功；道至大，非圣君贤相罔致其化；人性至善，非《诗》、《书》、《礼》、《乐》罔就其器。列圣相承，谓天下可以武定，不可以武治。所以尊夫子，建辟雍，复科举，诚欲人人被服儒行，为天下国家用耳。然则黎民于变时雍顾，不在兹乎？"[1]

① 程钜夫：《大元国学先圣庙碑》，《雪楼集》卷六，四库全书本。

元代回回国子监研究

元代在设置了蒙古国子监、国子监之后，又创办了第三所国子监，即回回国子监，构成了元代中央官学多元并举的格局。由于史料缺乏，长期以来人们对回回国子监的创办原因、教学内容及其演变轨迹一直语焉不详。本文试图对这些问题作一系统探讨，以求教于各位专家同人。

一　元代回回国子监创设原因

元代另设一国子监专以“回回”命名，根本原因是由于回回人在蒙元时期的社会地位有了显著提高。回回贵族为了彰显其在元代的重要地位，才有了回回国子监的创办。其表现主要在三个方面。

第一，“回回户”的确立使回回人的地位有了质的提高。

元代是回回人从四面八方聚合中国并进一步凝聚发展的重要历史阶段。元代文人王礼曾写道：

> 西域之于中夏，言语嗜欲殊焉。虽汉唐以来婚媾有之，然各怀旧族，不能杂处他土，顾安有生西域而葬江南者。惟我皇元，肇基龙朔，创业垂

统之际，西域与有劳焉。洎于世祖皇帝四海为家，声教渐被，无此疆彼界，朔南名利之相往来，适千里者如在户庭，之万里者如出邻家。于是西域之仕于中朝，学于南夏，乐江湖而忘乡国者众矣……呜呼！一视同仁，未有盛于今日也。[①]

王礼所言确实反映了蒙元时期回回人在中国地位显著变化的历史事实。早自唐代，大批的阿拉伯使臣、商人、学者便络绎不绝地来到中国，或传教，或经商，历唐、宋、辽、夏、金不断。这些人中有不少在中国定居了下来，被中国人称之为“胡商”、“蕃客”。1206年成吉思汗统一蒙古各部、建立大蒙古国后，肆意向外武力扩张，使数以几十万计的域外各族人民进入中国，形成历史上回回人聚合中原的高峰时期。蒙元时期进入中原的回回人，或因战功显赫，或因治国才能出众，或因理财出色而得到重用，成为蒙古贵族实施统治的重要支柱。这就为提升回回人的社会地位奠定了很好的基础。

元太宗窝阔台汗七年（1235）实施“乙未籍户”，回回人正式被编入户籍，这是回族历史上的一件划时代大事。窝阔台在圣旨中规定：回回人和其他各色人等一样，除皇帝承认的王公贵族占有的“驱口”外，其余的都应该附籍，都是皇帝的民户，都应该承担官府所摊派的税赋租徭[②]。太宗此意当然是为了扩大蒙古汗廷的财力和物力，但在客观上却促成了回回人在中国社会获得正式身份。以后，宪宗蒙哥二年（1252）的“壬子籍户”和世祖至元八年（1271）颁布的《户口条画》又进一步明确了占籍的回回人为“回回户”。

回回人正式编入户籍，标志着回回人正式成为中华民族大家庭中的一员。这些来自域外的穆斯林，由“蕃客”而转变为“回回户”，标志着由“客”变“户”的质的变化。这一变化大大加速了回回民族共同体的形成和发展。以后，

① 王礼：《义塚记》，《麟原文集前集》卷六，四库全书本。

② 《通制条格》卷二《户令》，浙江古籍出版社1986年标点本，第6—7页。

蒙古统治者又把二三十种色目人按种族和宗教信仰不同大体划分为回回、畏兀儿、河西、也里可温几种，这就从客观上把信奉伊斯兰教的各族在回回名义下进行自然而然的民族组合，甚至那些游离于各较大民族之间的阿速人（信奉东正教）、犹太人、吉卜赛人等，最后也部分地融合入回回人之中。这样，回回民族共同体在这种组合过程中逐步形成和壮大。

第二，回回文化对元朝发展产生重要影响。

回回人在元朝社会地位的提高，又与其较为发达的回回文化有很大关系。当时的回回文化较欧洲要进步，其源源不断传入中国的科技文化有效地帮助了蒙古统治者的四面扩张，加强了元朝政权的巩固，推动了元朝社会的发展。

在军事技术上，回回炮受到了蒙古统治者的特别青睐。至元八年（1271），忽必烈“遣使征炮匠于波斯”①。所征得制炮专家阿老瓦赤和亦思马因以其炮术有效地帮助了元朝军队攻打南宋的战事。平宋战事结束后，至元十六年（1279），朝廷“括两淮造回回炮新附军匠六百人，及蒙古、回回、汉人、新附人能造炮者至京师”②，以加强回回炮的生产能力。至治三年（1323），朝廷又“遣回回炮手万户赴汝宁、新蔡，遵世祖旧制，教习炮法”③。回回人的生财之道和理财能力也为蒙古贵族所惊叹。他们不仅在商业经营、高利贷等方面独具优势，而且在帮助元政权和蒙古贵族聚敛财富上也很有一套。蒙古贵族在经济上对回回人的倚重和依赖，更使回回人的地位不可动摇。回回历法对元朝的影响也很大。早在成吉思汗时期，耶律楚材随使西域，就看到“西域历、五星密于中国，乃作麻答肥历，盖回鹘历名也”④。至元四年（1267），“西域札马鲁丁撰进《万年历》，世祖稍颁行之”⑤，又制造了七种天文仪器，以观察天象，

① 《多桑蒙古史》上册，冯承钧译，上海书店出版社2001年版，第三卷第二章，第300页。

② 《元史》卷九八《兵志一》，中华书局1976年标点本，第2571页。

③ 《元史》卷二八《英宗纪二》，中华书局1976年标点本，第628页。

④ 宋子贞：《中书令耶律公神道碑》，苏天爵：《元文类》卷五七，上海古籍出版社1993年影印本，第751—759页。

⑤ 《元史》卷五二《历志一》，中华书局1976年标点本，第1120页。

测定时历[①]。以后元朝廷又在司天监外另设回回司天监，体现了回回历法在元朝的重要地位。另外，被源源不断输入中国的回回文化，包括穆斯林语言文字学、史学、哲学、阴阳学、医药学、天文历算、地理、工程技术等，都对元朝发生了重要影响。例如元廷在大都、上都分别设置了回回药物院，掌回回药事[②]。在礼部下设仪凤司，掌汉人、回回、河西的乐工，并专设常和署"管领回回乐人"[③]。这都说明回回人入华时带入的阿拉伯、波斯、突厥等民族和国家的文化科学影响了元代文化的发展。

回回文化对社会发展的影响又进一步增强了元朝与西域地区的交往。当时法律规定："诸内外百司有兼设蒙古、回回译史者，每遇行移及勘合文字，标译、关防兼用之。"[④] 回回文被朝廷定为官方语言之一，也说明了回回文化在元代社会的重要地位。

第三，元廷色目势力增强。

元朝回回人的社会地位的提高，最根本的还是体现在朝廷中回回势力的增强。元人许有壬说："我元始征西北诸国，而西域最先内附，故其国人柄用尤多。"[⑤] 这种局面导致在元朝实行的"四等人制"中，回回人所在的色目人位居第二。而回回人又是这一种群中人数较多、势力较大的一种。当时朝廷文件中常常用"回回"来泛指色目人。如《元史》卷六中载："至元二年二月，以蒙古人充各路达鲁花赤，汉人充总管，回回人充同知，永为定制。"[⑥] 又《元史》卷一〇中载：至元十六年九月诏："凡有官守不勤于职者，勿问汉人、回回皆论诛之，且没其家。"[⑦] 这里的"回回"皆是用来指代色目人，可见回回人政治地位之盛。

---

① 《元史》卷四八《天文志一》，中华书局1976年标点本，第998—999页。
② 《元史》卷八八《百官志四》，中华书局1976年标点本，第2221页。
③ 《元史》卷八五《百官志一》，中华书局1976年标点本，第2139页。
④ 《元史》卷一〇二《刑法志一》，中华书局1976年标点本，第2615页。
⑤ 许有壬：《哈只哈心碑》，《至正集》卷五三，元人文集珍本丛刊。
⑥ 《元史》卷六《世祖纪三》，中华书局1976年标点本，第106页。
⑦ 《元史》卷一〇《世祖纪七》，中华书局1976年标点本，第215页。

回回贵族在帮助蒙古贵族实施统治的同时，也十分注意强化自己的地位，扩充自己的势力。元世祖时期，朝廷中的色目势力增强，关键在于他们的理财能力深得忽必烈的赏识与信赖。他们利用忽必烈急欲敛财的心理，积极用以敛财为纲的治国思想影响忽必烈。他们运用手中权力对外大施苛政，荼毒百姓，对内结党营私，迫害异己，意欲强化和巩固回回人在朝廷中的地位。

这种以敛财为纲的治国模式就与意欲劝导忽必烈实施儒治的正统儒士形同水火，由此引发了世祖朝数次激烈的权力之争。于中统时期上台的回回官僚阿合马，在位近二十年，“挟宰相权，为商贾，以网罗天下大利，厚毒黎民”[①]，朝内朝外对之恨之入骨。至元十九年（1282），益都千户王著等人矫皇太子令而诱杀阿合马，将朝廷其他势力与以阿合马为首的色目势力的斗争推向了极致[②]。接任的卢世荣虽为汉人，但他施政依然重理财积敛，基本上恢复了阿合马的理财政策和多用阿合马当政时的官员，因而与正统儒士的矛盾并未缓解。在“汉人新居中书者”[③] 的群起攻击下，忽必烈不得已将卢世荣投入监狱并杀之。至元二十三年（1286），忽必烈命桑哥“具省臣姓名以进，廷中有所建置，人才进退，桑哥咸与闻焉”[④]。桑哥是吐蕃人，是国师胆巴的弟子，为人狡黠贪横，因好言财利事，为忽必烈所欣赏。桑哥的上台，说明朝廷中色目势力的再度增强。为了与蒙古势力和汉人势力一争高下，桑哥掌权的第二年便借回回官僚麦术丁的建议上奏设置回回国子学。

以往人们多从文化发展的角度，强调回回国子监培养翻译人才的意义，而忽略了其后面的政治意义。其实，古代朝廷办学，从来都首先是一种政治行为。东汉灵帝时期，宦官集团为了与官僚集团抗衡，借助灵帝喜好美术而于太

① 《元史》卷二〇五《阿合马传》，中华书局 1976 年标点本，第 4560 页。
② 《元史》卷一二《世祖纪九》，中华书局 1976 年标点本，第 241 页。
③ 《元史》卷二〇五《卢世荣传》，中华书局 1976 年标点本，第 4570 页。
④ 《元史》卷二〇五《桑哥传》，中华书局 1976 年标点本，第 4571 页。

学之外另创鸿都门学，以培植自己的势力。西晋之时，门阀士族为显示其不同于寒门庶族的教育特权，于太学之外另创国子学，以“殊其士庶，异其贵贱”[①]。元代实行“四等人制”，蒙古、色目和汉人官僚集团的利益争夺更为激烈，于教育特权自然也不会轻易放弃。蒙古统治者为显示其统治地位，首设蒙古国子监。汉人儒士为争取道统的地位，于此时正在积极争取国子监的设置。作为色目贵族来讲，他们不可能听任汉人行为而自己无所作为。如能有一所由色目贵族主持的国子监，对巩固色目人的社会地位和培植色目势力都是极为有利的。

从另一个角度分析也能证明元代三所国子监的产生正是这类政治行为的产物。古代培养专门人才的教育机构早已有之，然多设学于朝廷职能部门。前代如隋、唐、宋等朝也有设专科学校的做法，但并未将其提升到“监”的地位。在隋、唐、宋、金的教育体制中，国子监乃封建教育正统之标志。在重道轻器的传统观念主导下，技术人才的培养是不可能与之比肩的。即使在元朝，为培养天文人才，也只是在司天监内设置了星历学。译史也应该属于专门人才之列，然蒙古统治者和色目贵族刻意要提高译史的地位，非要将这种语言学校升格为国子监。这显然是一种政治地位的强调。所以元廷中色目势力与汉儒势力及蒙古势力的争夺，是导致回回国子监产生的直接原因。

二　回回国子学的创办

元代回回国子学的创办起因于时任中书平章政事的麦术丁向桑哥、帖木儿等人的建议，然后由桑哥、帖木儿等上奏，那是至元二十四年（1287）的事：

> 至元二十四年正月初八日，总制院使桑哥、帖木儿左丞等奏：前者麦

① 《南齐书》卷九《礼志上》，中华书局1972年标点本，第145页。

术丁说有来，“亦思替非文书学的人少有。这里一两个人好生的理会得有，我则些少理会得。咱每后底这文书莫不则这般断绝了去也么？教学呵，怎生?”道有来，么道。奏呵，麦术丁根底说者，交教者。么道圣旨了也。钦此。①

根据这一建议，至元二十六年（1289年），元朝决定设置回回国子学，命翰林院精通这种文字的益福的哈鲁丁在回回国子学中教授这种亦思替非文字：

世祖至元二十六年夏五月，尚书省臣言：“亦思替非文字宜施于用，今翰林院益福的哈鲁丁能通其字学，乞授以学士之职，凡公卿大夫与夫富民之子，皆依汉人入学之制，日肄习之。”帝可其奏。是岁八月，始置回回国子学。②

回回国子学开设后，除了由益福的哈鲁丁主长教学外，朝廷还在翰林院配置了五名官员负责学校的管理事宜。《元史》卷八十七《百官志三》说：“（至元）二十六年，置官吏五员，掌管教习亦思替非文字。”

亦思替非文字究竟是种什么样的文字，长期以来是学术界颇有争议的一个问题。多数学者比较倾向于亦思替非文字可能是波斯文的观点③。然而近期伊朗学者穆札法尔·巴赫蒂亚尔提出了一个新的看法，他认为，“亦思替非文字”并非一般波斯文，而是古代波斯人所创造的一种特有文字符号系统及计算方法，用以书写政府税收事项。元朝政府加以采用，可能由于这种文字便于统计

① 《通制条格》卷五《学令·亦思替非文书》，浙江人民出版社1986年版，第80页。

② 《元史》卷八一《选举志一》，中华书局1976年标点本，第2028页。

③ 讨论亦思替非文字，具有代表性的文章主要有陈垣：《元西域人华化考》；杨志玖：《元代回回人的政治地位》，《元史三论》，人民出版社1985年版；韩儒林：《所谓“亦思替非文字”是什么文字》，《穹庐集》，上海人民出版社1982年版；黄时鉴：《波斯语在元代中国》，1986年发表，后收入《东西交流史论稿》，上海古籍出版社1998年版；萧启庆：《元朝的通事与译史》，《元朝史新论》，（台北）允晨文化实业股份有限公司1999年版。

数目而又具有保密性。他说：

> “亦思替非”本意乃是“获得应有之权利”或“向某人取得应得之物”。作为一个专有名词其意为：“财产税务的核算与管理”。因此，在古代，在大多数伊斯兰政权统治的国家，类似现代财政部的部门称为“亦思替非部”。
>
> “亦思替非”乃是一种特殊的文字符号，用于国家文书之中，它有特定的写法与规则，国王及政府有关财务税收的诏书、清算单据、税务文书等都用这种文字书写，而以一种称为“思亚格”（Siaq）的方法计算。对于擅长此道的人运用及识别这种文字并不费力。这种文字类似缩写符号或象形文字，只表意而不标音。[①]

两种观点孰是孰非，又一次引起中外学者的关注。其实这两种观点都有其可取之处，为我们正确理解元代回回国子学所传授的内容提供了帮助。应该说，当时元代社会确实通行着第三种语言，但它不是亦思替非文字，而是当时甚为流行的波斯语。元代回回国子学的创办却是为传授亦思替非文字而开设，其教学内容应该包括了波斯语。也就是说，波斯语与亦思替非文字不是一回事，但有联系。

最早提议教授亦思替非文字的是中书平章政事麦术丁[②]。麦术丁曾任回回译史，他使用“普速蛮字”来译写文书[③]。普速蛮，是波斯文 muslman 的音译，意为穆斯林。普速蛮字即波斯文。也就是说，麦术丁担任回回译史所使用的波斯文就是元代官方所通行的回回文。而麦术丁却说其对亦思替非文字也能“少理会得”，说明这个亦思替非文字与通行的波斯文不是一回事。麦术丁还

① 见叶奕良主编《伊朗学在中国论文集》，北京大学出版社 1993 年版，第 44 页。

② 关于麦术丁，《元史》无传，杨志玖在《元代回回人的政治地位》中对其有介绍，见《元史三论》。

③ 王恽：《中堂事记》上，《秋涧先生大全集》卷八〇，四部丛刊本。

说，精通亦思替非文字的人“少有”，在中书省只“一两个人好生的理会得有”。据《元史·百官志》，在中书省中有“回回省掾十四人，左司九人，右司五人”[①]。省掾之职责为写圣旨、掌奏事、选法、应办刑名之文字必阇赤，回回省掾当然是运用回回文字处理公文之人。担任回回省掾的人应该都是精通波斯语者，然而熟知亦思替非文字者却只有一两个。这也说明波斯语与亦思替非文字不是一回事。

金吉堂先生在《中国回教史略》中也谈到了蒙元时期波斯语的流行。他首先引用了近代东方学专家马斯拍罗的一段话：“蒙古之都城和林。当时为各种族杂居之地，意必有一种通用语，此通用语即波斯语也。例如马哥孛罗留中国二十年，既不能解中国语，其于蒙古语所知也不多，盖彼固熟操波斯语，彼所著之游记中，称北京之卢沟桥为保尔珊琴，盖波斯语石桥之义也。又称云南人民为察唐唐，盖波斯语金齿之义也。”金吉堂先生接着论证：“又《元史》上称犹太人曰术忽或主忽，称回教徒曰答失蛮，曰木速儿蛮，皆波斯语也。原波斯一带，当时文明之盛，冠于各邦，且蒙古大汗之部下人才，又多来自彼方也。后来中国回教徒读经者，特重波斯文本，且染有回教别派石阿之风俗者，盖有由来矣。”他又说：“回教虽以阿剌伯文为根本，第以其传来中国者，多波斯人或自波斯地面，或使用波斯语文之各族人士，故当蒙古统治中国期间，波斯语文在各个不同之语言文字间，至成为官场之公用官话。”[②] 金吉堂先生的这番论述也充分证明了元代社会通行着波斯语言，但它不是亦思替非文字。

元代朝廷之所以要专门设学传授亦思替非文字，在于这种文字对西域诸国的经济交往的重要性和特殊性。从穆札法尔·巴赫蒂亚尔的考证中可以看到，亦思替非文字是许多西域国家运用于公文、尤其是经济文书中的一种文字符号

① 《元史》卷八五《百官志一》，中华书局 1976 年标点本，第 2124 页。

② 详见金吉堂《中国回教史研究》卷下，宁夏人民出版社 2000 年版，第 60—61、68 页。

和计算方法。严格来说，它不是一种语言，因为它只表意而不表音，实际上它就是一种专门技术。从这个意义上讲，与其说回回国子学是一所语言学校，不如说它更接近于一所技术学校。传授亦思替非文字的目的就是掌握这些符号的写法和运用规则，以培养一批能与西域国家交往的精通敛财技术的专门人才。元代在世祖朝后期朝廷中懂得这一文字的官员日渐稀少，面临着如麦术丁所言“咱每后底这文书莫不则这般断绝了去也么”的危险，所以培养这种专门人才在当时成为当务之急。而且，在国子监创设不久，汉人儒士急欲培养儒治人才之时，回回国子学的开办也从一个侧面反映了桑哥等人意欲突出敛财路线的意图。

但由于亦思替非文字产生于波斯语言，因而掌握这种文字应该具备波斯语言的基础。所以在回回国子学中应该是开设了波斯语言的课程。至少对于汉族、蒙古族学员来说，这一学习内容是必要的。这就是长期以来回回国子学被人们视为语言学校的原因。

回回国子学设在京城。元朝廷规定，蒙古、回回、汉人的官僚子弟和富民子弟皆可报读这所学校，其学业结束，通过朝廷考试，可补充到朝廷充任译史①。担任亦思替非文字的教学者是翰林院的益福的哈鲁丁。益福的哈鲁丁在《元史》中无传，只有程矩夫在《雪楼集》卷二中有为其祖父、父亲及其本人封赠而写的赞文②。祖孙三代的封赠是因为益福的哈鲁丁在仁宗朝任中书平章政事的儿子乌伯都剌受到推崇。从赞文的内容看，其祖父木沙剌福丁“以间世之才，得不传之学”，“知白旄黄钺之显西土，率箪食壶浆以迎王师。举父子以偕来，至孙曾而方大”；其父亲札剌鲁丁“卓尔奇才，生于绝域。父子为师友，在家盖有异闻”，“于草昧而知天命，奋节义以迎王师”；益福的哈鲁丁则“至

---

① 《元史·选举志一》言：“学之建置在于国都，凡百司庶府所设译史，皆从本学取以充焉。”

② 陈垣在《元西域人华化考·卷五》中说：“据程矩夫《雪楼集》卷二有乌伯都剌三代封制，乌伯都剌祖为札剌鲁丁，曾祖为木沙剌福丁，皆回回人名。《四库》本改乌伯都剌为额卜德呼勒，改益福的哈鲁丁为伊卜德噶罗丹，不知作何语矣。”

于天人秘奥之绝学，皆其家世授受之真传”，“刚毅而惠和，广博而精粹。在阶庭为良子弟，学术可以名家；在朝廷号贤公卿，中外称其善政。晚以耆老，久侍禁林”,①。从这些记述看，益福的哈鲁丁家世西域，得不传之绝学，祖孙四代家传。因迎接蒙古军队而受重用，举家中原，至益福的哈鲁丁和乌伯都剌才位显朝廷。益福的哈鲁丁至年老开始主持回回国子学，死后被追封为吉国公，谥忠简。

三　回回国子监的设置与发展

元代回回国子学自世祖至元二十六年（1289）创建，直到25年后的仁宗延祐元年（1314）四月，元朝廷才设立回回国子监。《元史·选举志》中说：

> 仁宗延祐元年四月，复置回回国子监，设监官，以其文字便于关防取会数目，令依旧制，笃意领教。②

回回国子监、学的编制状况史料不见。《元史》卷八十七《百官志三》中说：“延祐元年，别置回回国子监学，以掌亦思替非官属归之。”这个“掌亦思替非官属”自然转为回回国子监的管理机构了。据《元典章》吏部一，在正七品官中列有教习亦思替非文字博士一职。这个博士当是回回国子学中的博士，其品秩与蒙古国子学、国子学的博士相同。

元朝廷于此时设置回回国子监，原因之一是因为亦思替非文字对加强元朝与西域诸国的交往十分重要，“以其文字便于关防取会数目”，因而人才的需求增加，所以要“今依旧制，笃意领教”。

---

① 俱见程矩夫《雪楼集》卷二，因三篇题目太长，故不引，四库全书本。

② 《元史》卷八一《选举志一》，中华书局1976年标点本，第2028页。

另一个原因恐怕更为重要，那就是仁宗重视兴学以及回回官员得到仁宗的信赖。仁宗是元代皇帝中推进文治进程较为得力的一个。在他任内，蒙古国子监、国子监都有较显著的发展，设置回回国子监也正是其推行文治的举措之一。仁宗将回回国子学升格为“监”，使其地位与蒙古国子监、国子监并立，这与当时朝廷中的回回官员受其器重有关。据杨志玖先生考证，这一时期任职中书的回回官员不多，但他们的表现与世祖朝的阿合马之流似有所不同[①]。首先是合散。合散又称阿散、哈散。合散在仁宗即位的当年便出任中书平章政事，第二年迁中书左丞相，并有两次出任右丞相的经历。另一个受仁宗器重的回回官员是察罕。察罕在至大四年出任中书参政，第二年进平章政事，“但总持纲维，不屑细务”。仁宗对他的评价是“有言察罕不善者，其人即非善人也”[②]，足见其受器重。还有一个回回官员是任中书平章的忽都不丁，他自成宗朝由江浙参政拜中书右丞后，历武宗、仁宗朝皆据中书省要职[③]。再一个回回官员乌伯都剌则是世祖朝主持回回国子学的益福的哈鲁丁的儿子。他在至大四年出任中书左丞，后来迁中书平章政事。他的升迁，与回回国子监的设置，与他的祖先三世受封赠，这三件事相继发生在同一时期，可以想见乌伯都剌对回回国子监的设置产生了重要的甚至是直接的影响。而这些回回官员为仁宗所器重，是设置回回国子监的直接原因。

至英宗即位，回回国子监的命运却被卷进朝廷权力斗争的旋涡之中。英宗即位之初，根基未稳，太后宠幸的铁木迭儿依然位居右丞相。铁木迭儿依仗权势，在向仁宗时期与其斗争的汉人官僚实施血腥报复的同时，也把魔爪伸向了仁宗朝的回回官员。据《元史·英宗纪一》，延祐七年二月，中书平章政事乌伯都剌罢为甘肃行省平章政事。三月，又企图没收仁宗赏赐给合散的土田，幸得英宗阻止。五月，罢合散为岭北行省平章政事。才时过十数

① 参见杨志玖《元代回回人的政治地位》，《元史三论》，人民出版社 1985 年版，第 260—261 页。

② 《元史》卷一三七《察罕传》，中华书局 1976 年标点本，第 3311 页。

③ 见《元史》卷一一二《宰相年表》，中华书局 1976 年标点本，第 2814—2817 页。

天，便有人密告合散参与了废立英宗的阴谋，英宗疑为太后所使便断然将这些人一并诛杀。这样，仁宗朝的回回官员尽遭贬黜或诛杀，回回国子监也成为这场斗争的牺牲品。延祐七年（1320）四月，罢回回国子监。同月，课回回散居郡县者，户岁输包银二两。回回人享受的经济优惠政策由此取消。至治元年（1321）五月，毁上都回回寺，以其地营帝师殿[①]。将这些事联系起来看，铁木迭儿借助英宗之手打击朝廷内外的回回势力，是回回国子监被罢废的根本原因。

时隔四年，在震惊元代政治史的“南坡之变”中英宗被杀，泰定帝即位，朝廷中的回回势力又得以恢复。据《元史》卷二九《泰定帝一》，回回人倒剌沙因扶持泰定帝即位有功而出任中书平章政事，寻升左丞相；另有一批回回官员，如马思忽、马某沙、阿散火者、伯颜察儿等相继进入中书省；当年被英宗罢黜的乌伯都剌又升任中书平章政事；被抄没的合散家资产也还给了他的儿子脱列。与此同时，被毁的上都回回寺于泰定元年（1324）六月拨款予以修复，回回教士和回回商人又享受上了差役课税方面的优惠。回回国子监也在这一形势下得以恢复并受到了重视：

> 泰定二年春闰正月，以近岁公卿大夫子弟与夫凡民之子入学者众，其学官及生员五十余人，已给饮膳者二十七人外，助教一人、生员二十四人廪膳，并令给之[②]。

可见，在元代的三个国子监中，回回国子监的规模最小。在泰定二年之前，朝廷给予回回国子监学官及学生廪膳的数额才 27 人。由于现时师生增至 50 多人，泰定帝于是给回回国子监增加了一名助教指标，并增加了 24 名生员

① 《元史》卷二七《英宗纪一》，中华书局 1976 年标点本，第 601、611 页。

② 《元史》卷八一《选举志一》，中华书局 1976 年标点本，第 2027—2028 页。

的廪膳指标。据《秘书监志》卷十载，哈八失于泰定二年（1325）七月十九日由回回国子助教升任秘书监校书郎。这是目前能考察到的两个回回国子学教官中的一个。

泰定帝去世后，以倒剌沙为首的回回官员在上都扶持泰定帝之子阿剌吉八为帝，而留守大都的燕铁木儿则拥立武宗之子图帖睦尔为帝，是为文宗。两都对峙，文宗的力量最终奠定胜局，由此又一次对朝廷中的回回势力予以重创。回回势力在元代至此一蹶不振。

这次，回回国子监虽未再遭罢废之命运，但自此至顺帝朝也一直未见兴盛。其状况可以从黄溍所写《翰林国史院题名记》中得到印证。黄溍在文章中说："先是蒙古新字及亦思替非，并教习于本院，……今回回学士亦省，而亦思替非以待制掌之。"[①] 黄溍写此文是在文宗朝。据陈垣先生认定，自文宗以来，中央势力大衰，对西北三藩渐失其统驭能力，交通几乎断绝，而亦思替非之用亦稀，故裁撤回回学士[②]。连翰林国史院中专掌亦思替非的学士都给撤了，由待制兼掌之。可以想见，回回国子监更是一落千丈了。据《秘书监志》卷九载，马合麻于至元四年（1338）八月初二日自回回国子助教迁任秘书监管勾。这是能见到的顺帝朝回回国子监存在的唯一材料。

由此看来，回回国子监是元代统治集团权力斗争的产物，因而其命运也就始终伴随着朝廷的政治斗争而浮沉。这是中国古代教育的特征所决定的。古代政教合一的传统使语言学校、技术学校等都难以摆脱政治的控制，否则便无地位可言。但是教育的发展应该具有自己的规律。创办语言教育应以本民族的文化为依托，否则便成无本之木。回回国子监以亦思替非文字为教学内容，它本身就是官方交通的工具，与社会生活并无更多的关系。其教学内容之狭，用途之窄，决定了这一教育内容在社会上的生命力极为有限。加之元代统治者并未

① 黄溍：《翰林国史院题名记》，《金华黄先生文集》卷八，四部丛刊本。

② 陈垣：《元西域人华化考》卷五，上海古籍出版社 2000 年版，第 96 页。

从文化交流的角度来设计这所学校，并未将其定位在中华文化与西域文化交流的桥梁这一点。人们求学其中，不能通过文字的学习而深入了解西域文化，其教育意义便失去了根本。于是回回国子监的意义只体现在政治方面，它仅仅只是统治集团权力斗争中的一枚棋子。教育被紧紧地捆绑在政治的战车上，成为政治斗争的工具，这是中国古代教育的悲剧，也是元代回回国子监始终不能振兴的根本原因。

论元代国子监管理职能的变化

元代中央官学体制与其他朝代的不同点，就是在京城设置了三所国子监，即蒙古国子监、国子监和回回国子监。以往人们多从文化角度看待这一现象，忽略了这一体制给国子监管理职能所带来的变化。然而正是后者对明清教育体制产生了深远的影响。

一

元代国子监管理职能变化的第一个显著表现就是监学合一体制的形成。自北齐创设国子寺以来，隋、唐、宋、金各朝的国子监都管辖着数所学校。为本民族子弟开设学校并非首创于元代，在金朝就为女真族开设了女真国子学和女真太学，但它们都和国子学一起共同隶属于国子监。而元代则不同。元代的三个国子监分别各辖一所国子学，形成了监、学合一的管理体制。从名义上看，元代的国子监、蒙古国子监和回回国子监都是行使教育管理的职能，但其管辖的职权却只有相应的国子学一所。这在实际上已经淡化了国子监作为国家教育管理机构的职能，而突出了学校管理的职能。元代以前，人们谈论中央官学，多直呼学校之名而不会议及国子监。而元代则不同，“胄监”、“监学”这样的称呼在诗文中十分常见。其含义也十分明确，即指学校。可见元代的监、学实际已成一体，其性质则更多地体现为教学之所。

元代的监学一体其实已蕴涵在古代教育体制发展的历史趋势之中。换句话说，元代的监学一体是古代教育体制由多元化向单一化发展趋势的必然产物。以往各朝国子监所辖学校，尽管数量各有不同，但大都可归为两类：一类为学习儒学的学校，如国子学、太学、四门学等；另一类为专科性质的学校，如算学、书学、律学、医学等。学习儒学的各所学校，其区别不在学业、程度的不同，而在学员的出身资格。历代王朝为了扩大和稳固其统治基础，通过创办不同的学校，以满足社会各阶层人士的教育需求。这样既照顾了门阀士族的特权利益，又为寒门庶族和平民提供了奋发上进的机会，这对巩固封建统治是十分必要的。当然，为照顾门阀士族的特权，国子学的办学条件和生员待遇自然要优越于其他学校。北宋时期，门阀士族阶层进一步式微，寒门庶族的力量进一步壮大。来自寒门庶族的士大夫要求改革社会政治、经济乃至学术的呼声十分强大，导致了北宋太学教育十分发达。太学要求独立的呼声也一直未断，并于庆历、熙宁、元丰、崇宁的兴学中获得了独立地位。独立后的太学不仅拥有单独的教职人员，而且也享有独立的财政和预算。出身平民阶层的太学生员与国子学生员共享同一校区，并拥有明显优越于国子学的师资，领受相同的生活津贴①。南宋时期，国子学与太学的界限进一步模糊。在大多数情况下，人们一旦提及太学，往往也就是指国子学。二者在机构建置和师资构成上并无实质的差别。唯一的不同便是国子学教的是“国子”，而太学则面向下层官员及平民的子弟。这样，分设两校的实际意义已经不很重要了。

而专科性质学校的隶属关系在唐、宋两朝一直存在着交叉、重叠和变动的状况，人们对专业人才培养的看法很不一致。唐代国子监管辖着算学，但天文学人才的培养却由司天台负责。唐代国子监还管理着书学，然而政府的许多部

① 参见李弘祺《宋代官学教育与科举》，（台北）联经出版事业公司1994年版，第80页。

门如弘文馆、司经局、崇文馆和秘书省等也都有培养书学人才的计划，且其培养方法完全是仿效着国子监的书学。到了唐代后期，算学和书学又简单地分别归还给太史局和秘书省办理了。宋代也是如此。医学初隶太常寺，崇宁间，改隶国子监，然实际上还是由太医局操作。徽宗大观四年（1110），各专科学校进一步理顺关系，脱离国子监而分属各职能部门。“以算学生归之太史局，并书学生入翰林书艺局，画学生入翰林图画局，医学生入太医局”。[①] 至南宋时期，所有专科学校都划归各政府职能部门，国子监只辖国子学和太学。“国子监，在纪家桥太学之侧，设祭酒、司业、丞、簿等官，专掌天子之学校，训导生员之职，总掌国子太学事务”[②]。国子监职能的单一化趋势至此其实已经明朗。

元代的中央学校本来就不多，除了蒙古国子学、国子学、回回国子学外，只有司天监有天文生 75 人[③]，太史院有星历生 44 人[④]，隶属关系本来就很明白。其他如医学、阴阳学等都办在地方，因此不存在国子监是否应该管理专科学校的问题。而三所国子学的隶属关系，显然是因为文化正统的名分问题而导致了三所国子监的产生。这样歪打正着，每所国子监管辖一所国子学，正好顺应了国子监职能单一化的趋势。而这一顺应，便强化了国子监的学校功能，进一步淡化了国家教育行政管理的职能。明清时期的中央最高学府就是国子监，连国子学这一层也索性略去了，管理职能和教学职能合二为一，成为真正意义上的学校。这一转化的转折点，正是在元代。

二

元代国子监管理职能变化的第二个显著表现是它隶属集贤院而不是礼部。

① 《宋史》卷一五七《选举志三》，中华书局 1977 年版，第 3687 页。
② 吴自牧：《梦粱录》卷九，中华书局 1985 年标点本，第 74 页。
③ 《元史》卷九〇《百官志六》，中华书局 1976 年标点本，第 2297 页。
④ 《元史》卷八八《百官志四》，中华书局 1976 年标点本，第 2220 页。

朝廷各部门之间的隶属关系决定着一部门或一机构的管理职能和管理权限，从中体现着该部门机构在朝廷中的地位和在社会中的影响。北齐初立国子寺，掌训教胄子，统领国子学、太学、四门学，其地位与朝廷中的太常寺等九寺平行。这实际上是取代了太常寺而承担起管理全国教育的职能。隋初因袭此制，并将书学和算学归属其统领。隋炀帝大业三年改革官制，立五省三台五监，国子监为五监之一[①]，其地位也较独立。唐朝定三省六部制，将国子监划归礼部，宋、辽、金等朝都按此制施行。礼部的职能是管理国家的典章法度、祭祀、学校、科举和接待四方宾客，属国家重要权力机构。国子监隶属其中，其办学建议可以直接上呈礼部而闻达于朝廷，并能通过朝廷权力的干预而迅速贯彻落实。这说明唐宋辽金时期国子监的独立地位尚能得到保障。

元代国子监的隶属关系与往代不同，它从礼部剥离出来，改属集贤院。集贤院的职能原本是为朝廷修书而设，最早设置于唐朝开元五年（717）。当时朝廷于乾元殿写四部书，并置有乾元院使。七年（719），置丽正殿修书使。十三年（725），唐玄宗与张说等宴于集贤殿，由此改置集贤殿书院，简称集贤院。集贤院掌撰写文诰、校理经籍，属中书省。宋代沿置，掌藏校典籍，与史馆、弘文馆合称三馆。元丰改制后并入秘书省。金朝因袭。

元代集贤院却一改唐朝以来其藏书修书之性质，而赋予集贤院以“掌提调学校、征求隐逸、召集贤良，凡国子监、玄门道教、阴阳祭祀、占卜祭遁之事，悉隶焉”[②]。蒙古统治者在用武力拓展疆土，以及治理征服地域之时，确实感觉到了人才的重要。尤其是面对封建文明高度发达的汉地，其多姿多彩的文化魅力和深广的文化影响力是蒙古统治者所企羡所不可忽视的。因此早在蒙古军队出征之时，蒙古统治者便多次派出重臣随军南下，搜求包括儒、道、释、医、卜、酒工、乐人在内的各类人才。忽必烈中统建元后继续执行了这一

① 《隋书》卷二三《百官志下》，中华书局1973年标点本，第777、798页。

② 《元史》卷八七《百官志三》，中华书局1976年标点本，第2192页。

政策。他设置集贤院的目的就是要形成举遗逸以求隐迹之士、擢茂异以待非常之才的效果。集贤院成为汉族儒士最集中的地方之一。在忽必烈看来，儒士的作用就在兴学育才，因而将国子监纳入集贤院范围似是顺理成章。从中也体现了忽必烈将儒学与其他宗教同等对待的用意。

但是，元代的集贤院本身就是一个不具有行政权力的机构，它必须经过礼部才可能向朝廷表述其意见。我们且来看看在这一体制下元代教育管理的运作机制。

例一：尚书省，至元二十五年十二月札付该：据翰林国史院呈：奉省札该：御史台备行御史台咨准侍御史程嘉议牒，并礼部备主事厅呈江淮并迤北教官格例，至元二十一年翰林国史、集贤院例，甚为详备，若准所呈，似为长便，仰与集贤院一同议拟呈省。承此，本院与集贤院官一同议拟到下项事理，呈乞照详事。都省：准拟。另行外，合下仰照验施行。①

例二：大德七年十一月，中书省礼部呈：翰林院关，近年以来各处官司不为用心，以致生徒数少，学校堕废，甚失圣旨兴崇之意。拟令遍行合属，依额选择生徒，标拨学校房舍，令各道廉访司一同提调，庶见成效。本部议得：蒙古生徒学舍拟于系官房舍内标拨，令各路正官提调，廉访司勉励。都省准呈。②

例三：大德八年九月，中书省两浙江东道奉使宣抚上呈了浙东廉访副使臧奉政的一则奏疏，指出地方官学的教授，半非其人，不仅不行教化，甚至贪污学粮，地方官府却隐庇回护，置之不问，因而建议朝廷整顿各处教官。这个奏折转礼部，礼部回呈："准集贤院关，看详各处教官，止凭省部连到所业文字考试中式，回关贵部铨注巢阕。若教官委不称职或侵盗学粮，合从廉访司依例纠问。本部议得：合准集贤院所拟，札付御史台依上施行。都省准呈。"③

① 《庙学典礼》卷二《学官格例》，浙江古籍出版社1992年标点本，第38页。

② 《通制条格》卷五，浙江古籍出版社1986年标点本，第79页。

③ 《通制条格》卷六，浙江古籍出版社1986年标点本，第105—106页。

例一是朝廷欲颁行关于地方学官的任免资格及升迁的规定，尚书省要求翰林国史院会同集贤院儒臣共同拟订一个方案，然后经尚书省批准，颁行各地。例二是蒙古翰林院反映各地官府不重视学校，导致生徒数少，学校堕废，希望朝廷能下令各地加强管理。礼部为此提出意见，得到中书省的批准。例三是浙东廉访副使臧奉政上奏指出地方官学的教授，半非其人，不仅不行教化，甚至贪污学粮，地方官府却隐庇回护，置之不问，因而建议朝廷整顿各处教官。这个奏折转礼部，礼部首先要集贤院拿出方案，再经礼部讨论，最后由中书省批准。

从这些例子来看，元代管理教育的权力依然集中在礼部，集贤院只不过是一个咨询顾问机构。将国子监隶属其下，无形中将历朝国子监所具有的教育管理权力给取消了。对这一隶属关系，元时的人们就已觉察出不妥。成宗朝初期，监察御史杨桓上时务二十一事，其中第十三事便是强调国子监不可隶集贤院，宜正其名[①]。顺帝之时，监察御史李黼上言："成均，教化之基，不当隶集贤，宜属省臣兼领。"[②] 虽然两人论述的具体意见不能见到，但集贤院无力推动国子监的发展却是个不争的事实。

正因为如此，元代中后期为加强国子监的管理，屡屡委派中书省、御史台的官员统领国子监事。成宗时期，丞相哈剌哈孙就比较多地过问了国子监的发展事宜。由中书省统领国子监的趋势已经出现。自仁宗朝开始，朝廷明文规定国子监转由中书省管领。至大四年（1311）三月十八日，刚刚登基的仁宗发布诏令：

> 国家内置监、学，外设提举、教授，将以作养人才，宣畅风化。今仰中书省自国子监、学为始拯治，各处州郡正官、肃政廉访司申明旧规，加

① 《元史》卷一六四《杨桓传》，中华书局1976年标点本，第3853页。

② 《元史》卷一九四《忠义二·李黼传》，中华书局1976年标点本，第4392页。

意敦劝。若教官非才、学校废弛者，从监察御史、肃政廉访司纠劾。[①]

自此，中书省、御史台、肃政廉访司等权力机构越来越频繁地过问教育之事。仁宗、英宗、泰定帝、顺帝等朝都有中书省臣统领国子监事的举措。史书中也有“会国子监隶中书省，俾孛术鲁翀兼领之”[②] 的明确记载。

这样，自元代中期以后，国子监处于双重领导的尴尬地位。其名义上隶属于集贤院，诸多国子祭酒还兼任着集贤院职务，然而实际上国子监归中书省管领。这种体制的不顺进一步削弱了国子监管理权限的独立地位。可以这么说，元代国子监实际上已降格为一所学校。其职能只能表明它是一个纯粹的教学管理机构。这是中国古代国子监演变进程中的一个重要转折。

三

元代国子监管理职能的第三个变化就是其管理全国教育的权限被剥夺。如前文所言，集贤院本身就不具有行政权力，其管理教育之责任只是备咨询顾问。那么，元代国子监职官在集贤院中是否具有发言权？

元代有相当部分的国子祭酒都兼有集贤院的职务，甚至官至集贤大学士。从元代已考证出的国子祭酒来看，以集贤院职务兼任国子祭酒者约占三分之二。这些人高者为集贤大学士，低者为集贤直学士。自成宗大德十一年（1307）升集贤院为从一品，集贤大学士的品秩为从一品，集贤学士为正二品，集贤侍读学士和侍讲学士均为从二品，集贤直学士为从三品。除集贤直学士的品秩与国子祭酒相同外，其余四种职务的品秩都高于国子祭酒的品秩。也就是说，元代国子祭酒的大部分人都进入了集贤院的核心圈子，其实际身份要高于

① 《元典章》卷二《圣政》卷一《兴学校》，中华书局、天津古籍出版社 2011 年版，第 51—52 页。

② 《元史》卷一八三《孛术鲁翀传》，中华书局 1976 年标点本，第 4220 页。

国子祭酒。

具有集贤院职务的国子监职官应该都能参加集贤院的会议，并能够在文化教育发展的问题上发表他们的意见。这一点是毋庸置疑的。而且，由中书宰臣主持的百官集议有时也会扩大到翰林国史院和集贤院的儒臣，兼有翰林、集贤职务的国子祭酒也能得以在朝廷的大政方针上发表自己的意见。如虞集历官翰林、集贤，“集议中书，正言谠论，多见容受，屡以片言解疑误，出人于滨死，亦不以为德。张珪、赵世延尤敬礼之，有所疑必咨焉”[①]。至正十年，脱脱欲更钞法，乃会省、院、台及集贤、翰林诸官共议，“众人皆唯唯，不敢出一语”，独集贤大学士兼国子祭酒吕思诚提出反对意见，脱脱怀恨在心，吕思诚因此被弹劾，夺去诰命、玉带，不久迁湖广行省左丞[②]。翰林侍读学士兼国子祭酒张翥“尝奉旨中书集议时政。众论蜂起，翥独默然。丞相搠思监曰：‘张先生平日好论事，今一语不出何耶？’翥对曰：‘诸人之议，皆是也。但事势有缓急，施行有先后，在丞相所决耳。’搠思监善之”。第二天，张翥就被升为集贤学士[③]。

但这些事例并不能说明元代国子监的地位重要。参加集贤院会议和中书百官集议的国子祭酒只是因为他们的集贤院职务，而不是代表国子监。况且，元代还有一批未兼任集贤院职务的国子祭酒，他们显然不具备参加这一类会议的资格。也就是说，元代国子监在国家教育发展的问题上已不具有独立发言的资格。

这一状况的突出表现就是元代国子监管理地方学校的责任被削弱。至元二十四年（1287），集贤院在讨论成立国子监事宜的同时，对国子监与地方学校的关系作了明确的规定：

外道学校生员成材者，申太学，茂异者，申集贤院，闻奏区用。前件

① 《元史》卷一八一《虞集传》，中华书局1976年标点本，第4181页。

② 《元史》卷一八五《吕思诚传》，中华书局1976年标点本，第4250—4251页。

③ 《元史》卷一八六《张翥传》，中华书局1976年标点本，第4284—4285页。

议得：教官从翰林院选拟呈省，照会集贤院，外处生员成材者，申国子监，若有茂异者，提举司申复，集贤院闻奏，呈省区用。[①]

从这个意见看，新成立的国子监自然应当与中书省、集贤院共同承担起管理地方学校的职责。但这一管理体制显然不够顺畅，多头管理必然使人无所适从，不利于教育事业的开展。于是，至元二十七年（1290），国子监上疏要求理顺管理关系，明确国子监的管理职能：

本监掌管学校，定拟南北儒官、江淮等处儒学提举司并隶本监管领。奉此，又照得各处儒学提举司所辖，俱各掌管学田钱粮，每年造册申监呈院。今本监议得：既江淮各道儒学提举司学田钱粮隶本监所管，所据教授考满给由，拟合依例申复本道宣慰司，另申国子监，呈集贤院照勘，似为便当。[②]

国子监在这里要求扩大和明确其管理权限：第一，南北儒官、江淮等处儒学提举司并隶本监管领；第二，江淮各道儒学提举司学田钱粮隶本监所管；第三，各地官学教授考满给由，应经国子监并集贤院复查。这个意见得到了朝廷的认可。至此，国子监除了管理国子学的教学事务以外，还要处理全国地方学校的事务。而各道的儒学提举司则接受双重领导，它既听命于国子监，同时也要接受各地宣慰司的领导。

国子监在争取到这一管理权限后，对地方官学立即实施了切实的管理：

（一）过问地方教官资格职责的定位

例一：国子监于至元二十六年九月二十日向浙东道儒学提举司发文："近

① 《庙学典礼》卷二《左丞叶李奏立太学设提举司及路教迁转格例儒户免差》，浙江古籍出版社1992年标点本，第30页。

② 《庙学典礼》卷三《教授给由》，浙江古籍出版社1992年标点本，第53页。

据淮西道儒学提举司申，据巢州等处学正朱庭槐等呈，本学应行文书，照依江浙例，正、录与教官一同签押，乞明降事。得此，照得省部定到教官格例节该：学正、学录不得连衔署文簿。府、州并各处书院，准此，直学掌管本学田产、屋宇、书籍、祭器一切文簿，并见在钱粮，凡有支发，并听提学、教授公议区处，明立案验，不得擅自动支，违者从教授申复本处官司，截日黜罢事。除外，合下仰照验，行下合属，照会施行，毋得乱行申复。”①

例二：至元二十七年二月，尚书省要求集贤院对江南各路学正、山长、学录的任满给由拿出一个方案，集贤院将此文转给了国子监。“国子监拟：照得省部定到江淮教官所受文凭节该，学正受行省札付，学录受宣慰司札付。奉此，即目南北教官从监官考较定拟，凡今后江淮迤南教官，从本路儒学公众推举保申，各道提举司就便依例行移按察司体复相同，然后从儒学提举司考较所业文字，循例定拟职名，学正申行省，学录申宣慰司，就便出给札付。外据三十个月为考满，依例给由一节，若从本司所拟相应。具呈照详。”这一意见呈转吏部，最后由尚书省批准。②

例三：对地方学校教授的考核，集贤院在至元二十七年（1290）提议，为防止弄虚作假，所有欲升充人员都必须赴京考试。但福建方面提出异议，认为两广、福建的五品以下的朝廷命官都是就地铨注，有学寒儒怎么可能跋涉山川，备尝险阻，不顾义命，往返一二万里去求一教官之职？集贤院将这一文件分送国子监和国子学。国子学首先提出意见：江淮、南北儒学教授，已有推选定例，又欲面试，似非所宜，合行革去。外据行省就便拟注，先令补阙勾当一节，合从省部区处。国子监同意这一意见，具呈上报。吏部由此要求各地欲铨注之学官将亲笔所业文字送审，令集贤院考验，若中程式，本部依例诠注③。

① 《庙学典礼》卷二《正录不与教官连署》，浙江古籍出版社1992年标点本，第46页。

② 《庙学典礼》卷三《正录任满给由》，浙江古籍出版社1992年标点本，第49页。

③ 《庙学典礼》卷三《教官铨注免面试令各路定拟》，浙江古籍出版社1992年标点本，第68页。

（二）对儒户资格、权利的确定参与意见。

例一："尚书省，至元二十六年月日咨该：集贤院呈：据浙东儒学提举司申到事内一件：各道儒学提举司管领儒人，但有公事与管民官司相关者，管民官司并不问事理轻重，径直勾摄，泛行骚扰，深为未便。拟合照依诸衙门体例，一同约会。为此，送国子监议拟。去后，今据准呈：儒人遇有公事，除犯奸盗从有司归问外，其余一切事务，并从约会，呈乞照详事。本院参详：若准所拟相应。送礼部照验，议得：合准集贤院所拟。乞照详事。都省：准呈。除外，合行移咨照会，依上施行。"①

例二：至元二十六年正月初二日，令史郑溟承上疏："承奉集贤院判送浙东儒学提举司申，照得各路、府、州、县学官、山长人等不能尽心，致使豪富不文之人经营入籍，规避差徭，乞令按察司委系名儒分拣。送国子监，议得：不可轻易紊乱。呈奉到集贤院札付，议得：依准所拟施行。奉此，合下仰照验施行"②。

从已经查阅的史料看，元代国子监管理地方官学的事例仅有上述这些，且多集中于至元二十六年和二十七年。可以认定，元代国子监扩大管理权限的努力只在这短短的时间内有所成效。虽然，在仁宗时期，还有过国子监将程端礼所著《读书工程》"颁示郡邑校官，为学者式"的举措③；也有过国子监提议"以闻陟义塾为洛西书院，五贤堂为伊洛经舍，书院置山长一人领之，秋九月，以集贤大学士陈颢之请，诏翰林学士承旨刘赓书其额以赐"的事例④，但这只是极为个别的现象。相反，英宗至治二年（1322）三月，中书省臣在一次讨论学校发展问题时强调："外郡学校，仍命御史台、翰林院、国子监同议兴举。"⑤ 这说明元代国子监管理地方官学的权限确实被剥夺。而且，顺帝元统

① 《庙学典礼》卷二《儒人公事约会》，浙江古籍出版社 1992 年标点本，第 47 页。

② 《庙学典礼》卷二《分拣儒户不可轻易》，浙江古籍出版社 1992 年标点本，第 47—48 页。

③ 《元史》卷一九〇《儒学二·韩性传》，中华书局 1976 年标点本，第 4343 页。

④ 程矩夫：《洛西书院碑》，《雪楼集》卷二二，四库全书本。

⑤ 《元史》卷二八《英宗纪二》，中华书局 1976 年标点本，第 620 页。

年间，揭傒斯的一个建议又将国子监的审查地方官学学官的职责给剥夺了。“先是，儒学官赴吏部铨必移集贤，考较其所业，院下于国子监，监下于博士，吏文淹稽，动经累月。公请奏更其法，以事付本院属官，人以为便”[①]。

四

本文只是初步论述了元代国子监管理职能的变化。而这一现象却留给我们诸多的思考：古代国子监为什么未能朝着独立的教育管理机构发展，而是朝着学校方向变化了？促成这一变化的因素，除了社会政治因素外，是否也与中国传统教育的特质有关？

① 黄溍：《揭傒斯神道碑》，《金华黄先生文集》卷一〇上，四部丛刊本。

从元代国子监办学模式的演变看传统人格的养成

在特定的历史条件下，元代国子监的办学经历了由书院模式向官学模式的转变。办学模式的演变反映了当时人对人格养成方式的不同看法，它是元代教育家与政治权力之间反复协调和磨合的结果。揭示这一演变过程有助于促进我们对古代官学教育与传统人格养成之间关系的思考。

一 许衡的办学思路

首先尝试着将书院模式移植到国子监的是元代首任国子祭酒许衡。

元代是中国古代官学教育发展面临新契机的时代。自汉武帝兴太学和行察举并举，学校教育便与朝廷选士结下不解之缘。儒家所倡导的道德人格理想被政治化而达至尊的地位，封建统治者也通过政治权力的力量而得以规范和主导官学教育的走向和人才的培养。隋唐科举之制的颁行，进一步在社会上确立了促使学子服从于政治权力的激励机制，也进一步强化了政治权力对官学教育发展的主导机制。学子也在这种外在强力的驱使下，沉溺于声名利禄的诱惑，埋首时文而弃道德学问于不顾。传统儒学所倡导的道德人格日渐衰退。于是，宋代理学家为弘扬儒学教育传统，另辟新径，创办书院，力倡自由研究学问，讲求身心修养，与“太学者但为声利之场”[①] 的官学形成鲜明对照。元代继往开来，正处于古代学校教育何去何从的十字路口。

身处这一转折关头，许衡主持国子监，决然选择了书院模式。许衡年轻之时受亡金儒士之教，所学多是章句辞赋举业那一套。他在隐居苏门之时得到程朱之学，立即被这一理论所折服。程朱理学推崇道德主体，把学问定位在追求天理和内在道德。它引导人们在讨论天理人欲、理气先后、格物致知、义利之辩之时，着意在道德方面培植一种高尚人格。这种教育理想校正了许衡对儒家教育传统的认识，激活了许衡立志回复儒家教育传统的追求，由此产生了“慨然思复三代庠序之法”[②] 的想法。因此当他主长国子学，他决意借鉴宋代书院的办学模式，摒弃应试科举之弊端，从道德人格下手。许衡认为：

> 先王设学校，养人材，以济天下之用。及其蔽也，科目之法愈严密，而士之进于此者愈巧，以至编摩字样，期于必中。上之人不以人材待天下之士，下之人应此者，亦岂仁人君子之用心也哉。虽得之，何益于用？上下相待，其蔽如此。欲使生灵蒙福，其可得乎？先王设学校，后世亦设学校，但不知先王何为而设也。上所以教人，人所以为学，皆本于天理民彝，无他教也，无异学也。[③]

许衡的这一教育主张于元代又具有特殊的意义。元代是中国史上比较特殊的朝代。萧启庆先生曾这样为元代的特殊性定位：“元朝可说是最具世界性与民族文化多元性的时代。”[④] 这种时代特性给儒学的道统地位提出了尖锐的挑

① 朱熹：《贡举学校私议》，陈学恂编：《中国古代教育文选》，人民教育出版社 1983 年版，第 278 页。

② 欧阳玄：《许衡神道碑》，《圭斋文集》卷九，四部丛刊本。

③ 许衡：《语录上》，《鲁斋遗书》卷一，北京图书馆古籍珍本丛刊。

④ 萧启庆：《近五年来海峡两岸元史研究的回顾——1992—1996》，载萧启庆《元朝史新论》，（台北）允晨文化实业股份有限公司 1999 年版，第 412 页。

战。挟持着武力而来的蒙古草原文化和西域文化凭借着权力优势猛烈地冲击着中原传统的伦常秩序，佛教和道教也借助着蒙古统治者的青睐而相继位宠一时，元代儒学的地位遭受着来自内外多方面力量的夹击和挑战。许衡看到，元代治国之艰难，根源在于传统的伦理纲常秩序遭到严重破坏。蒙古、色目贵族所具有的嗜杀、好利、纲常观念淡漠等特性，更成为推行汉法的障碍。他在给窦默的一封信中着重阐述了“乱非一日之为，其来有素；治也非一日之为，其来有素”的观点①，充分论证了元代治国的艰巨性和长期性。诚如他对忽必烈所说“以北方之俗，改用中国之法，非三十年不可成功”②。而欲求其成功，惟有广设学校、大兴教育方是根本的下手功夫。然而这个教育，必须是那种不尚词章不习举业的教育，是那种教以君臣父子之大伦，以及教以洒扫进退应对及治国平天下之大道的教育。他对忽必烈说，惟有这样，“十年已后，上知所以御下，下知所以事上，上下和睦，又非今日比矣”③。许衡坚信，只要这套秩序不被破坏，中国之法则就不会从根本上消失，并能促成元代文治进程朝着不断封建化的方向发展。这既有利于蒙古统治步入法典化、规范化和伦理化，也有利于元代社会在战乱的废墟上复兴。

而元初科举未行也给许衡办学留下了一定的空间。前代科举制度的弊端，导致了元初人们在恢复科举问题上踌躇再三，止步不前。金朝科举“止以词赋为重，故士人往往不暇读书为他文”④。南宋科举亦如是，科举程文之士所习无非是些浮诞补缀之辞章，清高虚旷之议论，垢玩姑且之政事，这些东西于安邦治国一无所用。金宋之亡，科举之弊难辞其咎已成为元时人的共识，以致忽必烈会发出“金以儒亡”⑤ 的追问。至元年间，围绕着是否复行科举问题，元廷中形成了对立的两派意见。忽必烈咨询董文忠，董文忠直截了当斥之为此乃

① 许衡：《与窦先生》，《鲁斋遗书》卷九，北京图书馆古籍珍本丛刊。

② 许衡：《时务五事》，《鲁斋遗书》卷七，北京图书馆古籍珍本丛刊。

③ 同上。

④ 刘祁：《归潜志》卷八，中华书局1983年标点本，第80页。

⑤ 《元史》卷一六三《张德辉传》，中华书局1976年标点本，第3823页。

"守亡国余习"[①]。忽必烈也咨询了杨恭懿，杨恭懿说："将救斯弊，惟如明诏尝曰：士不治经学孔孟之道，日为赋诗空文。斯言足立万世治安之本。"[②] 忽必烈又咨询了许衡，许衡直截了当地回答："不能。"忽必烈很高兴："卿言务实，科举虚诞，朕所不取。"[③] 当然，在不行科举的问题上，忽必烈所思与儒士们所思显然不是一回事。但不管怎样，许衡对这一结果还是十分高兴的。科举不行有利于从体制上摆脱政治权力的干扰，保持办学的相对独立，为元代国子监的发展解除一道紧箍咒。

正是在这样的历史条件下，至元八年（1271）三月，忽必烈正式任命许衡开办国子学，许衡高兴地说："蒙古生，质朴未散，视听专一，苟置之好伍曹中，涵养三数年，将来必能为国家所用。"[④] 许衡决意用儒家的伦理纲常来熏陶和改造蒙古子弟，使之接受三纲五常的文化秩序，并通过他们去影响政治权力中心。为了实现自己的办学设想，许衡主长国子学，一应大小事务统由自己掌管，只召来十二门徒充当伴读予以协助。有人问许衡为何不博选时俊而独用其门生，许衡说："我但教人而已，非用人也。方以我之拙学教人，他人从否，未可知也。"[⑤] 可见许衡为保证自己的办学意图得以贯彻，主要采取了私学或书院的管理模式。

在教学上，许衡坚持以小学之学为入门功夫。苏天爵说："盖文正公之为教也，先之小学以端其本，次之群经以达诸用，勤之以洒扫应对以折其外，严之以出入游息以养其中。故勋伐世胄，变化气质，周旋动静，皆有可观。"[⑥] 许衡发挥了程朱理学中的天命之性和气质之性的说法，指出人人皆有天生之明德，只不过许多人为人欲所蔽，使明德暗塞。故圣人设教之目的在于变其气，

① 《元史》卷一四八《董文忠传》，中华书局 1976 年标点本，第 3502 页。

② 苏天爵：《太史杨文康公传》，《元朝名臣事略》卷一三引《神道碑》，中华书局 1996 年标点本，第 266 页。

③ 苏天爵：《左丞许文正公传》，《元朝名臣事略》卷八，中华书局 1996 年标点本，第 168 页。

④ 《国学事迹》，《鲁斋遗书》卷一三，北京图书馆古籍珍本丛刊。

⑤ 同上。

⑥ 苏天爵：《耶律文正公神道碑铭》，《滋溪文稿》卷七，中华书局 1997 年标点本，第 102 页。

以养已有之明，开未开之明[①]。正因为这样，学校施教切不可从高处、虚处着手，而须从践履日常小事入手。许衡认为："当其幼时，若不先习之于小学，则无以收其放心，养其德性。及其年长，若不进之习大学，则无以察夫义理、措诸事业"[②]；所以，"小学教人自下事上之道，若子孝于父，臣忠于君等之类。大学教人自上临下之道，若敬天修德节用爱民之类"[③]。就是说，施教者引导学生从洒扫、进退、应对这些日常小事中，去体会和理解血缘宗法制度下人与人之间的关系法则和行为准则，从而把握治国平天下之大道。这就是许衡的施教原则。后来欧阳玄将这一原则总结为"以洒扫应对进退为始，精义入神为终"[④] 一句话，确实点到了许衡教学原则的真谛。

许衡的这一施教原则对理学发展也具有积极意义。宋代理学至朱熹集大成后，如何将这一理论渗透社会的日常生活，是理学发展的必然课题。许衡办学注重行为习惯的训练，将程朱理学世俗化和生活化，这有利于促成程朱理学不仅在思想领域而且在行为领域都占据主导地位，有利于促进理学原则真正深入社会，使之成为不可怀疑不可违背的生活准则。诚如张养浩所言："先正许衡在世祖朝以为博学，则所业者不外小学、四书；以为行不可及，则所践履不过人伦日用；以为雄文大笔，则终身未尝略及世儒词章。然而所以获从祀圣人者，果何事耶？诸生试以此求之，则于国家立极化民之意，庶无负矣。"[⑤] 虞集也从这个角度肯定了许衡办学的功绩："是时风气浑厚，人材朴茂，文正故表章朱子《小学》一书以先之。勤之以洒扫应对，以折其外；严之以出入游息，而养其中。掇忠孝之大纲，以立其本；发礼法之微权，以通其用。于是数十年，彬彬然号称名卿才大夫者，皆其门人矣。呜呼！使国人知有圣贤之学，

① 许衡：《论生来所禀》，《鲁斋遗书》卷三，北京图书馆古籍珍本丛刊。

② 许衡：《小学大义》，《鲁斋遗书》卷三，北京图书馆古籍珍本丛刊。

③ 许衡：《小大学或问》，《鲁斋遗书》卷三，北京图书馆古籍珍本丛刊。

④ 欧阳玄：《许衡神道碑》，《圭斋文集》卷九，四部丛刊本。

⑤ 张养浩：《长山县庙学碑阴记》，《归田类稿》卷四，四库全书本。

而朱子之书得行于斯世者，文正之功甚大也。”[①]

但许衡的这一办学模式对人格的养成又显然带有强制色彩。程朱理学本身就是为迎合封建专制制度而创制的理论，其“存天理灭人欲”的教育主张典型地体现着对人性的戕害。而许衡在育人过程中，将三纲五常视为天理的化身，并赋予学子人格养成以一个不容怀疑的绝对权威，强调通过外力的作用以促使受教育者遵守和认同天理的规范。这是一种外力强制型的人格养成模式。这一模式至少给元代国子监的发展留下两大隐患。其一，它强化了对权威不容怀疑不容争辩的专制倾向，这不仅给学生的人格养成带来消极影响，而且与自由讲学的精神相悖。这本身又是对书院精神的亵渎。其二，由于其忽略了引导学生追求道德自觉，专重外在的礼教训练必然会流于繁文缛节的形式演练，助长虚伪人格。这本身又是对儒家礼教精神的曲解。这一特征典型地反映了君主专制制度下儒学发展的走向。

二　许衡后继者的改革路向

许衡主持国子学的成功，为程朱理学在元代的传播奠定了基础。但其办学模式的缺陷也是显而易见的。它只停留于小学之学而未行大学之道，其教学内容之浅之少，这对于国子监的发展和人格养成都是不利的。而且，唐、宋以来官学的管理体制已有长足的发展。许衡却未能借鉴历史上官学管理的有益经验而加以完善，而是使国子学长期停留于学校管理的自然状态之中。作为一所中央官学，国子监的正规化建设当是刻不容缓。国子监正规化进程该如何进行，许衡的后继者形成了两种做法：一种做法是通过发展的手段以求坚持许衡的办学方向，另一种做法则采取固守的手段和政权的力量来维护许衡的权威。

① 虞集：《送李扩序》，《道园学古录》卷五，四部备要本。

（一）构建大学之道方案的提出。

许衡办学模式的追求方向及其缺陷，当时朝廷中的汉人儒士集团应该是看到了的。在汉化阻力还相当强大的情况下，以刘秉忠、姚枢、窦默等为首的汉人儒士都坚守着这么一个信念，即在国子监发展乃至元代崇儒兴学进程中，许衡的这面旗帜不能倒。《元史》中说：“刘秉忠等奏，乞以衡弟子耶律有尚、苏郁、白栋为助教，以守衡规矩”[①]；又说：“许衡疾归，若以太子赞善王恂主国学，庶几衡之规模不致废坠”[②]。从这个做法来看，汉人儒士的意图十分明显，即坚持许衡的办学方向，并进一步完善国子学的办学模式。

至元十三年（1276），国子生不忽木等人给忽必烈上疏提出了进一步完善国子监办学模式的设想。其上疏提出：

> 使其教必本于人伦，明乎物理，为之讲解经传，授以修身、齐家、治国、平天下之道。其下复立数科，如小学、律、书、算之类。每科设置教授，各令以本业训导。小学科则令读诵经书，教以应对进退事长之节，律科则专令通晓吏事，书科则专令晓习字画，算科则专令熟闲算数。或一艺通然后改授，或一日之间更次为之。俾国子学官总领其事，常加点勘，务要俱通，仍以义理为主。有余力者听令学作文字。日月岁时，随其利钝，各责所就功课，程其勤惰而赏罚之。勤者则升之上舍，惰者则降之下舍，待其改过则复升之。假日则听令学射，自非假日，无故不令出学。数年以后，上舍生学业有成就者，乃听学官保举，蒙古人若何品级，诸色人若何仕进。其未成就者，且令依旧学习，俟其可以从政，然后岁听学官举其贤者、能者，使之依例入仕。其终不可教者，三年听令出学。[③]

① 《元史》卷一五八《许衡传》，中华书局1976年标点本，第3728页。

② 《元史》卷八《世祖纪五》，中华书局1976年标点本，第151页。

③ 《元史》卷一三〇《不忽木传》，中华书局1976年标点本，第3164—3165页。

这个设想，参照唐代学制和北宋三舍法的规制，从办学宗旨、学科设置到教学管理提出了一整套的措施。在办学宗旨上，它以明人伦为立教之本，通过儒家经典的学习而达到明乎天理的目的，以坚持理学教育方向。在学科设置上，分设小学科、律科、算科和书科，使学生能从经学素养到从政技能得到多方熏陶，达到通晓修、齐、治、平之道。在教学管理上，则借鉴宋代三舍法之规制以行赏罚，又坚持学官保举入仕之原则，以革除应试之弊。整个设计遵循许衡模式的基本精神，强调在全面培养的基础上加强教养，使学生在道德、才能各方面都能学有所成，以贯彻儒家传统的大学之道。不忽木说这个设想是在“见于书，闻于师”的基础上完成的，这显然就是在王恂、窦默等人的启发下形成的。实际上这个意见就是王恂、窦默等人为完善大学之道而进行的努力。然而不久许衡、王恂、窦默、姚枢等老臣相继去世，这一方案未能落实。

平宋之后，北上的江南人士对完善国子监的办学模式也提出了建议。至元二十五年（1288）程钜夫向朝廷建议：“吴澄不愿仕，而所定《易》、《诗》、《书》、《春秋》、《仪礼》、大小戴《记》，得圣贤之旨，可以教国子，传之天下。”[①] 程钜夫也应该是看到了许衡办学模式的缺陷，故请置南方大儒吴澄所著之书于国子监，以加强大学之道。这一建议虽然朝廷予以了落实，但对国子监教学似乎影响不大。当时国子监职官完全是北方士人的天下。北方之士对南人的北来基本持抵触态度，南人备受歧视之感十分强烈。吴澄的“不愿仕”显然就是这一歧视政策下作出的反应。赵孟頫在送别吴澄时说：“程公思解天子渴贤之心，得临川吴君澄与偕来。吴君博学多识，经明而行备，达时而知务，诚称所举矣。而余亦滥在举中。既至京师，吴君翻然有归志，曰：吾之学无用也，迂而不可行也。赋渊明之诗一章、朱子之诗二章而归。吴君之心，余之心也。以余之不才去吴君何啻百倍。吴君且往，则余当何如也？”[②] 吴澄自嘲所

① 《元史》卷一七一《吴澄传》，中华书局1976年标点本，第4011页。

② 赵孟頫：《送吴幼清南还序》，《松雪斋文集》卷六，四部丛刊本。

学迂阔而无用，显然是遭到朝廷中北方之士的抵制，其著作也难以在国子监占一席之地当是可以想见的。

后来，袁桷在《国学议》中也提出了他的办学意见：

> 今科举既废，而国朝国学定制，深有典乐教胄子之古意。倘得如唐制，五经各立博士，俾之专治一经，互为问难，以尽其意。至于当世之要务，则略如宋胡瑗立湖学之法，如礼乐、刑政、兵农、漕运、河渠等事，亦朝夕讲习，庶足以见经济之实。……自宋末年，尊朱熹之学，唇腐舌弊，止于《四书》之注，故凡刑狱、簿书、金谷、户口、靡密出入，皆以为俗吏而争鄙弃。清谈危坐，卒至国亡，而莫可救。近者江南学校，教法止于《四书》，髫龀诸生，相师成风，字义精熟，蔑有遗忘，一有诘难，则茫然不能以对。又近于宋世之末。尚甚者，知其学之不能通也，于是大言以盖之，议礼止于诚敬，言乐止于中和。其不涉史者，谓自汉而下皆霸道。其不能词章也，谓之玩物丧志。又以昔之大臣，见于行事者，皆本于"节用而爱人"之一语，功业之成何所不可，殊不知通达之深者，必悉天下之利害，灌膏养根，非终于六经之格言不可也。又古者教法，春夏学干戈，秋冬学羽籥，若射、御、书、数，皆得谓之学，非若今所谓《四书》而止。[1]

袁桷于大德初才开始步入朝廷翰林院等机构[2]，此论当在大德、至大年间。袁桷所言，显然是对国子监教学仅停留于小学之学的不满。他认为要真正弘扬儒学教育传统，就应该深入钻研儒家经典，并加强对礼乐、刑政、兵农、漕运、河渠等事的学习。只有"必悉天下之利害，灌膏养根"，方可培养出经

① 袁桷：《国学议》，《清容居士集》卷四一，四部丛刊本。

② 《元史》卷一七二《袁桷传》，中华书局 1976 年标点本，第 4025 页。

济实用的人才。南宋末年清谈亡国的教训惨痛深刻，应当记取。

以上三种意见虽各有差异，但有一个共同的特点，那就是主张以更丰富的文化养料来促成人格的养成。作为中央的最高学府，其养育人才不能仅限于朱熹之学和《四书》之注，而应博览群经广采众家。其行为训练也不能停留于洒扫应对进退，还应在治国之才的事功上着力。只有在道德、学问、才干等方面都奠定坚实的基础，方可有望于理想人格的养成。这种观点既承继了程朱理学注重人格培养的思想，又克服了程朱理学忽视事功训练的偏颇。应该说，这些意见是十分合理的。

（二）固守许衡模式。

但以上意见未见在元代国子监发展中有所实施。相反，固守许衡模式的做法倒是在国子监中大行其道。其缘由恐怕与耶律有尚长期执掌国子监有关。耶律有尚是为许衡等人一致看好的国子学接班人。他由助教而司业，并在至元二十五年（1288）接替东平人士周砥出任国子祭酒。除在至元末年短暂离开国子监外，直到至大二年（1309）他才从国子祭酒的位子上退下来。但他在国子监办学改革上没有更多的建树。耶律有尚主持国子监的最大特色便是坚定不移地贯彻着许衡当年所制订的一切规矩。其神道碑说：

> 公受学于许文正公，于文正言行默而识之。其后考之年谱，凡日用纖悉，取以为师法焉。而文正德业学术之微，因以表见于世。公尝曰："文正著述，惟《小学大义》、《孟子标题》、《读易私言》，而《中庸四箴》等说乃门人所记，他则不足征也。"①

从上可以看到，耶律有尚主持国子监的一招一式都模仿着许衡。张之翰曾经对这种做法提出了非议，他在《送耶律祭酒南归》诗中说：

① 苏天爵：《耶律有尚神道碑铭》，《滋溪文稿》卷七，中华书局1997年标点本，第104页。

言非文不行，道非文不载。二者本一途，谁作彼此界。
不见紫阳翁，门庭最为大。上探洙泗源，下接伊洛派。
遗文数千篇，于道果何害？君其善学者，极力除障碍。
道固我所乐，文亦我所爱。灵台湛虚明，惟有践履在。
一朝奉亲归，国学留莫再。赠之以此诗，意在言语外。①

张之翰在诗中对国子监的办学模式明确提出了不同看法，对国子监只重践履忽视文章的做法很不以为然。从中也可见国子监故步自封的程度。这种以固守许衡模式来维护许衡权威的做法，不仅不能对许衡模式固有的缺陷进行改革与发展，而且因刻意模仿而导致许衡模式趋于僵化。随着时日的流逝，许衡的办学真谛倒被人们曲解和遗忘，人们学到的只是许衡办学的表皮和躯壳。对这一点，虞集曾作过很好的分析：

文正殁，国子监始立官府刻印章如典故，其为之者，大抵踵袭文正之成迹而已。然余尝观其遗书，文正之于圣贤之道、五经之学，盖所志甚重远焉。其门人之得于文正者，犹未足以尽文正之心也。子夏曰："君子之道，孰先传焉，孰后倦焉。"程子曰："圣贤教人有序，非是先教以近者、小者，而不教之远者、大者也。"夫天下之理无穷，而学亦无穷也。今日如此，明日又如此，止而不进，非学也。天下之理无由而可穷也。故使文正复生于今日，必有以发理义道德之蕴，而大启夫人心之精微，天理之极致，未必止如前日之法也。而后之随声附影者，谓修词申义为玩物，而从事于文章；谓辨疑答问为躐等，而始困其师长；谓无猷为为涵养德性；谓深中厚貌为变化气质。是皆假美言以深护其短，外以聋瞽天下之耳目，内以蛊晦学者之心思，此上负国家、下负天下之大者也。而谓文正之学，果

① 张之翰：《送耶律祭酒南归》，《西岩集》卷一，四库全书本。

出于此乎？①

虞集此言，甚为深刻。元代国子监在许衡之后未能再前进一步，其症结，虞集认为有两点：一是许衡的门人未能“尽文正之心”，即未能从根本上领悟许衡之学；二是国子学主办者的办学思想处于停滞僵化的状态，不思因时变革，与时俱进，机械地固守许衡之法，丧失了许衡主长国子学之真谛。相反，面对其他改革意见，固守许衡模式者则拉起了许衡这面大旗，“假美言以深护其短，外以聋瞽天下之耳目，内以蛊晦学者之心思”，严重阻碍了国子监的发展。

（三）保举法与岁贡法之争。

需要强调的是，元廷在国子监问题上是倾向于固守主张的。诚如前文所引虞集所言“彬彬然号称名卿士大夫者，皆其门人矣”，当年国子监毕业生至成宗朝以后大都名居高位，布列朝廷。他们对国子监发展固守许衡模式多有一份感情上的认同。更重要的是，元代发展到成宗朝，已进入守成阶段。固守许衡模式有利于确保程朱理学在思想领域的权威地位，以避免因学术的纷争而导致思想的混乱。欲达此目的，在国子监构建一种有利于权力中心介入的评价选拔机制成为关键。

元代国子监早期实施的评价选拔机制是保举法。保举法的意见在不忽木的上书中能够见到。它强调以教养为本，学官综合考查学生德行和学业表现决定是否保举出贡。这是国子学创办初期为督促学生留意修身而采取的选拔措施。保举法之长处在于能全面考察人才。学官考查学生不仅看文章、学问，还要看德行、才干；不仅看一时表现，还要看平日作为。其短处则在于主观性强，容易引发关节大行、相率谀伪的不正之风。更重要的是，保举法不利于权力中心的控制。保举法的控制权在国子监的学官，学生优劣与否主要由学官评判。而

① 虞集：《送李扩序》，《道园学古录》卷五，四部备要本。

学官的评判又在很大程度上受到舆论的制约，例如同学的评价、学官群体的意见，等等。这就在客观上增加了权力中心控制的难度。如果遇上政治权力意志与舆论价值取向相悖，统治者所期望的人才标准便难以落实。

为了改善这种状况，成宗大德年间，国子监出台了岁贡法。“成宗大德八年冬十二月，始定国子生，蒙古、色目、汉人三岁各贡一人。十年冬闰十月，国子学定蒙古、色目、汉人生员二百人，三年各贡二人”[①]。岁贡法是国子监学生出贡之规制，它将每年出贡名额明确昭示，使学生知所奋进。岁贡法以出贡入仕为激励，虽然容易引发趋学子追逐功名利禄之偏向，但却有量化管理之长。它提倡公平竞争，给学子一个明确的激励指标。这从管理角度讲，它较保举法更为规范和有序，更利于操作。更重要的是，这一机制有利于政治权力的控制。岁贡法促使每一个人都须经过一套严格的、同等的考试程序方可获得出贡资格。在这一过程中，政治权力可以从考察标准、内容、程序等方面有效地介入，这便于将统治者的意志渗透其间，直接影响人格的养成。

这样，岁贡法得到朝廷权力中心的鼎力支持。至大二年（1309），萧䩵任国子祭酒，曾就岁贡法提出异议，不料遭到众多非议，于是不得不辞归以避祸。其神道碑说：

> （至大）二年四月，征拜集贤学士、国子祭酒，依前太子右谕德，进阶通议大夫。公以老疾辞。门人疑焉，问曰：“圣人乐得天下英材而教育之，今先生辞祭酒何也?”公曰：“曩在京师，有朝士再三以成均教法为问者，余告之曰：‘若欲作新胄子，当罢岁贡，一如许文正公时，专于教养。彼既外无利禄之诱，内有问学之功，则人材庶有望矣。’此语一出，物议鼎沸，执政者亦深不以为然，今余出则徇人，岂能正己以正人乎?”[②]

① 《元史》卷八一《选举志一》，中华书局1976年标点本，第2029页。

② 苏天爵：《萧贞敏公墓志铭》，《滋溪文稿》卷八，中华书局1997标点本年，第117页。

仁宗初期，国子博士虞集再度遭遇此事："（仁宗）践祚后，以中书平章李道复领胄监事。公与李公议岁贡法，谓旧法以制禄立程诱诸生以进学，如是则虽勉弗善。请于众中择静重有识尝试以事者，岁荐二人，上亲擢而用之，以为劝。李公亟言于上，行之。会李公去位，不果。"[①]

从这两则材料看，国子监中主张岁贡法的力量已相当强大，特别是在朝廷内有着不凡的背景。萧𣂏明言罢废岁贡法，"一如许文正公时，专于教养。彼既外无利禄之诱，内有问学之功"。但这一意见在朝廷引起轩然大波，"此语一出，物议鼎沸，执政者亦深不以为然"，这表明元廷执政者对教养化育模式失去了兴趣，萧𣂏只有辞归。虞集认为这种"以制禄立程诱诸生以进学"的办法"虽勉弗善"，其态度也十分明确，岁贡法虽然能够对学生起到激励作用，但并不是养成人才的良法。他建议不妨先试行每年推荐优秀学生二人，供朝廷考察任用。这个意见虽然得到李孟的赞同，但随着李孟领国子监一职的去除，这一意见便付之东流。

这派力量来自何方？日本学者安部健夫在《元代的知识分子和科举》将元初士人分为德行派与文章派[②]。孙克宽先生也有类似看法，并指出文章派多来自东平地区[③]。借鉴这一观点，我们看到，东平学者在世祖朝后期开始进入国子监。在真金太子的幕僚中，宋衜、李栋就是来自东平地区的学者，至元二十四年成立国子监的首任祭酒周砥也是东平士人。而进入朝廷其他部门的则更多，"朝廷清望官，曰翰林，曰国子监，职诰令，授经籍，以遴选焉始命，独东平之士十居六、七"[④]。可见东平人士在朝廷中形成相当势力。东平学风的特色，一是重文学，受金朝学风影响较重；二是重考试，这些学者多是在东平兴学的浪潮中通过考选脱颖而出者。也就是说，东平学者多是受正规官学的熏

① 欧阳玄：《虞集神道碑》，《圭斋文集》卷九，四部丛刊本。

② 参见安部健夫《元代的知识分子和科举》，《日本学者研究中国史论著选译》第五卷，中华书局1993年版。

③ 参见孙克宽《元代北方之儒》，《元代汉文化之活动》，（台北）台湾中华书局1968年版。

④ 袁桷：《送程士安官南康序》，《清容居士集》卷二四，四部丛刊本。

陶成才。这样的经历使他们更倾向于按官学模式来构建国子监的评价选拔机制，岁贡法自然受到他们的青睐。

岁贡法的出台表明元廷急欲构建一套行之有序的教学、考核、选拔的制度，使人才培养尽快步入传统和规范的轨道，以树立正统的中央官学形象。岁贡法的得势，说明许衡模式的政治化和意识形态化的加强。

三 吴澄的改革思路

许衡模式一旦被制度化，权力中心便开始强化程朱理学的垄断性，并表现出强烈的排他性。道统与政统的结合进一步将国子监办学模式纳入政治体制之中，并对一切影响程朱理学垄断地位的“异端”学说给予了居高临下的封杀。吴澄改革主张的被否决就是这一趋势下的典型产物。

吴澄是在至大元年（1308）被任命为国子监丞的。“近者，吴先生之来为监官也，见圣世修明而人材之多美也，慨然思有以作新其人”①，大有一番老骥伏枥之志。

吴澄的学术经历与许衡有些相似，他也是在接受了辞章之学举业之文的教育后才接触到了二程朱陆之学。他在22岁时曾回忆这一经历时说：“澄生五年而读书，七年而能声对，九年而能诗赋，十有三年而应举之文尽通。当是之时，不知科举之外他有所谓学也。年十五六，始恍然有悟于圣经贤传之中，始知科举不足以为吾学，而欲探夫孔孟之传。”② 自此，日取《大学》、《中庸》、《论语》、《孟子》四书读之，而以濂、洛、关、闽诸君子之说参之，并以事祖先、事父母、事长上而实践之。

正因为吴澄坚守着这样的教育理想，因而他对许衡在国子学的办学思路予

① 虞集：《送李扩序》，《道园学古录》卷五，四部备要本。

② 吴澄：《谢张教》，《吴文正公集》外集卷三，元人文集珍本丛刊。

以了基本的肯定。他认为国子监是朝廷培养统治人才之所在，其办学宗旨就应以培养合格的官僚素质为标榜，“古者公卿大夫之子，凡未仕必学。学以明义理，仕以行政事。所明者本，所行者用也。本之所培者深，则用之所达者优”。要促成未来官僚之所学所行皆能本之于义理，“学于国学者，学义理也”[①]。这就从办学方向上肯定了许衡的做法。

但吴澄的学术追求与许衡有所不同。吴澄是饶鲁的再传弟子，而饶鲁则是朱熹门人黄干的学生。从师门授受源流来看，吴澄当属朱学的正统，事实上，他也的确“以绍朱子之统”自任。但和朱学的一般信徒不一样，吴澄并不固守门户，而取兼容并蓄之学风，对陆九渊的心学予以肯定。他还为陆九渊及陆门弟子傅梦泉的语录作序，对“陆先生之学”大加赞扬。他甚至把陆九渊与朱熹、二程相提并论，慨然而曰：“论之平而当，足以定千载是非之真者，其唯二程、朱、陆四子之言乎”[②]。这种理论视野更为开阔而深远。它主张在和会朱陆的基础上进一步发展理学，给儒学教育和人格养成以更宽广的基础。

另外，当年许衡规划国子监教学，着力在小学功夫，对大学之道强调甚少，这既与许衡本人的学术功底有关，又与元初崇儒兴学之需求程度有直接关系。到了武宗、仁宗时期，程朱理学对元代社会的影响与元初已大不相同，其需求程度也相应提升。如果国子监的教学依然还停留在洒扫应对这一层面，而不能深入探讨理义道德之蕴，让学生明了人心之精微天理之极致，要达到“守于心”的目的是不可能的。来自朱、陆之学产地的吴澄敏锐地捕捉到了这一变化的趋势，并以他和会朱学和陆学的理论功底，在国子监教学中引导学生刻意研穷以穷究精微之蕴，反身克治以践乎进修之实：

先生之为教也，辨传注之得失，而达群经之会同；通儒先之户牖，以

① 吴澄：《赠王士温序》，《吴文正公集》卷一七，元人文集珍本丛刊。

② 吴澄：《临川王文公集》，《吴文正公集》卷一二，元人文集珍本丛刊。

极先圣之阃奥；推鬼神之用，以穷物理之变；察天人之际，以知经纶之本。礼乐制作之具，政刑因革之文，考据援引，博极古今，各得其当；而非夸多以穿凿。灵明通变不滞于物，而未尝析事理以为二。使学者得有所据依，以为日用常行之地；得有所标指，以为归宿造诣之极。噫！近世以来，未能或之先也。[①]

然而吴澄的思考并未就此止步。在他看来，儒学之所以应该得社会推崇，儒者之所以应受社会尊重，关键在于它能“用之而有益于斯世也”[②]。学者欲有志于得儒学真谛并弘扬儒学于社会，便应在德、行、事三方面着切实工夫。“知圣贤之学，得之于心为实德，行之于身为实行，见之于日用、施之于家国为实事”[③]。也就是说，一个真正的人才，应该具备实德、实行、实事三方面的素质，造就这三方面的素质就应该是大学之道应有之义。而要达到这一目的，国子监教学长久停留在小学之功上显然是不够的。特别是随着时日的推移，国子监的后继者已渐失许衡之真传，小学事功之学也渐渐流于形式而徒有外表，学者日就荒唐而徒从事于利诱，这使吴澄特别焦急：“古者所务者内，所图者实。今乃务外而图虚，何也?”[④] 要根本扭转这一趋势，构建一个完善的教学模式以弘扬大学之道，进一步推进元代国子监的学术发展当是刻不容缓。

吴澄的这个思考终于得到一次展示的机会。至大四年（1311），仁宗即位，数次诏谕中书省臣、御史台臣及国子监职官加强国子学的教学，李孟等僚臣予以积极推进并亲领国子监事，元代崇儒兴学进程呈现出少有的发展机遇。吴澄就是在这样的背景下由国子监丞升任国子司业，这对意欲改革的吴澄来说当是

① 虞集：《送李扩序》，《道园学古录》卷五，四部备要本。

② 吴澄：《送卢廉使还朝为翰林学士序》，《吴文正公集》卷一四，元人文集珍本丛刊。

③ 吴澄：《复董中丞书》，《吴文正公集》卷七，元人文集珍本丛刊。

④ 吴澄：《送陈洪范序》，《吴文正公集》卷一五，元人文集珍本丛刊。

极好的激励。

吴澄抓住了这个机会，在至大四年（1311）他呈交了一份关于国子监改革方案的意见：

> 公为取程淳公《学校奏疏》、胡文公“二学教法”及朱文公《贡举私议》三者，斟酌去取，一曰经学：学《易》、《诗》、《书》、《仪礼》、《周礼》、《礼记》（大戴记）附《春秋》三传，附右诸经各专一经，并须熟读经文，旁通诸家，讲说义理度数，明白分晓。凡治经者，要兼通《小学》书及《四书》；二曰行实：孝于父母，弟在家弟于兄，在外弟于长，睦和于宗族，姻和于外姓之亲，任厚于朋友，恤仁于乡里以及众人；三曰文艺：学古文、诗；四曰治事：选举、食货、礼仪、乐律、算法、吏文、星历、水利，各于所习读《通典》、《刑统》等经诸书。是为拟定教法。[①]

这是一个很有创意的大学之法。吴澄综合了程颐、胡瑗、朱熹的学校改革思路并加以发展，设置了经学、行实、文艺、治事四大门类组合成大学之道的载体。

其一，经学科教学要求每个学生在学习《小学》和《四书》的基础上，各选一经深入钻研，做到熟读经文，旁通诸家，讲说义理度数，明白分晓，以奠定扎实的理学基础。这是吴澄对许衡教育主张的继承和发展。

其二，行实科强调道德实践，要求学生从身边小事做起，以孝、悌、睦、姻、厚、恤六德身体力行。

其三，文艺科要求学生学好古文和诗。这是吴澄的独具慧眼之处。吴澄强调：“夫朱子之学不在于文，而未尝不力于文也”[②]；“非学非识不足以厚其本

① 危素：《吴文正年谱》，《吴文正公集》卷首，元人文集珍本丛刊。

② 吴澄：《张达善文集序》，《吴文正公集》卷九，元人文集珍本丛刊。

也，非才非气不足以利其用也”[①]。文道不可分割，道不载以文则道不自行，文不载以道则文不笃实。因而培养学生的诗词文章本领，实为传道之基本功。

其四，治事科目的开设也是很有创意的。虽然自古就有经世致用的儒学传统，但在国子学中开设专门科目，尚未有人尝试过。吴澄要求学生在选举、食货、礼仪、乐律、算法、吏文、星历、水利等任选一门，将其视为学生的特长本领。吴澄这个设想是对宋代胡瑗教法的继承和发展。

吴澄的这一改革方案，与不忽木上书的意见以及袁桷在《国学议》中的意见十分接近，但其思路更为清晰，措施更为具体，方案更为完整。它集唐、宋以来教育家办学思想之精粹，广采各家之长，融会贯通，浑然一体。从许衡的办学模式，到不忽木的办学意见，再到吴澄的改革方案，正好形成了元代国子监在探讨办学宗旨方面一脉相承的主线。但吴澄的方案远比许衡模式深刻。它在继承许衡的小学之学的基础上，进一步要求学生在经学、文艺、治事方面予以深造。尤其在经学方面，主张旁通诸家而不独守一学。这种全方位培养的意义，在于强调对天理的体认和人格的养成不能仅靠外力的权威和主体的被动适应，而应该靠主体的内在体验和理性自觉的升华。从这个意义上讲，吴澄的方案超越了许衡模式，而且其风格和精神都与许衡模式迥然而异。在中国古代教育史上，吴澄的这个办学设想在古代官学模式中是空前绝后的。这是后人研究中所未能注意到的。

但是，吴澄的改革方案甫一出台，立即遭到国子监内部某些人的反对，因而再度引发岁贡法与保举法的两种意见争论。“同列欲改课为试行大学积分法，公谓教之以孚，非良法也。论议不合，遂有去志”[②]。时隔数月，至大四年（1311）“冬十二月，复立国子学试贡法”[③]，这就表明了吴澄改革方案的被否决。皇庆元年（1312）正月，吴澄不辞而别。

① 吴澄：《元复初文集序》，《吴文正公集》卷一一，元人文集珍本丛刊。

② 危素：《吴文正年谱》，《吴文正公集》卷首，元人文集珍本丛刊。

③ 《元史》卷八一《选举志一》，中华书局 1976 年标点本，第 2030 页。

然而，事情并未就此结束。虞集在《送李扩序》中记述道：

先生虽归，祭酒刘公以端重正大临其上，监丞齐君严条约，以身先之。故仆得以致其力焉。未几，二公有他除，近臣以先生荐于上。而议者曰："吴幼清，陆氏之学也；非朱子之学也，不合于许氏之学，不得为国子师，是将率天下而为陆子静矣。"遂罢其事。呜呼！陆子岂易言哉？彼又安知朱、陆异同之所以然，直妄言以欺世拒人耳！是时，仆亦孤立不可留。未数月，移病自免去。邓文原善之以司业召至，会科诏行，善之请改学法。其言曰："今皇上责成成均至切也，而因循度日不惟疲庸者无所劝，而英俊者摧败无以见成效。"议不合，亦投劾去。故是纷然言吴先生不可，邓司业去而投劾为矫激。而仆之谤尤甚。悲哉！①

吴澄出走后，在朝廷引起了震动。皇庆二年（1213），元廷为是否再召吴澄又出现了一场争论。出面为吴澄说话者，是来自南方天一教的宗师张留荪，"公言于集贤贵人曰：'吴先生大儒，天下之士。听其去，非朝廷美事。'集贤贵人听公言，趋奏吴公为直学士"②。集贤院的这些"趋奏"遭到了中书省的严词拒绝。其理由还相当可怕，给吴澄扣上了抬高陆学而非议许衡尊崇朱子之义的帽子，因而判定吴澄不得为国子师，否则将使天下转向陆学。这样，将学术之争转化成了政治问题，进而给吴澄以当头棒喝。专制制度下的得势者总是十分精通政治大棒的价值和作用的。危素在《吴文正年谱》中则是这样记载："集贤院知公之教人不倦，问至都堂，请以国子祭酒召公还朝。平章李公孟为倡言曰：吴司业高年养病而归，今即召还，是苦也。遂不复召。"③

接下来便波及虞集本人了，"仁宗继位，责成监学，拜台臣为祭酒，除吴

① 虞集：《送李扩序》，《道园学古录》卷五，四部备要本。

② 虞集：《张宗师墓志铭》，《道园学古录》方外稿，四部备要本。

③ 危素：《吴文正年谱》，《吴文正公集》卷首，元人文集珍本丛刊。

澄司业，皆欲有所更张，以副帝意，集力赞其说。有为异论以沮之者，澄投檄去，集亦以病免”[①]。

其后又有来自浙江的邓文原出任国子司业，邓文原尊朱熹教育理想，欲改革国子监学法，然“议不合”，亦只有激愤出走。

道统与政统的联手给元代国子监关于办学宗旨的探讨画上了句号。

争论结束后，国子监的积分升斋制度立即建立起来。延祐元年（1314），齐履谦出任国子司业。甫一上任，他便大刀阔斧改革旧制，倡行积分考试法：“明年，复拜国子司业。有制，国子岁贡六人。蒙古二，官从六品；色目二，官正七品；汉人二，官从七品；第以入学名籍为差次。公曰：‘不变其法，士何由进学，国何以得材。’乃酌旧制，立升斋积分等法。”[②] 苏天爵在另一处也写道：“初，国子生以入学名次为先后，岁贡补官，殊无劝惩。故太史齐公履谦为司业，请以学业为升斋等第，以积分公试，文词优者为中选，由是诸生咸思奋励而人才兴矣。”[③] 元代国子监职官数度探讨的人格养成途径最终被纳入以考试积分为规范的制度之中。

泰定初年，元廷再一次讨论了国子监的管理机制问题。“国学旧法，每以积分次第贡以出官，执政用监丞张起岩议，欲废之，而以推择德行为务。有壬折之曰：‘积分虽未尽善，然可得博学能文之士，若曰惟德行之择，其名固佳，恐皆厚貌深情，专意外饰，混懵不能识丁矣。’议久未决”[④]。可见这种状况已是不可逆转。

客观来说，国子监教学管理制度的完善有它的自身合理性和必然性。吴澄等教育家的努力目标也并非就是与这些制度根本对立。制度本身并不是决定性的，而在于它与什么样的教育理念和管理目标相联系。保举法之长处在于能全

---

① 《元史》卷一八一《虞集传》，中华书局 1976 年标点本，第 4175 页。

② 苏天爵：《齐文懿公神道碑铭》，《滋溪文稿》卷八，中华书局 1997 年标点本，第 130 页。

③ 苏天爵：《孛术鲁翀神道碑》，《滋溪文稿》卷八，中华书局 1997 年标点本，第 125 页。

④ 《元史》卷一八二《许有壬传》，中华书局 1976 年标点本，第 4200 页。

面考察人才，其短处则在于主观性强，评价标准不够客观和统一。在衡量标准不规范和监督机制不力的情况下，容易引发关节大行、相率谀伪的不正之风，也容易引发以入学次第来循资论辈的流弊。但这只是管理制度方面的不足，而问题的要害在于，保举法不利于权力中心的控制。保举法的控制权在国子监的学官，学生优劣与否主要由学官评判。而学官的评判又在很大程度上受到舆论的制约，例如同学的评价、学官群体的意见，等等。这就在客观上增加了权力中心控制的难度。如果遇上政治权力意志与舆论价值取向相悖，统治者所期望的人才标准便难以落实。而考试积分法以出贡入仕为激励，虽然容易引发趋学子追逐功名利禄之偏向，但却有量化管理之长。它提倡公平竞争，给学子一个明确的激励指标。从管理角度讲，它较保举法更为规范和有序，更利于操作。更重要的是，这一机制有利于政治权力的控制。考试积分法促使每一个人都须经过一套严格的、同等的考试程序方可获得出贡资格。在这一过程中，政治权力可以从考察标准、内容、程序等方面有效地介入，这便于将统治者的意志渗透其间，直接影响人格的养成。所以，宋、元教育家所追求的教育理想是道德主体的自觉，而政治权力中心所追求的教育模式是政治至上的一元结构。二者之间的碰撞和磨合构成了元代国子监办学模式演变的主导因素，而政治权力的优势地位在其间起了决定作用。

另外，元代国子监的保举法与积分法之争，其实是元廷是否恢复科举之争的折射。世祖时期，来自东平地区的徒单公履提议复行科举，遭到来自关辅地区的杨恭懿的坚决反对。他认为三代以德行六艺宾兴贤能，但自“隋炀始专赋诗，唐因之，使自投牒，贡举之法遂熄”；因此“今欲取士，宜敕有司，举有行检通经史之士，使无投牒自荐”[①]，其意见就是要保举而非科举。而针对“其举子，须品官保举之人，然后许试”的意见，东平士人王恽则予以了坚决地反驳：“若依上项所拟，将见公道扫地，关节大行，上下成风，相率谀伪，

① 《元史》卷一三《世祖纪十》，中华书局1976年标点本，第266页。

其弊有不可胜言者……保举之法，历行不克，徒为纷纷之变尔”[①]。由此看来，元代国子监积分法的采用，与科举主导模式有着内在的亲和力。

四 科举复行之后的元代国子监

真正给元代国子监办学宗旨的讨论画上句号的是延祐二年（1315）恢复的科举。延祐二年（1315）元代恢复科举考试，国子监的积分升斋制度与科举制度接轨，科举成为主导国子监发展的唯一力量。延祐年间初行科举，元廷规定“国子监学岁贡生员及伴读出身，并依旧制，愿试者听。中选者，于监学合得资品上从优铨注”[②]。顺帝至元六年（1340）十二月，复科举取士制。国子监积分生员，依科举例入会试[③]。自此每逢大比之年，国子监的公试与科举会试同期举行。国子监的教学管理制度在科举制度促进下进一步规范和定型。

就元代儒学发展的进程而言，经过世祖、成宗、武宗诸朝汉人儒士的努力，程朱理学在国子监的地位得以初步确立，但对整个社会的影响还是极为有限。在科举未行、入仕资格主要以“根脚”为凭的环境下，元代社会尚缺乏一种强有力的政治机制来保障儒学的推行。延祐科举的实施，正式确立程朱理学的官方正统地位，将儒学素养与选士标准挂起钩来，实现了政统与道统的结合。诚如程端礼所说：“自许文正公以程朱学辅世祖皇帝，而真儒之效复著。自近年以程朱之学设科取士，而真儒之道渐见于吏治”[④]；又说：“自许文正公得朱子之学，以光辅世祖皇帝，天下学者始知读朱子所释之经，知真儒实学所在。然则士生今日者，可不自知其幸欤。诚能读其书而真修实践焉，以儒术而行吏事于从政乎，何有若于此！”[⑤] 这说明科举复行为在全社会推行程朱理学

---

① 王恽：《论明经保举等科目状》，《秋涧先生大全文集》卷八六，四部丛刊本。

② 《元史》卷八一《选举一》，中华书局1976年标点本，第2023页。

③ 《元史》卷四〇《顺帝纪三》，中华书局1976年标点本，第859页。

④ 程端礼：《送宋铉翁诗序》，《畏斋集》卷四，四库全书本。

⑤ 程端礼：《儒吏说》，《畏斋集》卷六，四库全书本。

提供了体制上的保证。

元代国子监的发展，走了这么一段弯曲之路，又回到了科举主导的传统轨道。朝廷通过科举方针的确立而主导了国子监的学术方向，国子监教学也自然按此原则行事。在这一强大的政治体制与社会心理面前，国子监职官也只能顺从这一权威轨道而不能有所作为。国子监教学也开始出现万马齐喑的沉闷局面。虞集说："朱氏诸书，定为国是，学者尊信，无敢疑二。"[①] 苏天爵说："逮仁庙临御，肇兴贡举，网罗俊彦，其程试之法，表章六经。至于《论语》、《大学》、《中庸》、《孟子》，专以周、程、朱子之说为主，定为国是，而曲学异说，悉罢黜之。"[②] 国子祭酒李好文坚持认为："欲求二帝三王之道，必由于孔氏，其书则《孝经》、《大学》、《论语》、《孟子》、《中庸》。"[③] 吕思诚"三为祭酒，一法许衡之旧"[④]。国子博士吴师道"在馆三年，一遵朱子之训而守许文正公之法，未尝以私意臆说参错其间"。对有持异论者则一概采取辞而避之的态度。曾有人提议要祀刘因配享孔子庙，朝廷将此事交付国子监讨论，吴师道说："刘公以盖世之才而为朱子之学，其学术之正固无愧于从祀。然事大体重。非学官所专决，必廷中集议而后可施行。"[⑤] 对许衡之外的理学家皆不敢评价，自由讲学的书院精神自此退出元代国子监。

国子监职官对学生的要求也只能是在这一法定的程式和划一的标准下进行规范。国子伴读王时清归乡省亲，临行前请国子博士蒲道源写序，蒲道源写道：

国家自设胄学以来，名卿才大夫多出其中，班班可数，今则索然未之闻也。岂教养之法不逮于前耶？将人才之盛衰有时耶？抑有其人以未庸而

① 虞集：《跋济宁李璋所刻九经四书序》，《道园学古录》卷三九，四部备要本。

② 苏天爵：《伊洛渊源录序》，《滋溪文稿》卷第五，中华书局 1997 年标点本，第 74 页。

③ 《元史》卷一八三《李好文传》，中华书局 1976 年标点本，第 4218 页。

④ 《元史》卷一八五《吕思诚传》，中华书局 1976 年标点本，第 4251 页。

⑤ 张枢：《吴君墓表》，《吴正传文集》附录，北京图书馆古籍珍本丛刊。

不显耶？皆不可得而知也。今上方向儒复科举取士之法，而二三大臣亦皆仰体将顺，汲汲焉以求才为务。子归矣，省觐之余，无怀土，无废业，愈自奋励，厚蓄而时发之。上不负朝廷乐育之盛意，下以副贤尊期望之本心，俾胄学无乏才之诮。①

蒲道源的无奈之情在此表露无遗。对国子学的滑坡，他也是百思不得其解。在朝廷决意恢复科举的状况下，他对学生的唯一要求，也只能是期望学生金榜题名，“俾胄学无乏才之诮”。衡量国子监办学成果的尺度也只能是这一标准了。

事实上，科举复行以后，元代国子监教学迅速朝着应试科举的方向倾斜，从而加剧了道德主体的丧失和人格的淡化。学生的求学只注重于文法的演练，“延祐初，诏以科举取士，学者多以文法为请”②。陈高在送诸生赴京师游国学时说：“成均之内虽可以化质而成材，而志之未坚定者亦易以丧已。况自大学之道废而不修，为教为学者记问文辞外无为焉。学果为己乎？圣贤之言人无不口尔。”③ 此中所言已说明元代国子监重又回到了“记问文辞”的老路。西域人沙班对这一趋势也极为不满，他说：“夫学也者，学为圣人之道也，学成而以措诸用，故师行而弟子法之。今之学主以文墨为教，弟子上者华而鲜实，下者习字画以资刀笔，官司应酬廪粟之外，无他用心，其亦异乎予之所欲为者乎？”④

然而，在这划一尺度下制造出来的人才果真是国子监职官所期望的吗？元代后期，徐勉之集元代科举程文于一书，请国子博士王沂为之写序，王沂说了这么一番话：

① 蒲道源：《送国子伴读王时清归觐序》，《闲居丛稿》卷一九，北京图书馆古籍珍本丛刊。
② 《元史》卷一九〇《儒学二·韩性传》，中华书局1976年标点本，第4342页。
③ 陈高：《送章氏二生游国学序》，《不系舟渔集》卷一一，元人文集珍本丛刊。
④ 刘基：《沙班子中兴义塾诗序》，《诚意伯集》卷四，四库全书本。

徐君勉之集本朝科举程文，自延祐迄至顺凡若干人，经义古赋诏诰表策凡若干卷，何其多也。吾得而阅之，爱其光辉如珠联璧合，其雄壮如涿鹿昆阳之战，其古淡如太羹元酒之为味，又何其工也。作之者若干人而如出一手，历年廿余而气象如一时，又何其盛哉。昔者鲁君之宋，呼于垤泽之门，守者曰此非吾君也，何其声之似我君也。此无他，其所养然也。我朝隆上儒术久矣。列圣相承，以人文化成天下，作新人材，以故由岩才里秀而超从官大臣之列，备文儒道德之任累累有焉。惟养其中者至，故发于外者。如此，其言可以典诰命，其谋虑可以经天下。[①]

王沂所写当然是从正面肯定，但其字里行间又分明流露出一丝无奈。“作之者若干人而如出一手，历年廿余而气象如一时”；又举“昔者鲁君之宋，呼于垤泽之门，守者曰此非吾君也，何其声之似我君也”为例，说明科举程文所表达的思想不过就如学舌的鹦鹉。天下文章如出一辙，天下思想如出一笼，这或许正是专制者所期望的效果。然而对于有思想的教育者来说，这难道不是一种悲哀？

其实，王沂之伤感只见现象未及本质。元代国子监办学从许衡倡导的书院精神出发，最后又回到了服务科举的轨道。这一结局实际早已在许衡模式中蕴涵着其必然趋势。王恂曾向真金太子介绍了许衡的养育方法：“许衡尝言：人心如印板，椀板本不差，则虽摹千万纸皆不差；本既差，则摹之于纸，无不差者。”[②] 施教从模仿入手，以促成受教育者能够较快地掌握某一技能，这本是教学方法之一种。但如果将这一方法绝对化和模式化，就必然在教育理念上将受教育者视为被动接受和绝对服从的角色。这就在一定程度上忽略了人格养成中内心的自觉和理性的追求，忽略了道德认识和道德情感的培养。这种隐含的

① 王沂：《科举程文序》，《伊滨集》卷一三，四库全书本。

② 《元史》卷一六四《王恂传》，中华书局1976年标点本，第3844页。

专制主义倾向之可能性最终将国子监的办学模式指向服从外在权威。

事实上，许衡办学唯重道德人格，其价值取向是单一的，其养成途径必然就是封闭的和专制的。这种单一的人格养成模式与专制政治的一元结构有着内在的亲和力。在专制的社会，在社会价值取向趋同于单一的政治需求的环境下，教育家要使其人格理想推行于社会，关键要寻求与政治权力的结合。许衡为促成程朱理学的道统地位，刻意强化了道德的政治因素，强化了道德的政治工具的功能。这就为权力中心接纳许衡模式并纳入其政治至上的一元结构铺平了道路。相反，吴澄等人的方案，由于其学术追求和管理目标更宽广、更深入，其道德人格的基础更宽厚、更具主体性，其养成途径更重内在感应，这种给予人格养成以较大空间的主张与权力中心的专制要求显然不合。两相比较，元代统治者最后独取许衡之旗号并使之制度化，既可标榜程朱理学的天理之威势，又能适应政治权力的专制之需要，这一趋势当是必然的。

这一必然性又是由学术权力本身的专制性所决定的。学术与政治的结合，所带来的一个必然后果就是学术权力必须通过排他性来强化统治文化的垄断性。元廷权力中心一旦开始强化许衡的偶像意义以加强程朱理学的垄断性，便表现出强烈的排他性。道统与政统的结合，必然对一切影响程朱理学垄断地位的“异端”学说给予居高临下的封杀。吴澄改革主张的被否决就是这一趋势下的典型产物。吴澄入国子监，根据时代的变化，会同群经，灵明通变，发展理学，这本是十分正常十分自然的事情。“文正与先生学之所至，非所敢知、所敢言也。然而皆圣贤之道，则一也。时与位不同，而立教有先后者，势当然也”[①]。然而有人却人为地挑起了许衡之学与吴澄之学的对立，并无端地排斥吴澄之学。学术追求与政治追求相碰撞，自然就使这场争论水火不容。为了压制不同意见，为了禁止自由讲学的风气，朝廷执政者便挥舞起政治大棒以迫使吴澄就范、国子监哑言。这种干涉学术发展，禁锢教育更新的学霸作风导致了

① 虞集：《送李扩序》，《道园学古录》卷五，四部备要本。

元代国子监学术生命的终结，也使外在专制型的人格养成途径成为当然。

道统与政统联手将元代国子监关于办学宗旨的探讨画上了句号。

此外，更值得我们深思的是，取向单一的社会传统心理，包括跻身于道统地位的学术力量，也都面对着这一结局而欢欣鼓舞。也就是说，在专制政治的环境下，受教育者和教育者都只重视自己行为的政治价值，教育主体和人格主体在这种政治取向中完全被淹没和被取代。对这一传统思维定式的思考是现代教育发展极为重要的课题，因为这种单一取向的思维定式在今天无论是指向政治还是指向经济，都不利于现代教育的多元发展，真正的人文精神和人格理想都会在这一思维定式下被淹没和被扭曲。

“慨然思复三代庠序之法”：许衡的教育追求

许衡（1209—1281），字仲平，号鲁斋，怀孟河内（今河南沁阳）人。元代著名教育家，官至中书左丞、集贤大学士兼国子祭酒，因在国子学力倡程朱理学而在死后得到元廷的推崇。讨论许衡的教育追求，有三个问题不可回避：第一，许衡为什么要选择程朱理学；第二，中统年间，许衡为什么要辞去国子祭酒职务；第三，许衡主长国子学期间，为什么要以小学之学为教学内容。

一

许衡在教育上选择程朱理学，一般认为是因为他厌恶那种深受科举制约的章句之学。这个说法是有史料依据的，《元史》本传说许衡“幼有异质，七岁入学授章句，问其师曰：读书何为？师曰：取科举耳。曰：如斯而已乎。师大奇之。”[①] 童年时期对读书目的的直观思考，确实对许衡后来思想的发展很有影响。但我们的讨论仅停留于这一层又似乎简单化了。因为许衡在青年时代，不仅凭借着所学章句之功底，参加蒙古统治者组织的儒生考试，中选得入儒户籍，而且在以后的开门授徒中，所授之业还是那些“落第老儒”所传习的章句

① 《元史》卷一五八《许衡传》，中华书局1976年标点本，第3717页。

之学。可以这么说，如果不是后来从姚枢处得到二程及朱熹之书，许衡对教育的追求恐怕就没有什么新的想法了。对此，我们所要探讨的问题是，促使许衡作出这种选择的动力是什么？换句话说，程朱理学的理论在哪一点上征服了许衡，从而导致其非要焚烧昔日之简帙而立志以斯道为已任？

许衡在大名认识了窦默，在苏门结识了姚枢，并通过姚枢传得赵复的程朱之学，便立即被这一理论所折服，由此萌发了"慨然思复三代庠序之法"的志向。其神道碑说：

> 在魏友窦默，苏门友姚枢，相与论辩，探幽析微，诣者慑服。凡伊洛性理之书，及程子易传，朱子语孟集注，中庸大学，或问小学等书，言与心会，与所从游，教以进德之基，慨然思复三代庠序之法。[①]

《考岁略》中说：

> 壬寅，雪斋隐苏门，传伊洛之学于南士，赵仁甫先生即诣苏门，访求之，得伊川易传、晦庵论孟集注、中庸大学章句、或问小学等书，读之深有默契于中，遂一一手写以还，聚学者谓之曰：昔者授受殊孟浪也，今始闻进学之序，若必欲相从，当悉弃昔日所学章句之习，于事于小学洒扫应对以为进德之基，不然当求他师。众皆曰：唯。遂悉取向来简帙焚之，使无大小皆自《小学》入。先生亦旦夕讲诵不辍，笃志力行以身先之，虽隆冬盛暑不废也。[②]

壬寅年（1242）许衡 34 岁，以后的 10 年间，他往返于苏门和大名之间，

---

① 欧阳玄：《许衡神道碑》，《圭斋文集》卷九，四部丛刊本。

② 《考岁略》，《鲁斋遗书》卷一三，北京图书馆古籍珍本丛刊。

与姚枢、窦默相与论辩，探幽析微。伊洛性理之书给了许衡以耳目一新的振奋，“自得伊洛之学，冰释理顺，美如刍豢。尝谓：终夜以思，不知手之舞足之蹈”①。他决心弃旧从新，按程朱的教育理想来更新教育，“慨然思复三代庠序之法”，并带领门徒焚烧昔日之简帙，“笃志力行”以学习程朱理学。他在一首诗中表达了此时的感受：“春来秋去客中情，转首光阴十岁经。学苦练成心下赤，愁多消却鬓边青。”②

程朱理学为什么会给许衡的思想带来如此震撼力？对此，我们首先应对许衡当时的生活经历作一番分析。人的思想变化总是与他所生活的环境分不开的。许衡自己后来也说过，他的思想变化主要发生在十七八至五十岁之间：“臣自十七八时，已能诵说，尔后温之复之，推之衍之，思之又思之，苦心极力，至年五十始大晓悟”③。那么，是什么样的生活环境促使许衡对儒家学说反复思虑推衍，苦心求索？许衡常年生活在乡村，家庭世代为农，对乡村秩序自有切身之感。他所憧憬的生活是那种田园牧歌般的小康理想，平日课督儿童，种田读书，闲暇与农夫野叟日夕相遇交谈，无甚险阻。然而社会的动乱将他的这种梦想击得粉碎。其父许通因避世乱而迁徙河南新郑，在那里生下了许衡。而许衡也没有摆脱离乡背井的厄运，在他 24 岁那年，蒙古军队攻占新郑，第二年许衡不得不逃难至山东岨崃山，以后又由鲁转魏，寓居大名。颠沛流离的生活给许衡带来极大的痛苦，“十载天涯客寄身，今年憔悴不堪闻。病来与死传消息，老去无家遗子孙。故里欢游频入梦，春城凝眺独消魂。如何借我知音力，五亩归耕沁北屯。”“屈指年华四十三，归来憔悴百无堪。远怀未得生前遂，俗事多因困后谙。百亩桑麻负城邑，一轩花竹对烟岚。纷纷世态终休论，老作山家亦分甘。”④ 悲凄的诗句表达出生活沧桑带给许衡的无奈，也表达出

① 苏天爵：《左丞许文正公》，《国朝名臣事略》卷八，中华书局 1996 年标点本，第 167 页。

② 许衡：《病中杂言五首》，顾嗣立编：《元诗选》（一），上海古籍出版社 1993 年影印本，第 279 页。

③ 许衡：《时务五事》，《鲁斋遗书》卷七，北京图书馆古籍珍本丛刊。

④ 许衡：《病中有感·偶成》，顾嗣立编：《元诗选》（一），上海古籍出版社 1993 年影印本，第 280 页。

许衡对乡村文明秩序的向往。他在给友人的一封信中说道：“念昔相与，邻居相接，课督儿童，种田读书，徜徉山水间，以尽余生，此志竟得遂否?”[①] 可以看出，这一时期始终盘桓在许衡脑海中的问题就是如何才能重新建构乡村的文明秩序。

正是在这样的生活情境中，许衡接触到了程朱学说。程朱理学推崇道德主体，把学问定位在追求天理和内在道德。它引导人们在讨论天理人欲、理气先后、格物致知、义利之辨之时，着意在道德方面培植一种高尚人格。这是一个相当宏大的理论体系，它对于久居理论贫瘠之地的许衡来说，确实具有不小的思想震撼力。然而，如果我们仔细分析以上史料，我们可以看到，许衡对程朱学说感兴趣的，恐怕不是那些虚玄的天理之说，而是对朱熹的小学之说别有一番体验和感悟。许衡之强调“于事于小学洒扫应对以为进德之基”、“使无大小皆自《小学》人”，这应该是许衡内心与程朱理学发生思想共鸣的撞击点。

“小学”的功夫是什么？按照朱熹的观点：“盖古人之教，自其孩幼而教之以孝悌诚敬之实。及其少长，而传之以诗书礼乐之文。皆所以使之即夫一事一物之间，各有以知其义理之所在，而致涵养践履之功也。及其十五成童，学于大学，则其洒扫应对之间，礼乐射御之际，所以涵养践履之者，略已小成矣。”[②] 朱熹认为，小学阶段是打基础的阶段，小学教育应从儿童日常生活的具体细节入手，教以从料理生活、举止言行、洒扫庭院，到读书写字和杂细事宜方面的行为规范，以养成道德行为习惯，为大学教育打好基础。也就是说，小学功夫是对乡村社会所有成员的基本素质训练，是支持和维护社会纲常秩序的基础教育。

中国传统教育理论发展到宋代之所以会产生小学与大学的分支，主要是为适应士绅社会的发展需要。自宋代统治集团取消世袭贵族特权之后，构建和整

① 许衡：《与提学》，《鲁斋遗书》卷九，北京图书馆古籍珍本丛刊。

② 朱熹：《答吴晦叔书》，《朱文公文集》卷四二。

顿以士绅为核心的宗族聚落成为乡村社会秩序重构的新趋势，务农置业成为士绅阶层立身安命的新课题。葛兆光在《中国思想史》中谈到，为了求得乡村社会的秩序安宁，南宋时期有相当多的《劝农文》、《谕俗文》、《劝孝文》、《劝学文》等通俗教育文本，包括朱熹、真德秀这些著名的学者都亲自撰写这类东西，他们在反复规劝世俗社会，要勤于务农、遵守乡俗、孝顺父母，如有余力则多阅读先贤经典包括理学家的著作，争取有个前程。他引用朱熹的话说："请诸父老，常为解说，使后生弟子，知所遵守，去恶从善，取是舍非，爱惜体肤，保守家业，子孙或有美质，即遣上学读书学道修身，兴起门户。"[①] 朱熹的小学之学就是这一社会需要的产物。

正是这种教育主张拨动了许衡的心弦，许衡的教育追求也就由厌恶章句之学这一直观的感性认识而上升到对教育之道的理性升华。许衡从程朱理学中体会到："先王设学校，后世亦设学校，但不知先王何为而设也。上所以教人，人所以为学，皆本于天理民彝，无他教也，无异学也。"[②] 许衡正是在这个问题上抓住了程朱之学的核心，顺天理的目的是为了遵民彝，教育的终极目的是为了"明人伦"。如果不能明人之伦理，则尊卑、上下、轻重、厚薄等秩序淆乱而不可统理，"岂止淆乱而不可统理，将见祸乱相寻，沦为禽兽而后已"[③]。他说："学则三代共之，皆所以明人伦也。司徒之职，教以人伦而已。凡不本于人伦，皆非所以为教。"[④] 这样的教育才有利于乡村社会秩序的建设，它能够切实帮助人们认识个体在群体中的位置，从而明确个体在群体中所应承担的责任，并与上下左右各色人等和谐相处。所以，纲常伦理并不是虚玄的理论，而是一种文化秩序的反映。学习它，遵守它，维护它，这本身就是齐家治国平天下的功夫。

① 葛兆光：《中国思想史》第二卷，复旦大学出版社 2001 年版，第 277 页。
② 许衡：《语录上》，《鲁斋遗书》卷一，北京图书馆古籍珍本丛刊。
③ 许衡：《小学大义》，《鲁斋遗书》卷三，北京图书馆古籍珍本丛刊。
④ 许衡：《语录上》，《鲁斋遗书》卷一，北京图书馆古籍珍本丛刊。

许衡后来说道："正如臣在十七八时，盖无臣许多思虑，许多工夫，其不能领解，理固亦然。然间与一二知者相与讲论，心融意会，虽终日竟夕，不知有倦且怠也。盖此道之行，民可使富，兵可使强，人才由之以多，国势由之以重，臣夙夜念之至熟也。"① 正是这样的思想变化，促使许衡立定其人生志向："纲常不可一日亡于天下，苟在上者无以任之，则在下之任也。"② 这个"在下之任"，一是表明许衡立志以斯道为己任，二是表明许衡的教育追求主要是为重构乡村社会的文明秩序而努力。

二

把握了许衡的这一教育追求，我们就能对中统至元年间许衡辞去国子祭酒的举动多一层理解。

元廷任命许衡为国子祭酒是在中统二年（1261）。这个任命颇具有戏剧性，而且，许衡受命之后便托病辞去了这一职务。《考岁略》中记载：

> 辛酉三月，应召至上都，时王文统秉政，深忌雪斋诸公，以先生素无因缘而弗惮也。及窦公力排其学术之非，必至误国，文统始疑先生唱和其说。五月，授雪斋太子太保师，窦公太子太傅，先生太子太保，外佯尊之，内寔不欲备顾问也。窦公既以言文统不中，欲依春宫以避祸，先生独以为不可，曰："姑舍其不安于义者，且以一事言之。如中古以来，师傅与太子相见，则就西位东向，太子东位西向，公能为此事否？不然，是师道自我而亡也。"雪斋亦赞其说，相与怀麻力辞于阙下，凡数日，始从其请。由是改授雪斋大司农，窦公翰林侍讲学士，先生国子祭酒。既拜命，

① 许衡：《时务五事》，《鲁斋遗书》卷七，北京图书馆古籍珍本丛刊。

② 《元史》卷一五八《许衡传》，中华书局1976年标点本，第3717页。

以疾辞。九月，得告南还，仍奉旨教授怀孟路子弟。[①]

从表面看，这是朝廷中的一场权力之争，许衡因对其任命不满而辞职，然而认真分析，事情其实并非这么简单。许衡劝阻窦默等人受命的理由是师道问题。尊师重道是儒家教育价值观中具有核心意义的命题之一，师不尊则道不行。在蒙古统治者入主中原之初，征服者以傲慢之心雄踞中原，以强权之势蔑视中华文明。在这样的条件下，如果屈从权势而放弃师道，汉人儒士所赖以立身安命的儒家之道则面临被亵渎之境，企望以夏变夷的利器将不攻自破。这是许衡劝阻窦默等人坚拒太子保、傅职务的重要原因。

但理解到这一层还不能全面认识许衡请辞国子祭酒的深层原因。许衡既然担任了国子祭酒，他所面对的问题自然就应该是如何重构元代国家教育的问题。但很显然，元廷改任许衡为国子祭酒带有明显的敷衍性，而且也没有相应地颁布办学诏令，那么，国子学的办学宗旨是什么？是继续执行当年太宗窝阔台的旨令，以传授汉语言文字为宗旨，还是按历代王朝的教育传统，以尊孔崇儒为宗旨？如果是前者，这样的宗旨不符合许衡以弘扬儒道为己任的教育追求。如果是后者，忽必烈并没有授予许衡如此权力。在这样的情况下，对许衡而言，剩下的只有一种选择，那就是辞职。

或许有人会说，这一推论是不充分的，因为至元八年许衡最终接受国子祭酒职位，忽必烈也同样是没有颁布相应的办学诏令。为了解释这一问题，我们有必要将中统元年（1260）许衡与忽必烈初次见面的对话作一番分析：

庚申，上在正位宸极，应诏北行，至上都，入见。问所学，曰：孔子。问所长，曰：虚名无实，误达圣听。问所能，曰：勤力农务，教授童

① 苏天爵：《左丞许文正公》，《元代名臣事略》卷八，中华书局1996年标点本，第168页。

蒙。问科举如何，曰：不能。上曰：卿言务实，科举虚诞，朕所不取。[①]

从交谈内容看，许衡与忽必烈谈得并不十分投机。按逻辑推论，许衡所长乃在教育，忽必烈召其进朝，应与创办国家教育有关。但忽必烈并没有与许衡讨论教育的问题，只是问科举如何。这至少说明忽必烈此时并未有复办国子学的意向。而许衡也同样没有急于恢复国子学的意向，许衡只是强调不能贸然恢复科举。从一般评论看，许衡之不赞成恢复科举，是因为反对章句之学。其实问题并非如此简单。

从许衡的谈话中可以看到，他的关注点在“勤力农务，教授童蒙”。也就是说，许衡在这里表达了这么一个教育取向，即元代国家教育发展的重心应在社会基层，应在为重构乡村文明秩序服务。如果在这时贸然恢复科举，全国教育的重心必然上移，必然驱使全国学子为求取功名而热衷于“编摩字样，期于必中”，这样的人才“虽得之，何益于用”？“欲使生灵蒙福，其可得乎”[②]？所以许衡在科举问题上的态度十分明朗。只要科举不行，元代教育的重构就不容易重心上移，就有利于将教育的重心放在重构乡村文明秩序之上。从这一思想推论，许衡也同样认为国子学办学宗旨尚难定位，复办国子学的时机尚未成熟，所以他毅然辞去国子祭酒而奉旨返乡教授怀孟子弟。

如果说以上论述多有推测的成分，那么，许衡在至元三年（1266）写给儿子的信中和上奏朝廷的《时务五事》就比较明确地表达了这样的想法。许衡上《时务五事》是在这一年的四月，许衡在文中阐述了欲求元朝长治久安的根本方针，就是行汉法。他说：“国朝土宇旷远，诸民相杂，俗既不同，论难遽定。考之前代，北方奄有中夏，必行汉法，可以长久。故魏、辽、金能用汉法，历年最多，其他不能实用汉法，皆乱亡相继，史册俱载，昭昭可见也。国朝仍处

① 苏天爵：《左丞许文正公》，《元代名臣事略》卷八，中华书局1996年标点本，第168页。

② 许衡：《语录上》，《鲁斋遗书》卷一，北京图书馆古籍珍本丛刊。

远汉，无事论此，必若今日形势，非用汉法不可也。”那么，怎样才能顺利推行汉法？许衡认为，推行汉法的重点和难点是在乡村文明秩序的恢复，“然万世国俗，累朝勋贵，一旦驱之下从臣仆之谋，改就亡国之俗，其势有甚难者”。许衡看到，元朝治国之艰难，根源于传统的伦理纲常秩序遭到了严重破坏，而蒙古、色目贵族所具有的嗜杀、好利、纲常观念淡漠等特性又成为推行汉法的主要障碍。而要根本改变这种状况，只能采取渐进之法。“苟能渐之摩之，待以岁月，心坚而确，事易而常，未有不可变者。”所以他对忽必烈提醒道：“以北方之俗，改用中国之法，非三十年不可成功。”欲求其成功，唯有优重农民和广设学校方是根本的下手功夫。然而这个教育，必须是那种不尚词章不习举业的教育，必须是那种教以君臣父子之大伦，以及教以洒扫进退应对及治国平天下之大道的教育。他说：“诚能自今以始，优重农民，勿使扰害，尽驱游惰之民，归之南亩，岁课种树，恳谕而督行之，十年以后，当仓库之积，非今日比矣。自上都、中都下及司县，皆设学校，使皇子以下至于庶人之子弟，皆从事于学，日明父子君臣之大伦，自洒扫应对至于平天下之要道，十年已后，上知所以御下，下知所以事上，上下和睦，又非今日比矣。能是二者，则万目皆举；不能此二者，则他皆不可期也。”① 许衡坚信，只要乡村文明秩序不被破坏，中国之法则就不会从根本上消失，并能促成元代文治进程朝着不断汉化的方向发展。这既有利于蒙古统治步入法典化、规范化和伦理化，也有利于元代社会在战乱的废墟上复兴。

许衡的这番话强调了这么几个观点：第一，行汉法是元朝长治久安的根本方针；第二，行汉法的基础在乡村文明秩序的恢复；第三，乡村文明秩序的恢复是一个长期渐进的过程，其有效措施就是发展农业和广设学校；第四，学校所施之教育必须是那种教以君臣父子之大伦，以及教以洒扫进退应对及治国平天下之大道的教育。这里，许衡将恢复乡村文明秩序与行汉法联系起来，强调

① 许衡：《时务五事》，《鲁斋遗书》卷七，北京图书馆古籍珍本丛刊。

维护乡村文明秩序的小学之学应是国家教育的根基。在元朝统治的时代条件下，其教育追求在"以夏变夷"的目标下再度升华。

正由于此，这一年的十二月，许衡在给儿子师可的一封信中谈到："《小学》、《四书》，吾敬如神明，自汝孩提，便令讲习，望于此有得，他书虽无治，无憾也。"这个观点再度印证了许衡的教育追求主要是为重构乡村社会的文明秩序而努力。

三

许衡的这一追求，在他主长国子学期间得到了充分的展示。

至元八年（1271），忽必烈同意许衡辞去中书左丞之请，改任其为集贤大学士，兼国子祭酒，"衡闻命，喜曰：'此吾事也。国人子大朴未散，视听专一，若置之善类中涵养数年，将必为国用。'"[①] 经过10年的努力与观察，许衡意识到忽必烈不可能按照汉人儒士的思路走汉法文治的道路，希望直接影响忽必烈一代蒙古、色目贵族去行汉法文治的愿望和努力显然是不现实了。在这样的情境下，与其身陷朝廷政治旋涡作无谓的消耗，不如将精力转向培养在中原地区成长的蒙古贵族后代。"行汉法"之路只能寄希望于长远，寄希望于蒙古贵族的下一代，这是许衡接受国子祭酒一职的根本原因。

在许衡主持国子学之前，元代国子学的办学有两种模式可供借鉴：一种模式是太宗时期的燕京国子学，以学习汉语言文字为办学宗旨；另一种模式则是宋、金时期的国子学，以应试科举为办学宗旨。许衡认为这两种办学模式都不可取：燕京国子学的办学宗旨定位太低，要促成蒙古贵族及其子弟行汉法崇儒治，仅仅学习汉语言文字是远远不够的；而宋、金国子学的办学宗旨又定位太虚，它驱使着学生编摩字样，沉溺辞藻，追逐名利，既失修养之本，又丧义理

① 《元史》卷一五八《许衡传》，中华书局1976年标点本，第3727页。

之学。这种办学模式既不能起到弘扬儒学推进儒治的作用，所育人才也根本不能为国所用。要真正推进崇儒兴学进程，元代国子学教学必须以程朱理学为基本精神。儒家文化在遭遇草原游牧文化的冲击之时，许衡借助程朱理学构筑起一个理论体系。它从天理的高度论证了汉法的合理性和实行汉法的必然性。天理的存在是高于一切的，而汉法则较集中地体现了天理。它的三纲五常，它的为学之道，都是天理的物化，因而都必须遵守。许衡将这一理论引进国子学，从而使程朱理学成为天下教化之标榜。这在中国古代教育史上，许衡是第一人。

但仅仅有这一层认识还不能真切把握许衡办学宗旨的真谛。认识天理，这并不是许衡教育追求的终极目的。许衡认为学习程朱理学的目的是要让人们顺命而为，经世致用，其落脚点是在适用上，而不是引导人们去一味追求虚幻的天理。他说："夫人之学，贵于师古，师古者或滞于形迹，而不适于用也；贵于随时，而随时者或徇于苟简，而不中于理也。二者其可谓善学乎？惟师古适用，随时中理，然后可与论学。"[①] 而程朱理学的理论体系中也确实存在着这种虚幻的为学倾向。它在将道德主体归之于天理、归之于宇宙的同时，将天理与人欲、义与利、道与器等割裂对立，从而引导人们脱离现实摒弃人欲去追求"正心诚意之学"、"道德性命之学"。这种空疏的学风在南宋之时就遭到陈亮、叶适等人的批判。"性命之说盛，鼓动一世，皆为微言高论，而以事功为不足道"[②]；"道德性命之学一兴，而文章、政事几于尽废"[③]。许衡正是在学风问题上对程朱理学进行了批判性选择，他认为"其高者入于空虚，下者流于功利"[④]，不求适用空谈性命则毫无意义，"虽《语》、《孟》二书，亦有可疑。学者但当求其旨意，以身体之，日积月累，庶或有益。"[⑤] 由是，许衡将国子学

① 许衡：《留别谭彦清序》，《鲁斋遗书》卷八，北京图书馆古籍珍本丛刊。
② 刘埙：《隐居通议论陈龙川二则》，《陈亮集》附录，中华书局1987年版，第559页。
③ 陈亮：《廷对》，《陈亮集》卷一一，中华书局1987年版，第117页。
④ 许衡：《小学大义》，《鲁斋遗书》卷六，北京图书馆古籍珍本丛刊。
⑤ 许衡：《与耶律惟重》，《鲁斋遗书》卷九，北京图书馆古籍珍本丛刊。

的办学宗旨定位在以小学之学为入门功夫，从洒扫应对的践履实践中引导学子变化气质，陶冶习行。诚如苏天爵在《耶律有尚神道碑》中所说：“盖文正公之为教也，先之小学以端其本，次之群经以达诸用，勤之以洒扫应对以折其外，严之以出入游息以养其中。故勋伐世胄，变化气质，周旋动静，皆有可观。”① 虞集对此也有评价：“故文正自中书罢政为之师，是时风气浑厚，人材朴茂，文正故表章朱子《小学》一书以先之。勤之以洒扫应对，以折其外；严之以出入游息，而养其中。掇忠孝之大纲，以立其本；发礼法之微权，以通其用。”②

这就是许衡办学宗旨的真谛。其意义是将人们的道德追求由天上拉回地上，从空谈性命拉回践履修身。在古代官学已为专务辞章沉溺场屋追逐科名等积习所累之时，许衡能在国子学重振践履修身之风气，引导学生从行为习惯入手，以儒家之学来规范和陶冶人格情操。许衡此举不仅很好地实践了宋、元许多教育家的教育理想，也是对儒家教育传统的复归。

为什么要这样做？许衡认为，欲使人明人伦，关键是要养其良心之本善，去其私意之不善。他发挥了程朱理学中的天命之性和气质之性的说法，指出人人皆有天生之明德，只不过许多人为人欲所蔽，使明德暗塞。故圣人设教之目的在于变其气，以养已有之明，开未开之明③。正因为这样，学校施教切不可从高处、虚处着手，而须从践履日常小事入手。许衡认为：“当其幼时，若不先习之于小学，则无以收其放心，养其德性。及其年长，若不进之习大学，则无以察夫义理、措诸事业”④；所以，“小学教人自下事上之道，若子孝于父，臣忠于君等之类。大学教人自上临下之道，若敬天修德节用爱民之类”⑤。就是说，施教者引导学生从洒扫、进退、应对这些日常小事中，去体会和理解血

① 苏天爵：《耶律文正公神道碑铭》，《滋溪文稿》卷七，中华书局1997年标点本，第102页。

② 虞集：《送李扩序》，《道园学古录》卷五，北京图书馆古籍珍本丛刊。

③ 许衡：《论生来所禀》，《鲁斋遗书》卷三，北京图书馆古籍珍本丛刊。

④ 许衡：《小学大义》，《鲁斋遗书》卷三，北京图书馆古籍珍本丛刊。

⑤ 许衡：《小大学或问》，《鲁斋遗书》卷三，北京图书馆古籍珍本丛刊。

缘宗法制度下人与人之间的关系法则和行为准则，从而把握治国平天下之大道。这就是许衡的施教原则。后来欧阳玄将这一原则总结为“以洒扫应对进退为始，精义入神为终”[①] 一句话，确实点出了许衡教学原则的真谛。

许衡施教以小学功夫，其目的在培养蒙古贵族子弟良好习俗，最终达到以风俗化民治国的效果。这是许衡办学的根本点。而这一原则在当时取得了很好的效果。蒙古贵族子弟不忽木入读国子学，对许衡“其敬以孝，犹子事父，唯恐斯须仁义之言不闻，道德光辉不接也”。当时“太傅非旬休不至家，恐妨授徒，每令诸生直日，以谢客至。公则持书崇朝放夕，坐中门不移，否则拥彗播洒，褰帘操杖。出必乘马导前，无马徒从，循循安之”[②]。苏天爵说：“当是时，风气浑厚，人材质朴，俗无骄矜华靡之习，故言易入而教易从。世祖皇帝以天纵之圣，思有以作新贤才，丕变风俗。而贵游之子言语不通，视听专一，文正公躬行以表帅之，设法以教养之，因其气质之淳，就乎规矩之正，本诸国朝之宪章，协于古先之典礼。其后成德达才，布列中外，大而宰辅卿士，小则郡牧邑令，辅成国家之政治者，大抵多成均之弟子也。是则文正兴学作人之功，顾不大欤！”[③]

许衡施教以小学功夫，也是要为全国的地方学校树立一个标杆。至元六年（1269）四月，鉴于许多地方官府恢复学校不力，元廷曾发布崇学诏令，指出“随路虽有设立学官，其所在官司，例皆看同范常，不为用心勉励，以致学校之设，有名无实。由是吏民往往不循理法，轻犯宪章，深不副朝廷肃清风俗、宣明教化之意”。要求各地官府首长亲自督办，并加强对所辖之乡村镇店百姓实施教化，“使长幼皆闻孝悌忠信廉耻之言。礼让既行，风俗自厚，政清民化，止盗息奸，不为小补”[④]。国子学作为全国最高学府，首善之

---

① 欧阳玄：《许衡神道碑》，《圭斋文集》卷九，四部丛刊本。

② 苏天爵：《平章鲁国文贞公》，《元朝名臣事略》卷四引神道碑，中华书局 1996 年标点本，第 61 页。

③ 苏天爵：《吕端善神道碑铭》，《滋溪文稿》卷七，中华书局 1997 年标点本，第 93 页。

④ 《庙学典礼》卷一《官吏诣庙学烧香讲书》，浙江古籍出版社 1992 年标点本，第 13 页。

学，对全国地方学校的影响至为重要。许衡于至元八年欣然应命国子祭酒，并着意推行朱熹小学之学，为全国地方学校的办学取向提供了一个很好的榜样。

许衡施教以小学功夫，对理学的发展也具有积极意义。宋代理学至朱熹集大成后，如何将这一理论渗透进社会的日常生活，是理学发展的必然课题。许衡办学注重日常行为习惯的训练，促进程朱理学的世俗化和生活化，这有利于促成程朱理学不仅在思想领域而且在行为领域都占据主导地位，有利于促进理学原则真正深入社会，使之成为不可怀疑不可违背的生活准则。诚如张养浩所言：“先正许衡在世祖朝以为博学，则所业者不外小学、四书；以为行不可及，则所践履不过人伦日用；以为雄文大笔，则终身未尝略及世儒词章。然而所以获从祀圣人者，果何事耶？诸生试以此求之，则于国家立极化民之意，庶无负矣。”[①] 这个评价中肯到位。

因朝廷权臣的梗阻破坏，许衡在主持国子学三年之后再次辞去了国子祭酒。他在给窦默的一封信中袒露了他的心迹。许衡在信中首先说：“老病侵寻，归心急迫，思所以上请，未得其门也。”这个话说得很含蓄，然而意思又很明白。自己的努力，包括汉族官僚集团的努力，与忽必烈及其蒙古、色目集团的所想根本对不上路，可以看出许衡对忽必烈的施政方略的失望。接着，许衡着重阐述了乱非一日之为，其来有素；治也非一日之为，其来有素的观点，充分论证了元代治国的艰巨性和长期性。在这样的情况下，应该顺时就势，“命之所在，时也；时之所向，势也。势不可为，时不可犯，顺而处之，则进退出处，穷达得失，莫非义也。”这个说法很有点宿命论的意思，然又是对元代治国艰巨性和长期性的清醒认识。既然如此，行汉法之路还是应该从社会基层做起。只要乡村社会的文明秩序得以稳定，中国之法就不会消失。所以许衡在信中再次表达了对乡村生活的向往：“若夫春日池塘，秋风禾黍，夏未雨蚕老麦

① 张养浩：《长山县庙学碑阴记》，《归田类稿》卷四，四库全书本。

收，冬将寒囷盈仓积，门喧童稚，架满琴书，山色水光，诗怀酒兴，拙谋或可以辨此矣。是以心思意向，日日在此，安此乐此，言亦此，书亦此，百周千折，必期得此而后已。”① 可见，许衡的教育追求还是在重构乡村社会的文明秩序。

① 许衡：《与窦先生》，《鲁斋遗书》卷九，北京图书馆古籍珍本丛刊。

走近李孟

西风聒耳过黄芦，万水东流草树枯。
蟾阙一年秋色远，鹊桥万里客心孤。
青山故国新丰市，芳草王孙旧酒垆。
壮志未磨天地阔，剑光耿耿照江湖。[①]

这位站在金陵古城旁，面对滚滚长江，将自己的孤独自己的志向赋之于水天一色的苍穹的人，就是时任元代仁宗朝中书平章政事的李孟。李孟，字道复，潞州上党（今山西上党）人，生于元世祖至元二年（1265），卒于元英宗至治元年（1321），历仕成宗、武宗、仁宗、英宗四朝，而尤以仁宗朝位高权重。然从这首《金陵怀古》中又似可窥见李孟的仕途并非那么春风得意。在这深沉不屈的感慨中是否蕴涵了李孟难言的人生苦痛？

一

李孟出身于仕宦之家，其家族系出后唐李氏，世为潞州著姓。[②] 传至其曾

---

① 李孟：《金陵怀古》，顾嗣立：《元诗选》（三），上海古籍出版社 1993 年影印本，第 122 页下。

② 黄溍：《元故翰林学士承旨中书平章政事李公行状》，《金华黄先生文集》卷二三，四部丛刊本。

祖已历15代。虽然其曾祖在金末进士不第，“犹不失一乡之善士，矧其资上党之素侯”[①]，可见其家道依然隆盛。其祖父李昌祚在元世祖朝时曾任潞州宣抚使，父亲李唐则在秦、蜀一带任过地方官职，后定居汉中。家庭的影响使李孟自幼好学，他通贯经史，善论古今治乱，“每考论古今治乱盛衰之故，慨然有志于当世。然耻于干进，屏居闾巷，开门授徒，远近负笈而至者，翕如也”[②]。此处所言之“耻”，并非指李孟耻于做官。相反，他与所有封建士大夫一样，都强烈地怀有读书修身然后治国平天下的志向，把辅佐帝王作为人生价值的最高取向。其幼时曾有相命者对他父亲说过：“此儿骨相异常，宰辅之器也。”[③]或许是这种心理暗示的作用，世祖朝时，李孟随父入蜀，曾有三次被推荐到地方官府任职的机会，都被他一一拒绝。他说：“大丈夫固不能俯首州县。方今朝廷更化，政治聿新，招徕众正，才俊林立，独不可与之并游乎?”[④] 年轻的李孟就是凭借着这么一股豪情，毅然束书赴京，踏上了一条从政的不归之路。

李孟初入京师，投奔于中书右丞杨吉丁门下。杨吉丁一见辄加器重，将他推荐给真金太子，得以召见东宫。然好景不长，真金太子不久去世，李孟的升迁希望顿成泡影。成宗朝时，运气又一次降临李孟头上，他因人推荐而再次进入东宫辅导武宗和仁宗。李孟抓住这个机会，尽心尽责，辅导有方，“成宗闻而嘉之，诏授太常少卿，执政以孟未尝一造其门，沮之不行，改礼部侍郎，命亦中止”[⑤]。所谓执政，当指朝廷执行部门，因李孟“未尝一造其门”而敢于阻挠皇帝旨意的贯彻，这算是给李孟上了一堂生动的官场关系学课。

李孟的治国才干终于有了一次充分展示的机会。大德九年（1305），成宗卧疾，卜鲁罕皇后临政，命武宗抚军北方，仁宗奉母降居怀孟。李孟追随仁宗

① 姚燧：《李道复曾祖考执赠韩国公制》，《全元文》（九），江苏古籍出版社1998年标点本，第361页。

② 黄溍：《元故翰林学士承旨中书平章政事李公行状》，《金华黄先生文集》卷二三，四部丛刊本。

③ 《元史》卷一七五《李孟传》，中华书局1976年标点本，第4084页。

④ 黄溍：《元故翰林学士承旨中书平章政事李公行状》，《金华黄先生文集》卷二三，四部丛刊本。

⑤ 《元史》卷一七五《李孟传》，中华书局1976年标点本，第4084页。

左右，诚节如一。大德十一年（1307），成宗去世，在京的卜鲁罕皇后与安西王阿难答欲乘机夺位，丞相、枢密同声附和，一时“密谋横变，国势危疑，人情汹汹”[①]。不赞同此举的中书右丞相哈剌哈孙遣密使来告，然仁宗疑而不行。在这关键时刻，李孟挺身而出，他对仁宗说：“支子不嗣，世祖之典训也。今宫车晏然，大太子远在万里，宗庙社稷危疑之秋，殿下当奉大母，急还宫廷，以折奸谋、固人心。不然，国家安危，未可保也。”[②] 由于李孟果断地促成了仁宗与太后从怀孟及时赶回京师，为根本扭转局势创造了条件。当时京城的气氛相当紧张，哈剌哈孙只能以称病坚卧来拖延时日，而卜鲁罕皇后则以问疾为名派人不离左右。李孟假扮大夫问诊，成功地接近哈剌哈孙，共同商定了先行举事的谋略。李孟回来后再次说服仁宗机不可失要先发制人，使仁宗最终下定决心，抢在卜鲁罕皇后称制前一天发难，收首谋及同恶者，悉送都狱；奉御玺，北迎武宗，稳住了人心。在仁宗监国以待武宗到来的日子里，李孟积极参知政事，“损益庶务，远近无不悦服，然特抑绝侥幸，群小多不乐，孟不为变”[③]，有效地维护了朝野秩序的稳定。

李孟积极主动地帮助仁宗扫除承继大统的障碍，实际上也是在为自己进入朝廷决策层开辟着道路。这是他梦寐以求的理想，也是他多年艰辛努力追求的目标。然而，不可思议的是，就在这万事俱备之时，李孟毅然向仁宗提出了退隐的要求，并在仁宗不予同意的情况下决然以逃离的方式坚持了他的选择。

李孟为什么要出逃？他当时对仁宗陈述的理由是：“执政大臣，宜出于嗣天子亲擢，今銮舆在道，臣未见颜色，诚不敢冒当重寄。”[④] 李孟相当清醒。长期以来，他辅佐的是仁宗，而如今即位的皇帝是武宗，最终决定他命运的是武宗而不是仁宗。虽然在粉碎卜鲁罕皇后夺位阴谋奉御玺迎武宗这件事上，武

① 黄溍：《元故翰林学士承旨中书平章政事李公行状》，《金华黄先生文集》卷二三，四部丛刊本。

② 《元史》卷一七五《李孟传》，中华书局 1976 年标点本，第 4085 页。

③ 同上书，第 4087 页。

④ 黄溍：《元故翰林学士承旨中书平章政事李公行状》，《金华黄先生文集》卷二三，四部丛刊本。

宗会相当感激仁宗，但不等于就会因此重用李孟。一朝天子一朝臣，这是官场的铁律，善论古今治乱的李孟不会不明白这个道理。

况且，李孟的“未见颜色”并不是对仁宗的待价而沽，而是已经听到武宗磨刀霍霍的声音了。仁宗粉碎卜鲁罕皇后夺位阴谋以北迎武宗并非一帆风顺，其中诸多节外生枝已酿成武宗的猜忌和不满。首先，右丞相哈剌哈孙将卜鲁罕皇后意欲夺位的消息密报给武宗和仁宗的方式是不同的。武宗获知这消息是因为“适武宗遣脱脱使事至京师，丞相哈剌哈孙令急还报武宗”[①]。《元史·康里脱脱传》中也说：“脱脱适以使事至京师，即俾驰告武宗以国恤。”而仁宗获知这一消息则是由于丞相哈剌哈孙的主动遣使密报。“成宗崩。时武宗总兵北边，右丞相哈剌哈孙阴遣使报仁宗”[②]。《元史·李孟传》中也说：“中书右丞相哈剌哈孙答剌罕密使来报，仁宗疑而未行。”当然，两种方式的采用或许纯属偶然，至今也没有材料证明哈剌哈孙更倾向于仁宗，但武宗是否会因此而生发疑心，却很难排除这种可能性。而且接下来发生的事不得不促使武宗从这方面猜忌：一是仁宗奉母抢先赶回京师，二是仁宗未等武宗到达便独自发难，再加上太后的火上添油，将两太子的星命付阴阳家推算，问所宜立者，其结果是仁宗继位更为合适。这诸多因素的纠合，当然引起了武宗的强烈不满。武宗对康里脱脱说：“我捍御边陲，勤劳十年，又次序居长，神器所归，灼然何疑。今太后以星命休咎为言，天道茫昧，谁能预知？设使我即位之后，所设施者上合天心，下副民望，则虽一日之短，亦足垂名万年，何可以阴阳之言而乖祖宗之托哉！此盖近日任事之臣，擅权专杀，恐我他日或治其罪，故为奸谋动摇大本耳。”[③] 随后武宗三路军发，杀气腾腾直扑京师。李孟的出逃便是在这样的背景下发生的。

李孟只身逃进了许昌陉山，其心情是相当不平静的。

---

① 《元史》卷一三六《阿沙不花传》，中华书局1976年标点本，第3298页。

② 《元史》卷一一六《后妃二·顺宗昭献元圣皇后传》，中华书局1976年标点本，第2900页。

③ 《元史》卷一三八《康里脱脱传》，中华书局1976年标点本，第3322页。

日午山中道，停骖进步难。

硷侵苔径滑，风吹毳袍寒。

匡国终无补，全身尚未安。

一尊茅店酒，强饮不成欢。[①]

坐在山中酒店的茅草房内，李孟的酒是越喝越心寒。武宗的矛头所指是相当明白的。何谓“近日任事之臣”，哈剌哈孙逃脱不了干系，李孟也同样逃脱不了干系。“擅权专杀”的罪名已经为其罗织，“他日或治其罪”的打算也已和盘托出，真是“匡国终无补，全身尚未安”。面临此等险境，李孟焉能不逃！但多年的努力毁于一旦，这对于志向远大的李孟来说毕竟是个难以接受的事实，“停骖进步难”一句很形象地揭示了李孟望山欲隐又止步不前的两难心境。志在治国而壮志难酬，这又岂是借酒浇愁所能抚慰的？

李孟并非苟且偷生之辈。我们从李孟喜爱与什么样的人交往，推崇什么样的气节，便可看出李孟的人格追求。世祖朝时，商挺与李孟“折行辈与交”[②]，用今天的话说，就是一对忘年交。这个商挺，为元世祖建功立业，为武为文皆功劳卓著，且为人正直。王文统事发之后，一次世祖问及此事：“卿在关中、怀孟，两著治效，而毁言日至，岂同寅有沮卿者耶？抑位高而志怠耶？比年论王文统者甚众，卿独无一言。”世祖奇怪，当年王文统诬陷过你商挺，但王文统出事后你却并未借机澄清自己。商挺回答说：“臣素知文统之为人，尝与赵璧论之，想陛下犹能记也。臣在秦三年，多过，其或从权以应变者有之。若功成以归己，事败分咎于人，臣必不敢，请就戮。”[③] 如此性格的商挺愿与李孟交往，正说明两人的志趣相投。与铁木迭儿作坚决斗争而最终被其残害的杨朵儿只为人刚正不阿，仁宗重其“刚直”，但又对其“寡合”的一面颇有微词。

① 李孟：《偶成》，顾嗣立：《元诗选》（三），上海古籍出版社 1993 年影印本，第 121 页下。

② 《元史》卷一七五《李孟传》，中华书局 1976 年标点本，第 4084 页。

③ 同上书，第 3740 页。

“帝他日与中书平章李孟论元从人才，孟以朵儿只为第一，帝然之，拜礼部尚书”[①]。以刚正不阿之人为人才之典范，正可见李孟本身为人的价值取向。况且，李孟的出逃，是在帮助仁宗粉碎卜鲁罕皇后夺位阴谋之后，是在朝廷确认武仁授受体制之后，是在帮助仁宗稳定国内局势之后。这与那些见死不救作壁上观而伺机投靠的投机者当不可相提并论。或许李孟确实是希望仁宗承继大统能够一步到位，这对于李孟本身利益而言也确是最佳结局。但在费尽全力而明知不可为的情况下，能够不存侥幸不抱幻想，急流勇退保全自己，这又正是李孟大勇大智的表现。

后来事情的发展果如李孟所料，那就是李孟和哈剌哈孙果真遭人暗算。武宗即位之初，就有人在武宗面前告了李孟一状：“内难之初定也，李孟尝劝皇弟以自取，如彼言，岂有今日！”[②] 此言之恶毒，足以致李孟于死地。而且，此言一箭双雕，明则诋毁李孟，暗则累及仁宗。虽然武宗对此事并未进一步追究，但仁宗至此再也不敢在武宗面前言及李孟了。哈剌哈孙的结局也基本如此。武宗即位之初，哈剌哈孙任太傅，录军国重事，倒也基本保留了面子。但不久，因他反对武宗无原则地加封秃剌，被秃剌在武宗面前反咬一口：“方安西王谋于大统，哈剌哈孙亦尝署文书。”[③] 这分明是因私怨而伺机报复，又正好利用了武宗因继位事件而产生的怒气和欲治其罪的心理，由是哈剌哈孙被罢相并出镇北边。听到这些消息，李孟感触颇多。虽然他暗自庆幸躲过了这一劫难，但官场之黑暗还是给了李孟年轻时立志治国平天下的豪情以重重的一击：

> 艰危勤扈从，俯仰尽周旋。
>
> 小试屠龙技，翻成抱虎眠。

① 《元史》卷一七九《杨朵儿只传》，中华书局1976年标点本，第4152页。

② 《元史》卷一七五《李孟传》，中华书局1976年标点本，第4087页。

③ 《元史》卷一三六《哈剌哈孙传》，中华书局1976年标点本，第3294页。

脱钩鱼纵壑，漏网鸟冲天。

万事从今始，灰心未死前。

十年陪顾问，一旦决安危。

自合成功去，应惭识事迟。

长城徒自坏，孤注莫相疑。

辟谷求仙者，高明百世师。[①]

诗情流露的是悲哀还是庆幸？或许这二者都有。这里有对仕途官场的大彻大悟，也有对人生真谛的真切感悟。这番经历对李孟来说当是刻骨铭心的，对他日后周旋于富贵名利之中而能淡然处之有着重大的影响。人的思想正是在这种人生苦涩中成熟的。

李孟最后是被武宗使臣在许昌陉山给找回的，那是因当上了皇太子的仁宗为其求情而得武宗首肯。李孟回京后，因太后的推荐，武宗对李孟也有重要任命，但只是挂名而已。几年后，武宗去世，仁宗即位，李孟才真正被重用。本传说："仁宗嗣位，真拜中书平章政事，进阶光禄大夫，推恩其三世，且谕之曰：'卿，朕之旧学，其尽心以辅朕之不及。'孟感知遇，力以国事为己任。"这里史家用了一个"真"字，可见在武宗朝对李孟的任命只不过是一个虚职。至此，李孟辅弼天子的梦想才算是真正实现了。

二

李孟的可贵之处，在于他在历经诸多磨难之后并未放弃他的理想和消磨他

① 李孟：《寄东宫二首》之二，顾嗣立：《元诗选》（三），上海古籍出版社1993年影印本，第122页上。

的斗志，在他位高权重之时并未恃恩邀宠，贪图享受。“报国非私己，逢时岂爱身”[①]，这是赵孟頫对李孟的赞誉。“两扶青天之红日，一新黄阁之清风”[②]，这是姚燧对李孟政绩的高度概括。此处的“两扶”，一扶当指李孟帮助仁宗平叛卜鲁罕皇后的夺位阴谋，另一扶则是指李孟任职中书平章政事之后，全力辅佐仁宗推进了以儒术治国的进程。

本传中说：“帝尝语近臣曰：‘道复以道德相朕，致天下蒙泽。’赐之钞十万贯，令将作为治第。孟辞曰：‘臣布衣际遇，所望于陛下者，非富贵之谓也。’悉辞不受。”君臣二人的这番话都很真挚，实质上这话道出了两人合作的思想基础及治国追求。从仁宗来讲，他感激李孟以儒学辅佐之功，也表明他立志以儒术治国的意向。而从李孟来讲，他期望于仁宗的并不在获得本身的荣华富贵，而在于仁宗能够切实推进元代儒术治国的进程。作为一个地主阶级政治家，李孟的这个思想境界是很真实的。早在仁宗降居怀孟的四年里，李孟“单骑以从”，就是为了向仁宗讲论关于古圣帝王得失成败，及君君臣臣父父子子之义的儒学道理。他这样做的目的，是想用儒学来成就一个君主，而后靠着这样的君主来实现自己的治国理想。这个想法未免理想化，但封建士大夫哪一个不是怀着这样的人生理想而去拼搏人生的？

而仁宗所谓“道复以道德相朕，致天下蒙泽”也确实表达了一个历史事实，那就是元代以儒术治国的进程在仁宗朝有了实质性的推进。元代崇奉儒学的政策在忽必烈“中统建元”之时即已确立，经世祖朝与成宗朝的运作，以儒术治国的框架已经奠定。虽然武宗推行儒学的热情不高，但他在位时间只有短短的四年，且仁宗以太子身份在这方面又多有促进和推动，因而元代以儒术治国的进程得以延续。仁宗即位后进一步加大力度，着力扩大儒学的政治影响。据《元史·仁宗纪》载，仁宗即位不久，至大四年（1311）六月，仁宗读《贞

① 赵孟頫：《奉赠平章李相公十韵》，《松雪斋文集》卷四，四部丛刊本。

② 姚燧：《考赠韩国忠献公制》，《全元文》（九），江苏古籍出版社1998年标点本，第362页。

观政要》毕，对翰林侍讲阿林铁木儿说：“此书有益于国家，其译以国语刊行，俾蒙古、色目人诵习之。”同年闰七月，命国子祭酒刘赓诣曲阜，以太牢祠孔子。皇庆二年（1313）六月，建崇文阁于国子监。以宋儒周敦颐、程颢、程颐、张载、邵雍、司马光、朱熹、张拭、吕祖谦及故中书左丞许衡从祀孔子庙廷。延祐元年（1314）四月，仁宗命集贤学士忽都鲁都儿迷失及李孟择《资治通鉴》之切要者译成国语。延祐二年（1315）四月，仁宗命李孟等将累朝条格分类整理，成书颁行。延祐三年（1316）六月，仁宗封孟子的父亲为邾国公，母亲为邾国宣献夫人。延祐四年（1317），仁宗命将《大学衍义》译成国语，并由浙江省刊印后赐给朝臣五十部。延祐六年（1319）十二月，封宋儒周敦颐为道国公。与此同时，仁宗切实恢复科举制度，通过选士的功能来强化程朱理学的权威地位。这些举措最终促成了程朱理学在元代统治地位的确立，终于使元代崇奉儒学的治国方略步入了规范化和制度化的轨道。

这一进程的推进，李孟在其中所发挥的影响力和促成之功最为仁宗所推崇所感激。李孟身居中书要职，“毅然以国事为己任，慎赐予，重名爵，核太官之滥设，汰卫士之冗员。贵戚近臣恶其不利于己而莫敢言也。前所建新法有未便者，奏请革去，百司庶政一遵世祖皇帝成宪而行之”①。这一清醒的施政思路，加之李孟那坚韧不拔的意志，使世祖忽必烈所确立的行汉法路线在仁宗朝得以延续与落实。

以儒术治国，其核心问题是用人之道。从李孟的政绩来看，其所用力最多者正是在这一方面，而仁宗倚重李孟之处也正是在这个问题上。李孟辅佐仁宗所抓的第一件大事便是整顿国子监。据《元史·仁宗纪一》载，至大四年（1311）正月，武宗去世。二月，仁宗便“命中书平章李孟领国子监学，谕之曰：‘学校，人才所自出，卿等宜数诣国学课试诸生，勉其德业。”四月，仁宗又一次发布谕旨：“国子监师德之职，有才德者，不拘品级，虽布衣亦选用。”

① 黄溍：《元故翰林学士承旨中书平章政事李公行状》，《金华黄先生文集》卷二三，四部丛刊本。

同年闰七月，仁宗再次诏谕省臣：“国子学，世祖皇帝深所注意，如平章不忽木等皆蒙古人，而教以成才。朕今亲定国子生额三百人，仍增陪堂生二十人，通一经者，以次补伴读，着为定式。”同年十二月，仁宗再次命李孟整饬国子监学。[①] 建国君民，教学为先，这在封建时代是治国务本之举。在不到一年的时间内，仁宗对整顿国子监采取了四次重大行动，这在中国古代历史上都是极为罕见的，足以表明仁宗崇尚儒术的决心。透过这个现象也可看见李孟清醒的施政方略和务实的施政作风。在这次整顿中，李孟确立了国子学试贡法，规定“蒙古授官六品，色目正七品，汉人从七品。试蒙古生之法宜从宽，色目生宜稍加密，汉人生则全科场之制”[②]。这一原则的确立使国子监的教学与选官制度沟通，不仅有利于国子监教学走上规范化轨道，而且在全社会树立了“学而优则仕”的选官准则。儒士之所以在元代没有发挥重要作用，主要原因是以前各朝都没有把他们的学问作为补官的基本条件。在科举制度尚未恢复之时，李孟施政以培养人才为龙头，正是要举纲张目，要开启以儒学素养为基本标准的选官方向。

李孟辅佐仁宗所抓的第二件大事便是整治冗员贪官。封拜繁多，赏赐无章是元代一个十分突出的问题。这个问题在世祖朝就十分严重，相沿日久，愈演愈烈。到仁宗朝更是风俗奢靡，车服僭拟，上下无章；近臣恃恩，求请无厌；时宰不为裁制，乃更相汲引，望幸恩赐，耗竭公储，以为私惠。至大四年（1311）十二月，中书省臣在一份报告中提到：“世祖定立选法升降，以示激劝。今官未及考，或无故更代，或躐等进阶，僭受国公、丞相等职，诸司已裁而复置者有之。今春以内降旨除官千余人，其中欺伪，岂能悉知。坏乱选法，莫此为甚。”[③] 滥设官员的风气也波及宗教界，各地佛教、道教也设官统治。这些官员在地方上为所欲为，对外抗拒官府，对内欺压僧、道。这些问题不解

① 《元史》卷二四《仁宗纪一》，中华书局1976年标点本，第538—548页。

② 《元史》卷八一《选举志一》，中华书局1976年标点本，第2030页。

③ 《元史》卷二四《仁宗纪一》，中华书局1976年标点本，第548—549页。

决，国家经济与政治秩序都不可能得到有效的整治。为此，李孟首先建议仁宗在经济上实施紧缩开支的节用方针。至大四年（1311）十一月，他向仁宗建议："钱粮为国之本，世祖朝量入为出，恒务撙节，故仓库充仞。今每岁支钞六百余万锭，又土木营缮百余处，计用数百万锭，内降旨赏赐复用三百余万锭，北边军需又六七百万锭；今帑藏见贮止十一万余锭，若此安能周给。自今不急浮费，宜悉停罢。"[①] 仁宗接受了这一意见，停罢了一切营缮工程。第二步，李孟得仁宗同意，将年内朝廷内部降旨任官的千余人一律冻结，并着手整治冗官。李孟认为，人君之柄，在赏与刑。赏一善而天下劝，罚一恶而天下惩。他向仁宗建议："贵贱有章，所以定民志；赐与有节，所以劝臣下。请各为之限制。"在仁宗的支持下，李孟进行了大刀阔斧的改革，裁冗员，罢贪官，平冤案，节赐与，重名爵，天下称快。李孟治官，公正合理，凡冤错者，复其官职；凡滥冒者，悉夺之。虽然这免不了会得罪那些贵戚近臣，但李孟"苟有益于国家虽违众而行，无所惮"[②]，而"贵威近臣，恶其不便于己，而心服其公，无间言焉"[③]。李孟的整顿卓有成效，直到延祐五年（1318）五月，监察御史在一则奏折中还提道："比年名爵冒滥，太尉、司徒、国公，接迹于朝。昔奉诏裁罢，中外莫不欣悦。"[④]

名爵冒滥的根源在于选拔无序，铨考失灵。为根本治理这种状况，李孟辅佐仁宗所抓的第三件大事便是促成科举制度的恢复。早在至大四年（1311）闰七月，李孟就上言："方今进用儒者，而老成日以凋谢，四方儒士成才者，请擢任国学、翰林、秘书、太常或儒学提举等职，俾学者有所激劝。"仁宗对此十分赞同："卿言是也。自今勿限资级，果才而贤，虽白身亦用之。"[⑤] 以后李孟多次奉诏收集人才，"四方之士，为时所推许者，甄拔无遗。汲引后进，未

① 《元史》卷二四《仁宗纪一》，中华书局 1976 年标点本，第 547—548 页。

② 黄溍：《元故翰林学士承旨中书平章政事李公行状》，《金华黄先生文集》卷二三，四部丛刊本。

③ 《元史》卷一七五《李孟传》，中华书局 1976 年标点本，第 4087 页。

④ 《元史》卷二六《仁宗纪三》，中华书局 1976 年标点本，第 584 页。

⑤ 《元史》卷二四《仁宗纪一》，中华书局 1976 年标点本，第 545—546 页。

始有吝骄之色。品题所及，后多知名”[①]。但零星的网罗人才终是治标不治本，要根本推动朝廷官员儒学素质的提高，切实推进元代汉化和儒化的改革，必须要解决选举制度化问题。一次，仁宗与李孟讨论用人之方，李孟进一步建议："自古人才所出，固非一途，而科目得人为盛。今欲取天下人才而用之，舍科目何以哉？然必先德行经术，而后文辞，乃可得其真才以为用。"这番话成为仁宗决意科举的最直接动力："帝深然其言，遂决意行之。"[②] 史家用一"深"字意在将李孟建议的重要作用揭示无余。从时间上推算，李孟的这个建议在《元史》本传中记载于皇庆二年（1313）夏之后，而元代科举重开之诏令则是颁布于同一年的十一月。史书中说："至仁宗皇庆二年十月，中书省臣奏：'科举事，世祖、裕宗累尝命行，成宗、武宗寻亦有旨，今不以闻，恐或有沮其事者。夫取士之法，经学实修己治人之道，词赋乃螭章绘句之学，自隋唐以来，取人专尚词赋，故士习浮华。今臣等所拟将律赋省题诗小义皆不用，专立德行明经科，以此取士，庶可得人。'帝然之。十一月，乃下诏。"[③] 这个时间与李孟本传的时间刚好吻合，因李孟的建议而有仁宗的同意，因仁宗的同意而有中书省的提案，因中书省的提案而有仁宗的诏书，环环紧扣，前后相因。而追根寻源，李孟的建议当是延祐科举的最直接动力。

废止了八十余年的科举考试终于在仁宗朝正式恢复。"甲辰，行科举。诏天下以皇庆三年八月，天下郡县兴其贤者、能者，充贡有司，次年二月，会试京师，中选者亲试于廷，赐及第出身有差。帝谓侍臣曰：'朕所愿者，安百姓以图至治，然匪用儒士，何以至此。设科取士，庶几得真儒之用，而治道可兴也。'"[④] 仁宗高兴，李孟更高兴。能够亲手帮助仁宗促成元代选举史上历史性的转折，李孟深知这一举措的分量。仁宗"命公知贡举及亲策多士于廷，命公

① 黄溍：《元故翰林学士承旨中书平章政事李公行状》，《金华黄先生文集》卷二三，四部丛刊本。
② 同上。
③ 《元史》卷八一《选举志一》，中华书局 1976 年标点本，第 2018 页。
④ 《元史》卷二四《仁宗纪一》，中华书局 1976 年标点本，第 558 页。

为监试官"[①]。这一天，李孟的心情格外舒畅，他欣然赋诗一首：

百年场屋事初行，一夕文星聚帝京。
豹管敢窥天下士，鳌头谁占日边名。
宽容极口论时事，衣被终身荷圣情。
愿得真儒佐明主，白头应不负平生。[②]

三

李孟的这些出色表现，得到了仁宗的高度赞赏和信赖。"上在潜邸，尝因公所自号，命集贤大学士王颙书'秋谷'两大字，御署以赐公。至是又命绘公像，敕词臣为之赞。入见必赐坐与语，移时而退，惟以字呼之曰道复而不名，其见尊礼如此。"[③] 皇恩如此浩荡，同僚们也极尽呵护。仅从文献上看，程矩夫、蒲道源、张养浩、郝天挺、同恕、张野、王执谦、许有壬、虞集、马祖常等都有给李孟的寿诗赠文，可见李孟当时确实颇为风光。

在旁人看来，李孟的境遇是属于仕途得意的那一类，但在李孟内心却总有一丝排遣不尽的忧思。一日，一位古貌长身，须髯如戟，宽衣高冠，容止简率，操一口吴语者到李孟家登门求见，这就是自号秋江的休宁人黄一清。此人长年闲居在家，在社会上并无名气，年逾四十始游京师。左右人见之皆目笑之，然李孟一见大为惊异，执其手而奉为上座，大有一见如故之感。临别李孟赠诗一首：

① 黄溍：《元故翰林学士承旨中书平章政事李公行状》，《金华黄先生文集》卷二三，四部丛刊本。
② 李孟：《初科知贡举》，顾嗣立：《元诗选》（三），上海古籍出版社1993年影印本，第122页上。
③ 黄溍：《元故翰林学士承旨中书平章政事李公行状》，《金华黄先生文集》卷二三，四部丛刊本。

君钓秋江月，我耕秋谷云。

逃名君笑我，伴食我惭君。

老我素多病，壮君高出群。

何时各归去，云月总平分。[①]

这首诗强烈地表露出李孟对黄一清隐士生活的羡慕与向往，实质上已将他内心深处的退隐意识揭示无余。

在李孟的内心深处，平淡纯真的生活才是他真正的向往。“公退，一室萧然，流连觞咏，言笑竟日，无异布衣时”[②]，这才是李孟倍感快乐的时光。“相公李秦公治小斋于居第之后，取陶渊明《归去来兮辞》中语名之，曰‘知还’”[③]。筑室而取意“知还”，袒露了李孟混迹官场中的清醒意识。只是归路何在，这成为萦绕在李孟头脑中而挥之不去的心病。

谁调元气入淋漓，枯槁回生只片时。

依旧野云无处着，高天阔地任风披。[④]

一时的荣光固然可羡，但封建士大夫的命运并不是靠自己就能完全把握的。变幻莫测的政治风云往往能在一夜之间让你尝透世间的炎凉，所以李孟总感觉着自己就如一片“无处着”的“野云”。人生归宿何在？这就是呐喊于李孟内心的强音。

徘徊于儒道之间，挣扎于出世与入世之间，这是封建时代士大夫所经历的共同的人生旅程。然对于生活在元代的封建士大夫，对这一经历的体验似乎更

① 李孟：《赠黄秋江处士》，顾嗣立：《元诗选》（三），上海古籍出版社 1993 年影印本，第 121 页下。

② 黄溍：《元故翰林学士承旨中书平章政事李公行状》，《金华黄先生文集》卷二三，四部丛刊本。

③ 虞集：《知还斋记》，《道园学古录》卷七，四部备要本。

④ 李孟：《喜雨》，顾嗣立：《元诗选》（三），上海古籍出版社 1993 年影印本，第 122 页下。

为深刻。在李孟退隐念头的后面，实质上反映了李孟对朝廷险恶政治斗争的无奈。仁宗在元代应该算得上是个有作为的君主，他在李孟的影响下，对儒学有了更为深刻的领会，对元代加快汉化和儒化的改革有了更为自觉的追求。他即位之后，既能重用世祖朝深知政务素有声望的一批老臣，也能重用像李孟这样一批正直敢言崇尚儒术的官僚，其目的就是要切实推进以儒术治国的进程。但他的这一治国思路遭到了朝廷权力巅峰上另一股力量的牵制，那就是太后。史书中说："武宗崩，仁宗在东宫，以丞相三宝奴等变乱旧章，诛之。用完泽及李孟为中书平章政事，锐欲更张庶务。而皇太后在兴圣宫，已有旨，召铁木迭儿为中书右丞相。逾月，仁宗即位，因遂相之。"[①] 仁宗之所以果断地清除武宗旧党，目的就是要"锐欲更张庶务"。而太后为了维持蒙古和色目贵族的特权利益，在朝中网罗亲信，培植后党，相率为奸，将宣徽院和徽政院经营成了一个对抗中书省的权力中心，以此浊乱朝政，直接挑战仁宗的"锐欲更张庶务"方针。

李孟自然就卷进了朝廷权力斗争的政治旋涡之中。为了报答仁宗的知遇之恩，李孟也只能"豁出去"了。《元史·李孟传》中说："皇庆、延祐之世，每一政之谬，人必以为铁木迭儿所为；一令之善，必归之于孟焉。"这说明李孟与铁木迭儿不仅分处于势不两立的两个政治集团，而且都是属于领袖型的人物。应该说，在与铁木迭儿集团的斗争中，李孟发挥了核心作用，这是仁宗倚重李孟的根本原因。本传中说："孟在政府，虽多所补益，而自视常若不及，尝因间请曰：'臣学圣人道，遭遇陛下，陛下尧、舜之主也。臣不能使天下为尧、舜之民，上负陛下，下负所学，乞解罢政权，避贤路。'帝曰：'朕在位，必卿在中书，朕与卿相与终始，自今其勿复言。'"[②] 虽然这期间李孟还是多次请求归还国公印，也曾经一度如愿以偿。但到延祐年间，各种官职又恢复如

① 《元史》卷二〇五《奸臣·铁木迭儿传》，中华书局1976年标点本，第4576—4577页。

② 《元史》卷一七五《李孟传》，中华书局1976年标点本，第4088页。

故。李孟“三入中书”的经历实质是当时朝廷不同政治力量抗衡的结果。仁宗对此无奈，李孟对此也无奈。姚燧奉命为李孟的画像写赞词，其中说：“俟夫治定而功成，德尊而年及，或遂悬车于秋谷，钓云月以弄泉石。朝堂有疑，驰使咨之，犹不得专为山人，世则目曰山中宰相者，所不免也。”[①] 姚燧深谙仁宗之意，暗示即使李孟年老退休，朝廷也还是要向你咨询顾问。这样说既取悦了李孟，又明确表达了仁宗不会再放李孟归隐山乡的意思。李孟身陷其中有何感想，我们只能从一首诗中略作窥探：

> 石激滩声缆钓船，夜寒人对白鸥眠。
> 江风吹尽浮云片，南北东西总是天。[②]

李孟似乎特别爱看“天”，不知这是否与李孟对仁宗寄托无限期望的心理暗合？

但仁宗对太后的一再退让的做法肯定是使李孟失望了。仁宗性格中最为致命的弱点便是“事皇太后，终身不违颜色”[③]。太后私下任命铁木迭儿为右丞相，这是根本违背仁宗意愿的，但仁宗对此却默认了。虽然仁宗不久便罢免了铁木迭儿的丞相职务，然当哈散提议给铁木迭儿恢复一些职务时，仁宗却只是说：“然。卿其后请皇太后。与之印，大事必使预闻。”[④] 此话虽然极富情绪极不情愿，但也仅此而已，铁木迭儿还是如愿地恢复了右丞相职务。铁木迭儿再度复出后，“欲固位取宠，乃议立仁宗子英宗为皇太子，而明宗以武宗子封周王，出镇于云南”[⑤]。这一着棋不仅深得皇太后的赞许，而且也迎合了仁宗的私心。仁宗由此中止了武仁授受体制关于“兄终弟及，叔侄相传”的承诺，而

① 姚燧：《李平章画像序》，《全元文》（九），江苏古籍出版社 1998 年标点本，第 382—383 页。

② 李孟：《舟中作》，顾嗣立：《元诗选》（三），上海古籍出版社 1993 年影印本，第 122 页下。

③ 《元史》卷二六《仁宗纪三》，中华书局 1976 年标点本，第 594 页。

④ 《元史》卷二〇五《奸臣·铁木迭儿传》，中华书局 1976 年标点本，第 4577 页。

⑤ 《元史》卷一三八《康里脱脱传》，中华书局 1976 年标点本，第 3325 页。

铁木迭儿从中得到的便是恃势贪虐，凶秽滋甚，在朝野为所欲为的保障。

延祐四年（1317），中丞杨朵儿只抓住铁木迭儿受贿的证据，联合中书右丞萧拜住以及内外监察御史四十余人弹劾铁木迭儿奸贪不法。“仁宗震怒，有诏逮问，铁木迭儿匿兴圣近侍家，有司不得捕。仁宗不乐者数日，又恐诚出皇太后意，不忍重伤弗之，乃仅罢其相位而已”①。但后党却并不因此而有所收敛，在皇太后的旨意下，铁木迭儿不久又被任命为太子太师，“中外闻之，莫不惊骇。参政赵世延为御史中丞，率请御史论其不法数十事，而内外御史论其不可辅导东宫者，又四十余人。然以是太后故，终不能明正其罪。”② 在弹劾铁木迭儿和反对其再次出任太子太师两次斗争中，挺身而出的内外监察御史都达四十多人，这一事实足以证明仁宗朝中确实集合了不少富有正义感的官僚。但两次斗争都因仁宗的软弱而失败，导致朝廷是非颠倒，正义不张，“中外切齿，群臣不知所为”③。

话说回来，仁宗性格的软弱固然是导致这一结局的重要因素，但仁宗背后的政治背景却是仁宗本人无法抗衡的。自世祖朝以后兴起的官僚派系开始成为朝廷中干预皇位的重要政治力量，尤其是当这股政治力量与太后结成联盟之后，仁宗的权力就受到了来自体制方面的制约。因为皇帝对全国的控制，是依靠中枢官僚来进行的。中枢官僚一旦与太后或蒙古诸王联盟，便可能导致君权的旁落，这是使仁宗对后党一再妥协让步的深层原因。颇受仁宗信任的哈散有过两次请辞右丞相职务的经历。一次是在铁木迭儿第一次被罢相之后，延祐元年（1314），哈散为铁木迭儿求情复职：“臣非世勋族姓，幸逢陛下为宰相，如丞相铁木迭儿，练达政体，且尝修国史，乞授其印，俾领翰林国史院，军国重务，悉令议之。”④ 另一次是在铁木迭儿第二次被罢相之后，延祐四年

---

① 《元史》卷二〇五《奸臣·铁木迭儿传》，中华书局1976年标点本，第4579页。

② 同上书，第4579—4580页。

③ 《元史》卷一七九《杨朵儿只传》，中华书局1976年标点本，第4153页。

④ 《元史》卷二〇五《奸臣·铁木迭儿传》，中华书局1976年标点本，第4577页。

(1317)，哈散要求："故事，丞相必用蒙古勋臣；哈散回回人，不厌人望。"遂恳辞。[①] 哈散出任右丞相是由仁宗所命，仁宗不可能不知右丞相一般应由蒙古贵族出任的原则，出此决策当是为制衡后党所为。然哈散的两次请辞都搬出了非蒙古勋臣的理由，这显然是受到了来自后党的胁迫。而两次请辞的结果也证明了这一点。第一次的结果是铁木迭儿最终恢复了右丞相职务，第二次的结果是由后党的徽政近臣出任右丞相。

虽然，仁宗在朝廷中所能信赖的官僚力量也颇为壮观，但这些人大多数都是汉族士大夫。在元代政治体制中，这批人不可能进入官僚最高层，也就不可能掌握真正的实权。同时，他们与蒙古贵族层和色目贵族层缺乏一种天然的联系，尤其是他们力图汉化和儒化的政治倾向更为蒙古、色目贵族所猜忌所警惕，因而他们的政治主张在元代统治阶层难以得到广泛的支持。正因为这样，后党不仅每次都成功地化解了他们声势浩大的弹劾行动，而且敢于在仁宗的眼皮底下将他们兴师问罪。御史中丞杨朵儿只慨然以纠正铁木迭儿之罪为己任，被徽政近臣以太后旨召至宫门责问，并最终降职为集贤学士。[②] 张圭坚决反对皇太后以铁木迭儿为太师，不久，"车驾度居庸，失列门传皇太后旨，召圭切责，杖之，圭创甚，舆归京师，明日遂出国门"[③]。同样，赵世延"劾奏权臣太师、右丞相铁木迭儿罪恶十有三"[④]，不久也被贬官于京外。

李孟对此没有更多的作为，连仁宗都无力控制这种局面，李孟又能怎样。他只是感觉到老了，想家了。还是在皇庆元年（1312）时，李孟曾有一次告假归葬其父母，在家乡住了数月，事毕返朝前，李孟对家乡依依不舍：

> 绿暗丘园已暮春，还山堂上会乡邻。

---

① 《元史》卷二六《仁宗纪三》，中华书局 1976 年标点本，第 580 页。

② 《元史》卷一七九《杨朵儿只传》，中华书局 1976 年标点本，第 4153—4154 页。

③ 《元史》卷一七五《张圭传》，中华书局 1976 年标点本，第 4073 页。

④ 《元史》卷一八〇《赵世延传》，中华书局 1976 年标点本，第 4165 页。

明朝却上燕南道，依旧征衫满路尘。[①]

诗中所流露出对家乡的眷恋与对宦途的厌倦恰成鲜明的对比。回朝后，身陷无休止的权力斗争，李孟的无奈与思乡的情怀却日盛一日：

西望家山咫尺间，白头多病不知还。
中书三入成何事，画里相看亦厚颜。[②]

这里流露的分明是对自己的不满，对自己虽位高权重却也只能听任铁木迭儿横行的强烈不满。但他所能选择的只有以衰病不任事再次请求辞职。

仁宗去世，铁木迭儿奉皇太后旨意再度出任中书右丞相，其“权势既成，毫发之怨，无不报者”[③]。他先是以“违太后旨”为名，将杨朵儿只和萧拜住问罪弃市，继而恨贺胜“素不附己”将其抓捕杀害，接着将赵世延缉拿欲处死罪，幸得英宗阻止。京城一时血雨腥风，风沙晦冥，人人恐惧。李孟也同样身处铁木迭儿的报复之列。本传中说：“延祐七年，仁宗崩，英宗初立，太师铁木迭儿复相，以孟前共政时不附己，谗构诬谤，尽收前后封拜制命，降授集贤侍讲学士、嘉议大夫，度其必辞，因中害之。”以降职为饵伺机罗织罪名，这说明铁木迭儿对李孟十分嫉恨而又抓不到把柄，这是真正意义上的恨之入骨。李孟这次并未逃离京师，也没有在意官职的屈降，而是欣然拜命，使铁木迭儿在英宗面前的谗言不攻自破。这是不是李孟以老臣之躯对铁木迭儿倒行逆施的最后一次抗争？

① 李孟：《迁葬毕还朝》，顾嗣立：《元诗选》（三），上海古籍出版社 1993 年影印本，第 122 页下。
② 李孟：《在朝思乡》，顾嗣立：《元诗选》（三），上海古籍出版社 1993 年影印本，第 122 页下。
③ 《元史》卷一七九《杨朵儿只传》，中华书局 1976 年标点本，第 4155 页。

呼唤科举：元杂剧中下层文人的生命呐喊

元代停废科举近80年。在这一期间，元廷不少官员为复行科举多次疾呼奔走，比如史天泽，比如王鹗、王恽等翰林官员，等等。那么，处于社会底层的下层文人，他们对停废科举是什么态度？学术界对此关注较少。本文试以元杂剧作品为例来作一探讨。

一

为什么要以元杂剧作品为解剖对象？

很明显的一个理由，元杂剧的兴起与科举的停废有着直接的关系。王国维曾说："余则谓元初之废科目，却为杂剧发达之因。盖自唐宋以来，士之竞于科目者，已非一朝一夕之事，一旦废之，彼其才力无所用，而一于词曲发之。……此种人士，一旦失所业，故不能为学术上之事，而高文典册，又非其所素习也。适杂剧之新体出，遂多从事于此；而又有一二天才出于其间，充其才力，而元剧之作遂为千古独绝之文字。"[①] 因科举的停废而导致落魄文

① 王国维：《宋元戏剧史》，上海古籍出版社1998年版，第77页。

人走向市井，沉沦于社会底层，混迹于官妓、娼优之间，以杂剧创作为生存之道，在勾栏瓦肆中倾吐不快。正如王骥德在《曲律》中所言，这些杂剧作家们"于是多以有用之才，寓于声歌，以纾其怫郁感慨之怀，所谓不得其平而鸣也"[①]。在这些不平之鸣中，对科举的呼唤是其中一个强劲的音符。《救风尘》中的安秀实沦落于社会下层，但他坚信"料得苍天如有意，断然不负读书人"。《金线池》中的韩辅臣因依恋杜蕊娘而在济南府滞留，但他仍希望自己能得功名，好让蕊娘"做得个五花诰夫人，驷马高车锦绣"。《谢天香》中的柳永虽然眷恋谢天香，但见"春榜动选场开"，便毅然辞别天香，进京赶考。《举案齐眉》中的梁鸿在上京应试时坚信："三十男儿未济时，腹中晓尽万言诗。一朝若遂风雷志，敢折蟾宫第一枝。"像这样一类涉及科举考试内容的作品，据不完全统计，在现存160个元杂剧中，就有《西厢记》、《陈母教子》等31个剧本，约占现存元杂剧剧本总数的20%。从这些作品中，我们可以切实感受到下层文人呼唤科举的心声。

那么，元杂剧作家的科举情结从何而来？笼统地以文化传统或社会传统的理由来解释这个问题固然会是不错的，但说服力不够充分。如果没有科举教育的环境或氛围的熏陶和影响，杂剧作家心中的科举情结是难以培植的。这就有必要对元杂剧兴盛之地的教育环境作一深入的探讨。

元杂剧兴盛之时，当是金末元初。王国维将元杂剧的发展分为三个时期，其中第一期为蒙古时代，自元太宗取中原以后至元世祖至元一统之初。这一时期是元杂剧的全盛时期，其作家为最多，著作留存者亦多，元杂剧杰作也大多出于此期[②]。而其勃兴之地，则为今天的北京、河北、山东、山西一带。这些地区原为金朝属地，蒙古军队占领中原后，这些地区为当时大蒙古国中书省所辖。我们要注意到，金朝虽亡，然其长期积淀而成的教育传统却深植于中原士

① 王骥德：《杂论第三十九上》，《曲律》卷三，《读曲丛刊》本。

② 王国维：《宋元戏剧史》，上海古籍出版社1998年版，第73—74页。

人心中。金朝教育的最大特点就是科举教育，在立国119年期间举行科举考试多达54次。尤其在金世宗、金章宗之世，儒风大变，科举尤盛，“入仕者惟举选为贵科，荣路所在，人争走之”[①]。这样的历史传统为中原地区营造了深厚的科举教育土壤。生活于斯成长于斯的大批亡金儒士虽然因国破家亡而沉浮闾里，颠沛流离，但这种厄运反而更能激化他们的怀旧之情。只要一遇合适的气候，他们心中的科举情结便会复苏，便会迁移到教育秩序的重建过程中。这是我们理解元杂剧兴盛之地教育环境的一个基本依据。

第二个值得我们关注的因素，这一时期正是蒙古统治者对中原文化初步认同的时期。从游牧文化走出来的大蒙古国，在君临具有较高文明形态的汉民族地区时，能否借助中华文化以促进本民族的文明进程，将不仅关系到蒙古国能否有效地治理汉地，而且也关系到蒙古民族的发展前途。正是基于这一考虑，1233年，蒙古军队攻占金朝首都汴京后，太宗窝阔台诏令孔子后裔袭封衍圣公，接着又诏令在燕京宣圣庙开办国子学。这两个文治举措不仅带动了中原各地宣圣庙的修复，而且推动了华北地区的地方兴学。《国朝大典·学校》中指出：“我朝自太宗皇帝投戈讲艺，建学于燕，四方诸侯相继兴学。”[②] 忽必烈也很早就开始注意接触中原文化，“岁甲辰（1244），帝在潜邸，思大有为于天下，延藩府旧臣及四方文学之士，问以治道”[③]，比较深入地思考治理汉地的问题。1251年，忽必烈以皇弟的身份受命治理漠南，开府于金莲川，刘秉忠、王鹗、赵璧、张文谦、张德辉、姚枢、商挺、郝经、徐世隆、宋子贞等中原名士相继汇集其帐下，这也为中原地区教育环境的恢复创造了很好的条件。

第三个值得我们关注的因素，在这样的基础上，中原儒士如何构建教育环境，是我们理解元杂剧作家科举情结的主要切入点。蒙古统治者以武力入主中原，以草原游牧文明冲击着中原农业文明的纲常秩序，给中原士人带来天崩地

① 元好问：《故河南路课税所长官兼廉访使杨公神道之碑》，《遗山集》卷二三，四库全书本。

② 《国朝大典·学校》，苏天爵：《元文类》卷四一，上海古籍出版社1993年影印本，第509页。

③ 《元史》卷四《世祖纪一》，中华书局1976年标点本，第57页。

裂般的心灵震撼。作为被征服被占领地的儒士文人，面对国破家亡的惨变、面对天纲绝人理灭的打击，他们赖以应战的法宝就是中华文化，就是儒学理论。他们坚信，只要中华文化不倒，只要儒家伦理纲常秩序不乱，以夏变夷的目标就能实现。而保障和推动中华文化传播的政治机制莫过于科举，迅速医治战争创伤恢复中华文化秩序的有效手段莫过于开展科举教育。因而，争取科举的恢复是蒙古国时期中原儒士致力教育发展的主要趋向。

表现这一趋向的标志主要体现为两方面：一个是太宗时期举行的戊戌选试，另一个则是中原地区的地方兴学。先看戊戌选试。《元史·选举志》中说："太宗始取中原，中书令耶律楚材请用儒术选士，从之。九年秋八月，下诏命断事官术忽解与山西东路课税所长官刘中，历诸路考试。以论及经义、辞赋分为三科，作三日程，专治一科，能兼者听，代以不失文义为中选。其中选者，复其赋役，令与各处长官同署公事。得东平杨奂等凡若干人，皆一时名士。而当世或以为非便，事复中止。"[①] 这次选试发生在太宗窝阔台汗九年（1237）。辅佐窝阔台的耶律楚材很好地利用了窝阔台开办国子学的时机，在燕京大兴文治，《元史》本传说："命收太常礼乐生，及召名儒梁陟、王万庆、赵著等，使直释九经，进讲东宫。又率大臣子孙，执经解义，俾知圣人之道。置编修所于燕京，经籍所于平阳，由是文治兴焉。"[②] 他的这些努力还是卓有成效的。他保护并起用了一大批儒士，抬高了儒学在蒙古国中的地位，有效地影响了蒙古统治者对儒学的看法，促成了戊戌选试的实施。姚大力的研究将这次选试称为"元代最早一次恢复科举制度的失败的尝试"[③]，因为其"精选入仕，续听朝命"的考试性质具有科举制度的因素，只是由于当时的历史条件，这一措施未能继续及落实。但不管怎么说，在那兵荒马乱朝代更替之际，这次选试使四千

① 《元史》卷八一《选举志一》，中华书局 1976 年标点本，第 2017 页。

② 《元史》卷一四六《耶律楚材传》，中华书局 1976 年标点本，第 3459 页。

③ 姚大力：《元朝科举制度的行废及其社会背景》，《元史及北方民族史研究集刊》（第六期），1982 年 12 月。

多儒生从杂泛差役中解脱出来，获得豁免差发的优遇，这一社会感召力无疑是巨大的。它至少使中原士人在新的历史条件下看到了科举恢复的一线希望。

再看地方兴学。金贞祐南渡后，中原地区处于瘫痪状态。各地权势之家纷纷团聚民众，起兵自卫，各自为政，割据一方。蒙古军队攻占这些地方后，招降了这些割据势力，并授予他们自管一地军、民、财赋的权力，让他们自置僚属，世代承袭。当时习惯上称这些人为世侯。这些世侯为提高声望，“竞收纳贤俊，以系民望，以为雄夸”①。大批亡金儒士便纷纷投靠各地世侯，充当幕宾，兴办学校，地方兴学之风由此波及当时山东、河北、河南、山西、陕西的许多府、州、县。例如，山东东平的严实、严忠济父子在治理东平的过程中，广纳名士，“四方文学之士闻风而至”②。这些亡金儒士积极协助严氏父子兴学养士，形成“若夫礼乐之器，文艺之学，人才所归，未有过于东鲁者”③ 的局面。河北真定的史天泽更是努力搜罗亡金遗士，任为幕僚。在忽必烈的过问下，真定府学于 1249 年修缮完毕，于是出现了“弦诵洋洋，日就问学。胄子渐礼让之训，人士修举选之业”④ 的景象。这里所说的“修举选之业”，就是指这些地方兴学是在努力实施着科举教育，张扬着科举教育的精神。宋子贞帮助严实、严忠济父子兴办东平府学，“俾肄艺业。春秋释奠，随季程试，必亲临之。齐鲁儒风，为之一变”⑤。徐世隆帮助严实修复郓学，“岁署题考试，等其甲乙，屡中高选者，擢用之”⑥。商挺协助严忠济大兴学校，“督于课试，后皆通显”⑦。这说明，这些地区的兴学所营造的学风依然是科举学风，所提倡的教育价值取向依然是学而优则仕。

由此看来，元杂剧兴起之时，也正是蒙古国统治下的中原地区汉人儒士争

---

① 魏初：《故总管王公神道碑铭》，《青崖集》卷五，四库全书本。
② 苏天爵：《平章宋公》引墓志，《国朝名臣事略》卷一〇，中华书局 1996 年版，第 201 页。
③ 虞集：《曹文贞公文集序》，《道园学古录》卷三一，四部备要本。
④ 元好问：《令旨重修真定庙学记》，《遗山先生文集》卷三二，四库全书本。
⑤ 苏天爵：《平章宋公》引墓志，《国朝名臣事略》卷一〇，中华书局 1996 年版，第 201 页。
⑥ 苏天爵：《太常徐公》引墓志，《国朝名臣事略》卷一二，中华书局 1996 年版，第 251 页。
⑦ 苏天爵：《参政商文定公》引墓碑，《国朝名臣事略》卷一一，中华书局 1996 年版，第 218 页。

取恢复科举制度之时。虽然其结果未能最终促成科举制度的恢复，但其在中原地区所营造的科举教育氛围和科举教育价值取向却影响深远，士风所被也自然熏陶上了深厚的科举情结。这些地方学校的高材生，后来成为元廷文翰机构官员的主要来源，“世祖皇帝，政事文学之科，建元启祚，彬彬然为朝廷用者，东鲁之人居多焉”[①]。尤其是“朝廷清望官，曰翰林，曰国子监，职诰令，授经籍，以遴选焉始命，独东平之士十居六、七”[②]。这些进入元廷的官员后来成为呼唤恢复科举的主要倡导者。例如，世祖至元初年上奏“当行大事”而论及科举的丞相史天泽，至元四年上书请行选举法的翰林学士王鹗，至元十一年拟定科举程式给真金太子的“翰林老臣”[③]，至元七、八年间建议科举的王恽[④]，至元八年、至元十二年两度奏请开取士之科，以致被人斥之为“守亡国余习”[⑤] 的徒单公履，都是出自这一地区。

由此我们就不难理解元杂剧作家为什么会怀有深厚的科举情结，因为这一时期的杂剧作家大部分都是出自这一地区。李修生在《元杂剧史》中说，根据《录鬼簿》的记载，“前辈”杂剧作家 56 人，其中大都 17 人，真定 7 人，平阳 4 人，东平 4 人。有杂剧作品流传至今的“前辈”作家 30 人，其中大都 10 人，真定 3 人，平阳 2 人，东平 2 人。元杂剧作家十分之九是在中书省所属的地方，即今北京、河北、山东、山西等地，尤以大都、真定、平阳、东平为多[⑥]。具有“小汉卿”之称的杂剧作家高文秀原本就是“东平府学生员”，张时起也是东平府学生员，与高文秀“同斋同笔”[⑦]。白朴虽未进学校，但其父为金朝进士，入翰林，金亡后，白朴随元好问读书，又从父习进士业。马致远的生平不详，但他在元曲中所表达的“叹寒儒，谩读书，读书须索题桥柱”、

① 虞集：《曹文贞公文集序》，《道园学古录》卷三一，四部备要本。

② 袁桷：《送程士安官南康序》，《清容居士集》卷二四，四部丛刊本。

③ 《元史》卷八一《选举志一》，中华书局 1976 年标点本，第 2017 页。

④ 王恽：《论科举事宜状》，《秋涧集》卷八九，四部丛刊本。

⑤ 《元史》卷一四八《董文忠传》，中华书局 1976 年标点本，第 3502 页。

⑥ 李修生：《元杂剧史》，江苏古籍出版社 1996 年版，第 109 页。

⑦ 钟嗣成：《录鬼簿》，上海古籍出版社 1978 年版，第 11、23 页。

“且念鲰生自年幼，写诗曾献上龙楼”等，表现出强烈的科举情结。关汉卿的生平也不十分翔实，但元代有人称其为“关解元”，王国维认为“汉卿得解，既非在金世，亦必在蒙古太宗九年”[①]。也就是说，关汉卿也具有科举经历。正是受到这样的教育环境影响，元杂剧作家才会对科举停废给他们带来的冲击有着真切的体会，他们也才会从心底更强烈地呼唤科举。当他们所承袭的传统价值观念和人生规范一旦在元代失去了市场，他们的沮丧和愤怒之情便自然借助杂剧创作而诉诸笔端。他们所有的不平都表现为下层文人的精神抗争，而拯救他们人格尊严的利器便是“学而优则仕”的正统思想。

二

从元廷反对恢复科举的舆论来看，宋、金科举考试造就了一批迂腐无用之徒是一个强劲的理由。金朝科举“止以词赋为重，故士人往往不暇读书为他文”[②]。南宋科举亦如是，科举程文之士所习无非是些“浮诞补缀之词章，清高虚旷之议论，怠玩姑且之政事”[③]，这些东西于安邦治国一无所用。金宋之亡，科举之弊难辞其咎已成为元初人们占压倒优势的看法。元代南方大儒吴澄说：“盖愚尝与今之学者共学矣，问其所读之文，则曰‘时文’；问其所修之业，则曰‘举业’；问其所志，则曰‘吾将以钓科第、媒爵禄，而利身肥家’也。呜呼！士而如此，其可谓陋而已！”[④] 元代学者谢枋得则说得更为直接：“以学术误天下，皆科举程文之士，儒亦无辞以自解矣。”[⑤] 这样一种舆论的盛行，致使忽必烈发出了“金以儒亡”[⑥] 的责问。在围绕着是否复行科举的问题

① 王国维：《宋元戏剧史》，上海古籍出版社 1998 年版，第 72 页。
② 刘祁：《归潜志》卷八，中华书局 1983 年标点本，第 80 页。
③ 陆文圭：《送曹士宏序》，《墙东类稿》卷六，四库全书本。
④ 吴澄：《发解谢缪守书》，《吴文正公集》外集卷三，元人文集珍本丛刊。
⑤ 谢枋得：《程汉翁诗序》，《迭山集》卷六，四库全书本。
⑥ 《元史》卷一六三《张德辉传》，中华书局 1976 年标点本，第 3823 页。

上，忽必烈咨询了董文忠，董文忠直截了当斥之为此乃“俗儒守亡国余习”①。忽必烈也咨询了杨恭懿，杨恭懿说：“将救斯弊，惟如明诏尝曰：士不治经学孔孟之道，日为赋诗空文。斯言足立万世治安之本。”② 忽必烈还咨询了许衡，许衡毫不含糊地回答：“不能。”忽必烈很高兴：“卿言务实，科举虚诞，朕所不取。”③

“科举虚诞”一语，不仅为元代继续停废科举一锤定音，而且将儒士文人的素质价值予以了基本否定。客观地说，忽必烈的这一断语并非没有合理之处。问题是，科举考试的弊端完全是由国家政治制度所造成。如果要将国家政治制度所酿造的苦果完全由承受者个体来承担，其间的不公正就显而易见了。正是由于这一断语，便将大批进身无由、入仕无望的下层文人直接挤压到社会边缘，使之陷入生存的窘境之中。正如《荐福碑》中的张镐所言：“我本是那一介寒儒，半生埋没，红尘路。则我这七尺身躯，可怎生无一个安身处。”《合同文字》中的张安住对自己的生活景况备觉凄凉：“聚几个蒙童训，常则是对青灯黄卷埋身。苦了我也十年窗下无人问，何日得功名进。”《举案齐眉》中的梁鸿则“每日在长街市上题笔为生”，《王粲登楼》中的王粲穷愁潦倒，无力付人房宿饭钱，《裴度还带》中的裴度“房舍也无的住，说道则在那城外山神庙里宿歇”。这就是当时下层文人所感受到的真实生活。

那么，下层文人的地位卑下是否是因为素质低下，下层文人饱读诗书是否就迂腐无用，元杂剧作家通过文学形象的塑造，向世人交出了他们的答卷。我们看到，元杂剧多是在爱情题材中表现下层文人的科举情结，这是一个很值得玩味的现象。婚姻现象是社会关系的一个缩影，这里不仅聚焦着各种社会关系

① 《元史》卷一四八《董文忠传》，中华书局1976年标点本，第3502页。

② 苏天爵：《太史杨文康公传》，《元朝名臣事略》卷一三引《神道碑》，中华书局1996年标点本，第266页。

③ 苏天爵：《左丞许文正公传》，《元朝名臣事略》卷八，中华书局1996年标点本，第168页。

的矛盾和冲突，而且也是人的生命价值最真实的展示之地。家庭的组建，并不只体现为它是一个经济单位和法律单位，更深层地还表现为它是一个身份证明和情感投入的组织。古代“才子佳人”模式之所以为历代文人所津津乐道，最根本的原因还是因为穷秀才们靠着科举入仕而改变了身份，获得了爱情，他们拥有的知识和才能得到了社会的认同。杂剧作家们借助这一题材来抒发下层文人的科举情结，能够最真切地展示他们的所求、所爱、所痛、所恨。况且，科举制度发展到宋代，已经内化为古代读书学子的一种生活旨归。“洞房花烛夜，金榜题名时”已经成为古代文人梦寐以求的人生追求，这两者的美满结局也就成为古代文人生命价值的集中体现。

从这个角度我们就能理解，在元杂剧爱情作品中大都以大团圆结局为终结，出身贫寒的文人大都因科举及第而获得了美满爱情。在关汉卿的剧作《拜月亭》中，王尚书之女王瑞兰在战乱中邂逅书生蒋世隆，二人在患难中结为夫妻。三个月后，被父亲因门第不当而强行拆散。后来蒋世隆高中状元，又被王尚书招为女婿，夫妻终于得以重圆。在王实甫的剧作《破窑记》中，刘员外女儿刘月娥抛绣球招婿，打中了穷书生吕蒙正，刘员外嫌贫爱富，意欲悔婚，无奈女儿执意要嫁，心甘情愿地与吕蒙正到寒窑中做贫贱夫妻。刘员外见此，只好暗中资助吕蒙正应举，刘月娥在寒窑中苦等十年，终于盼到吕蒙正高中，苦尽甘来，夫妻重圆。在张寿卿的剧作《红梨花》中，上厅行首谢金莲与书生赵汝州相恋，刘太守担心赵汝州迷恋烟花，误了功名，设计谋使赵汝州应举，一举成名，得了头名状元，授洛阳县令，遂与金莲团圆。在石君宝的剧作《曲江池》中，郑元和受父之命，上京应试，在曲江池结识教坊乐妓李亚仙，热烈相恋。钱财用完后，被虔婆赶出了门。他以替死人摇铃、哭丧度日。郑父发觉，认为有辱家门，打昏元和，并抛弃之。李亚仙以金自赎，精心伺候元和，使他康复，并鼓励他振作精神，苦志攻读。郑元和一举及第，授洛阳县令，李亚仙也被封为夫人，夫荣妻贵，父子重圆。

在这些作品中，门第不当成为横梗于下层文人爱情追求中的最大障碍，而下层文人得以制胜的法宝就是才能。在这些美满结局中，白衣之人的才能成为下层文人改变身份和证明身份的有力武器。王实甫的《西厢记》中，满腹诗书的书生张珙与相国小姐崔莺莺，在普救寺一见钟情，并私下结合。老夫人虽然对此无可奈何，但她还是亮出了最后通牒："好秀才呵，岂不闻'非先王之德行不敢行'。我待送你去官司里去来，恐辱没了俺家谱，我如今将崔莺莺与你为妻，只是俺三辈儿不招白衣女婿，你明白便上朝取应去。我与你养着媳妇，得官呵，来见我；驳落呵，休来见我。"同样的，郑光祖的《倩女离魂》中的王文举与张倩女指腹为婚，但王文举因父母双亡，自己又尚未中举得官，倩女之母便命倩女拜王文举为哥哥，公开悔亲。她对王文举说："俺家三辈不招白衣秀士，想你学成满腹文章，未曾进取功名。你如今上京师，但得一官半职，回来成此亲事，有何不可。"最后王文举状元及第，才与倩女成婚。白朴《东墙记》中的原县令之子马彬，其父在世之时，与松江府府尹之女董秀英订为夫妻。"父丧家贫不似初"之后，马彬去松江府寻找董秀英，在东墙下热烈相恋，并"同赴楚阳台"。老夫人发现后，大发雷霆："我家三辈不招白衣之人，如今且将你两个急配了，则明日上朝取应去。得中科第，那时来也未迟。"马彬上京应试，一举状元及第，授翰林学士，最终夫妻团圆。透过这些才能与门第抗争的故事，杂剧作家们将科举制度不拘门第、推崇才能、均等竞争、优胜劣汰的特性揭示无余。

下层文人追求爱情，除了遭遇权贵门第的阻挠外，另一层阻力则来自商人的挤压。商人地位的提升，在元代是个较为突出的社会现象。元代实行"四等人制"，色目人地位优越。元人许有壬说："我元始征西北诸国，而西域最先内附。故其国人柄用尤多，大贾擅水陆利，天下名域区邑，必居其津要，专其膏腴。"① 回回商人利用色目人政治地位的优越以及元廷对商业活动保护政策，从事海内外贸易和经营"斡脱钱"，因而在元代社会地位显赫。世祖中统四年

① 许有壬：《西域使者哈只哈心碑》，《至正集》卷五三，元人文集珍本丛刊。

(1263)，中都（今北京）有回回户 2953 户，“于内多系富商大贾，势要兼并之家，兴贩营运百色，侵夺民利，并无分毫差役”[①]。这些商人依仗蒙古贵族的庇护，甚至享受着“持玺书，佩虎符，乘驿马”[②] 的特权。相形之下，下层文人的囊中羞涩更凸显其社会地位的寒酸，导致他们在追求爱情的过程中常常因贫困而受尽世人的奚落，以及富商大贾、武夫隶役等的欺侮。元杂剧中，关于文人、商人、权贵之间感情纠缠的作品很多，而文人总是处于较为被动的地位。在关汉卿《救风尘》一剧中，妓女宋引章在穷秀才安秀实与郑州同知之子、富商周舍之间选择对象，她首先选中的是周舍。无名氏的《举案齐眉》，孟光得知父母让其在财主张小员外、官员家舍人马良甫、穷秀才梁鸿三人中自择其偶，与丫环梅香说：“莫不是指腹成亲的梁秀才么。”梅香说：“不知是不是。有那穷的，不似他穷的怕人。小姐则拣那富贵的招一个。又为人，又受用。”文人总是与贫困联系在一起，丫环的看法实际上代表了当时社会较为流行的价值取向。诚如《拜月亭》中的王瑞兰伤心叹道：“不知俺爷心是怎生主意，提着个秀才便不喜。穷秀才几时有发迹。”这种偏见在青楼妓院的鸨母那儿则表现得更为直接和露骨，《玉梳记》中的顾玉香说其鸨母：“见了那名公文士每来呵，嫌的是张秀才、李秀才。见那公子舍人上门呵，爱的是王舍人、刘舍人。他那些乔殷勤、佯动问。”《青衫泪》中有这么一段对话：鸨母对商人说：“这小贱人不听我说，只想白侍郎，他那里想着你哩。左右是左右，员外多拿些钱来，我嫁与你将去。”商人说：“随老妈要多少钱，小子出得起。”妓女裴兴奴见此十分悲痛：“我心在那里，你则管胡缠我。……天那，怎生教我陪伴这样人也。……到如今划地教共猪狗同眠。”商人则说：“大姐，仕路上大官，都是我乡亲，小子金银又多，又波俏，你不陪我，却陪那样人。”

① 王恽：《为在都回回户不纳差税事状》，《秋涧集》卷八八，四部丛刊本。

② 《元史》卷二二《武宗纪一》，中华书局 1976 年标点本，第 505 页。

面对这样的现实，杂剧作家唯一能进行精神抗争的就是从心爱之人那儿得到一点心灵的慰藉，以彰显他们的人生价值。无名氏的《云窗梦》描写上厅行首郑月莲和穷书生张均卿相恋，"誓结生死"。张均卿钱财用尽后，鸨母逼月莲接待茶商李多，月莲不从："你道只守茶客，休留秀才，与孩儿心下不同。你爱的是贩江淮茶数船，我爱的是撼乾坤诗百联。你爱的是茶引三千道，我爱的是文章数百篇。这件事便休言，咱心不愿!"并私赠金银助张均卿上京应考。鸨母又将月莲转卖他处。张均卿上朝应试及第，授洛阳县令，得见旧情人，二人方得团圆。《拜月亭》中的王瑞兰十分不满父亲将他们一对患难恩爱夫妻强行拆散，公开为穷秀才蒋世隆辩解："自古及今，那个人生下来便做大官享富贵哪?"《破窑记》中的刘月娥将绣球抛给了穷书生，梅香不解道："姐姐，你看兀那两个，穿的锦绣衣服，不强如那等穷酸饿醋的人也。"月娥回答说："梅香，你哪里知道也。学剑攻书折桂郎，有一日开选场。半间儿书舍换做都堂"；"岂不闻有福之人不在忙，我这里参也波详。心自想，平地一声雷振响，朝为田舍郎，暮登天子堂，可不道寒门生将相。"这些话，反映了已经具有极度自我失落感的下层文人更需要在爱情追求中得到心爱之人的肯定和嘉许。它托之爱情女神之口，出自杂剧作家之笔，看似无奈的自慰，实则表达了下层文人对知音的期盼，对自我的期待。面对钱财的挤压，杂剧作家们祭起了知识价值的大旗。白衣之人虽然贫寒，但却拥有"撼乾坤诗百联"、"文章数百篇"的知识财富，具有"学剑攻书折桂"的资本，这就是杂剧作家向世人展示的下层文人的人生价值。

由此看来，下层文人并不是素质低下，更不是迂腐无用。他们的地位低下，处境凄凉，完全是由于统治者停废科举所致，完全是由于"权"与"财"对"才"的强势侵夺所致。面对志不得展的逆境，杂剧作家们高扬起知识和才能的旗帜，为下层文人的生命价值张目，为下层文人的坎坷遭遇鸣不平，为下层文人的不屈和坚守极力呼号。《荐福碑》中张镐所憧憬的"当殿对策，日不移影，应对百篇，文如锦绣，字扫龙蛇，一举状元及第"的辉煌，《玉镜台》

中王府尹所得意的“我贵我荣君莫羡，十年前是一书生”的经历，《玉镜台》中的温峤所追求的“出则高牙大纛，入则峻宇雕墙。万里雷霆驱号令，一天星斗焕文章，威仪显赫，徒御轩昂”的向往，正是元杂剧作家不甘沉沦的生命呐喊。

三

那么，元代下层文人的呼唤科举是否仅仅只具有个人意义？

宫天挺在《范张鸡黍》剧中有一段范式与王韬的对话，范式说：“贤弟也，如今难求仕进。”王韬问：“怎么难求仕进？”范式说：“怎么难求仕进？只随朝小小的职名，被这大官人家子弟都占去了。赤紧的又有权豪势要之家，三座衙门，把的水泄不通。”这段对话已经触及元代下层文人所感受到生存威胁的本质问题。这些拥有知识和才能的儒士文人为什么会沉沦于社会底层，根本原因是仕进之途被堵塞。科举停废导致了社会流动的不畅与无序，这就是元杂剧作家呼唤科举所蕴涵的根本诉求。

阎步克谈到科举制度产生的合理性，是从官僚科层制的理性行政因素着手的。他认为：“官僚科层制的理性行政是专家的行政，是以知识或理性技术为基础的权威；体现了人才主义和择优制的文官录用制度，是其生存与运作的基本条件。”在这一基础上，他认为与古代其他选官制度相比，“以招考与投考为中心环节的科举制度，则具有更多的理性与法治意味了”[①]。科举制度以知识和才能为价值坐标，能够更多地满足社会对公平原则的要求，它不仅为补充官僚队伍的新鲜血液带来更多的活力，而且成为促成古代社会阶层之间的流动、调适、整合的有效机制。何怀宏认为，这种以成就为标准的流动通道，构成了古代社会结构流动的基本轴心。“一种制度性的上升流动不仅已成为持久的结

① 阎步克：《察举制度变迁史稿》，辽宁大学出版社1997年版，第319、321页。

构性流动，而且这种结构性流动已使社会形成为一种流动性结构，即流动已进入了社会的基本结构成为其持久不变的成分。”① 这么一种流动性结构的形成，至迟到北宋时期，已促成了中国古代社会由门第社会向科举社会的转变，普通士人凭借着文章经术通过科举程序便可进入社会流动渠道。这已经形成为一种正常的文化秩序。

社会结构的有序流动，说到底，是为了对社会资源，尤其是对社会稀有资源做合理分配和再分配。问题是，个人在一个社会中所能有的合理期望，个人所不断寻求的上升途径和发展机会，对社会的稳定和个人的发展至关重要。何怀宏论及此，指出：“这些人们所欲得到的东西，当然是那些普遍为人珍视，能使自己超出社会水平线、从而也总是显得匮乏的资源，而究竟哪一些人能够得到，他们以什么方式、按什么标准得到，在我看来，就构成了社会分层结构的基本轴心。”② 在古代社会，权力是社会稀有资源中具有核心意义的要素。以什么方式分配权力，以什么标准分配权力，直接影响到国家政治和社会阶层的基本架构，影响到社会结构的流动走向。古代科举制度的实施是一种历史的选择。科举制度区别于以往选士制度的优越性，在于它采用了开放和公平的竞争模式，构建了能力优先的筛选机制。这不仅对于削弱门阀因素、贵族因素具有积极意义，而且为鼓励普通士人奋发进取、促成社会结构的良性流动构建了较为公正的竞争机制。特别是发展到宋代，科举考试制度中所蕴涵的对知识和才能的崇尚，已经内化成影响社会阶层上下流动的价值取向。

正是从这个角度，我们看到，元代科举的停废，它不是简单意义上的阻止了下层文人的价值实现，而是打乱了整个社会结构的有序运作，带来了元代社会运行机制的失衡和危机。萧启庆先生说：“蒙元国家带有强烈的‘家产制’

① 何怀宏：《选举社会及其终结》，生活·读书·新知三联书店1998年版，第24页。

② 同上书，第28页。

色彩。即在忽必烈立国中原后，亦未能完全采行‘官僚制度’，以普通的评准甄选官员，用人选官，最重‘根脚’。”① 因为重视根脚世家的特权，加之卖官鬻爵在官场的盛行，因而元代迟迟不行科举。根脚世家以外的布衣之士只能凭借保举和充任胥吏获得入仕资格。保举须靠贵人引荐，由此导致高攀无望的士人遭摒弃于统治阶层之外。元人余阙在谈到停废科举官场无序的状况时说："自至元初，奸回执政，乃大恶儒者，因说当国者罢科举，摒儒士，其后公卿相师以为常。然而小夫贱隶，亦以儒为嗤诋。当是时，士大夫有欲进取立功名者，皆强颜色，昏旦往候于门，媚说以妾婢，始得尺寸。”② 这种状况从根本上阻塞了下层文人的进取之途，粉碎了下层文人所追求的“朝为田舍郎，暮登天子堂”人生梦想。所以，马致远在《荐福碑》中借张镐之口：“这壁拦住贤路，那壁又挡住仕途，如今这越聪明越受聪明苦，越痴呆越享痴呆福，越糊涂越有了糊涂富。”正是在这个根本问题上，元杂剧作家借助作品对科举的呼唤，渗透了元代下层文人对社会政治的关注和参与的强烈意识。

元代科举的停废，导致了才能要素在社会资源再分配过程中的严重失落。为了维护根脚世家的特权以及对商人利益的保护，元代社会中出现了郑光祖在《王粲登楼》中借王粲之口所说“如今那有钱人没名的平登省台，那无钱人有名的终淹草莱，如今他可也不论文章只论财”的现象，出现了宫天挺在《范张鸡黍》中借范式之口所指责“有钱的无才学，有才学的却无钱”的现象，导致了下层文人的社会边缘化。正如元人余阙所说：“我国初有金宋，天下之才惟才是用之，无所专主，然用儒者为居多也。自至元以下始浸用吏，虽执政大臣亦以吏为之，由是中州小民粗识字能治文书者，得入台阁供笔札，累日积月，皆可以致通显，而中州之士见用者遂浸寡。”③ 元代社会对知识的贬损，对才

① 萧启庆：《元代科举与菁英流动》，《元朝史新论》，（台北）允晨文化实业股份有限公司 1999 年版，第 157 页。

② 余阙：《贡泰父文集序》，《青阳集》卷二，四库全书本。

③ 余阙：《杨君显民诗集序》，《青阳集》卷二，四库全书本。

能的排斥，使社会资源的再分配陷入失衡和不公，直接破坏了社会结构的有序流动。正如《玉壶春》中秀才李斌所表白的：“你虽有万贯财，争如俺七步才。两件儿哪一件声名大？你那财常踏着那虎口，去红尘中走；我这才但跳过龙门，向金殿上排。”表达了元杂剧作家对这种极不合理现象的愤怒控诉。

另外，元杂剧作家热望科举教育秩序的恢复，也体现了他们对社会政治的关注。元杂剧作家身处社会底层，他们不可能像朝廷官员那样致力于政治制度的构建。但他们通过反映下层文人的生活与遭遇，呼唤科举，实际上表达了他们对科举教育环境的追求。元代下层文人对生活理想的破灭，根本原因就是这样一个教育环境遭到了根本的破坏。正如元人王恽所言：“金季丧乱，士失所业，先辈诸公，绝无仅有，后备晚学，既无进望，又不知适从。”① 传统教育目标一旦被否定，读书学子的奋进目标便失去了方向，教育的迷茫才是生命价值迷失的根源。郑光祖在《倩女离魂》中借王文举之口说：“黄卷青灯一腐儒，三槐九棘位中居。世人只说文章贵，何事男儿不读书。”直接点出元代科举停废给士人带来的彷徨。然而，尽管面对的是仕进无望、斯文扫地的严酷现实，元杂剧作家依然在创作中表达了对科举教育的期盼。正如《破窑记》中借寇准的口所说：“世间休把儒相弃，守寒窗终有峥嵘日。”《红梨花》中借妓女谢金莲之口也表达了这样的心愿：“秀才每从来我羡他，提起来偏喜恰，攻书学剑是生涯。秀才每受辛苦十载寒窗下，久后他显才能一举登科甲。”这种呼声真实地反映了元代儒士文人的教育追求。元人许有壬曾回忆说：“中原贡举废将九十年，江南亦四十年。有壬少时，先公教之曰：‘金源分裂，且事贡举。国家之大，未有不行，但迟速有时耳。力学以俟，当有济也。’”②

① 王恽：《故翰林学士紫山胡公祠堂记》，《秋涧集》卷四〇，四部丛刊本。

② 许有壬：《故承务郎江西等处儒学副提举叶先生墓碑》，《至正集》卷五〇，元人文集珍本丛刊。

元代的停废科举，我们从正史中只能看到政治势力较量中的利益争夺，而对身处其中的下层文人的真切感受则不得其详。元杂剧中关于科举内容的作品，形象地展示了元代社会的生活场景，揭示了下层文人对科举停废的所思所想，使我们能够多角度地感悟到元代科举兴废的社会意义。

元代西湖书院刻书论略

一

对元代西湖书院的刻书业绩，人们大多已有论述，然对促成这一业绩的历史背景却揭示不够。其实深入探讨这个问题还是很有意思的。

书院刻书当是影响书院发展的至关重要的一个因素。古代书院多办在山高水远之地，交通不便，购书极难。如不能自行解决刊印书籍问题，学者于此便只能对天长叹。元代学者黄溍对这个问题讲得颇到点子：“向之书院若白鹿洞，若岳麓，非朝廷所赐，无以得书。今也以布衣之士而垂意于学校之事，不患其居之不崇、食之不丰，而患其书之不完。此仁者之心、无穷之惠也。”[①] 要发展书院就必须解决书院刻书问题，这就把书院发展刻书事业的必要性展示出来了。

但要以此来揭示元代西湖书院大行刻书的历史意义，则显然不够。西湖书院创办于元世祖至元二十八年（1291）。这一事件的促成至少与两件事有关：

① 黄溍：《西湖书院田记》，载《中国书院史资料》上册，浙江教育出版社1998年版，第433—434页。

一是桑哥集团的败露，二是元世祖忽必烈发布了兴学诏令。桑哥等人“设立尚书省，朋奸党恶，专务聚敛，差詹玉等一十人分道前去江淮、荆湘、闽广、两浙等处，理算各路赡学钱粮，尽数起解，交付集贤院营运，以便其私。所差人等，苦害儒生，南方学校极弊大坏”，导致南方学校的诸多教授、山长、学录自杀身亡，各学不胜其扰。① 从表面看来，桑哥集团是筹措经济，然实质上是对江南文化教育事业进行掳掠与迫害，是对儒学的地位公然蔑视。至元二十八年七月，桑哥被诛，江南士大夫才得以从噩梦中解救出来。紧接着江淮等处行尚书省果断处理了杨琏真加肆意侵夺庙宇、书院、学舍的罪行，更使江南士大夫扬眉吐气。而恰逢此时，世祖忽必烈再次强调兴学，明确规定了于“其他先儒过化之地，名贤经行之所，与好事之家出钱粟赡学者，并立为书院”② 的鼓励政策。这一政策相当宽松，其既未规定何谓“先儒”，也未限定“名贤”的范围，而是强调只要有人肯出钱便可创办书院。这显然含有对江南士大夫安抚的因素，并有意对士大夫所赖以立身安命的儒学文化和兴学事业予以积极的回应。西湖书院就是在这一背景下产生的。

西湖书院旧址原为宋代名将岳飞之故宅，南宋时辟为国子监，规制宏大，尤其是“典章文物悉袭汴京之旧，既已裒辑经史百氏为库聚之于学，又设官掌之”③，显然这便是南宋时期的教育学术中心了。宋亡学废，这里一度成为元代肃政廉访司的治所。至元二十八年（1291）十二月，朝廷“改江淮行省为江浙等处行中书省，治杭州”④。江浙行省长官徐琰走马上任所干的一件大事便是将治所偏西之地辟为书院：

昔天下未有学，惟四书院在梁楚间。今江浙行中书省所统吴越间之

① 《庙学典礼》卷四《庙学田地钱粮分付与学庙为主》，浙江古籍出版社 1992 年标点本，第 74 页。

② 《元史》卷八一《选举志一·学校》，中华书局 1976 年标点本，第 2032 页。

③ 陈基：《西湖书院书目序》，载《中国书院史资料》上册，浙江教育出版社 1998 年版，第 457 页。

④ 《元史》卷一六《世祖纪十三》，中华书局 1976 年标点本，第 353 页。

地，偏州下县无不立学，而其为书院者至八十有五，大抵皆因先贤之乡邑及仕国遗迹所存而表显之，以为学者之依归。不然，则好义之家创为之，以私淑其人者也。独杭之西湖书院，实宋之太学，规制尤盛，旧所刻经史群书有专官以掌之，号书库官。宋亡学废，而板库具在。至元二十有八年，故翰林学士承旨徐文贞公持部使节莅治于杭，始崇饰其礼殿，而奉西湖上所祠三贤于殿之西偏。行省以其建置沿革之详达于中书，畀书院额，立山长员，异时书库官之所掌悉隶焉。①

从这段话来看，在元朝廷的鼓励政策下，当时的书院发展较为迅猛。但大多数的书院都主要凭借民间力量，“大抵皆因先贤之乡邑及仕国遗迹所存而表显之，以为学者之依归”。而“独杭之西湖书院”是靠官府力量才得以创办的。为什么当时的江浙行省要创办这所西湖书院？不为别的，就为那些依然还“具在”的“板库”。如果官府不采取得力的朝廷行为，这些书板将日蚀月损。因为任何民间力量都无力承担保存、修补、刊印这些书板的巨大工程。他们看到：

文者，贯道之器。爰自竹简更为梓刻，文始极盛，而道益彰。西湖精舍因故宋国监为之，凡经史子集无虑二十余万，皆存焉。其成也，岂易哉！②

这二十余万的经史子集书板，是一笔相当宝贵的文化财富。特别是在江南士大夫的眼中，这些书板就是凝聚江南士大夫群体的旗帜。这些书板一旦散失，则意味着中华文化的传承面临中断的危险。从这一角度思考问题，有助于

① 黄溍：《西湖书院田记》，载《中国书院史资料》上册，浙江教育出版社 1998 年版，第 433 页。

② 陈袤：《西湖书院重整书目记》，载《中国书院史资料》上册，浙江教育出版社 1998 年版，第 450 页。

我们从元代文化发展的大背景中来理解西湖书院的刻书事业。

正是基于这一考虑，“行省以其建置沿革之详达于中书，畀书院额，立山长员，异时书库官之所掌悉隶焉”①。江浙行省将凭借宋之太学旧址以设立西湖书院的独特意义申明于朝廷，在此基础上规范西湖书院的编制，确立山长的选择条件，并明确将原书库所掌书板全数交由西湖书院保管。经过几年的努力，西湖书院设礼殿以祀孔子，又设三贤祠以祀白居易、林逋和苏轼。“后为讲堂，设东西序为斋以处师弟子员。又后为尊经阁，阁之北为书库，收拾宋学旧籍，设司书者掌之。宋御书石经、孔门七十二子画像石刻咸在焉。书院有义田，岁入其租，以供二丁祭享及书刻之用”②。到至元三十一年（1294），西湖书院的规制初步奠定。

西湖书院“收拾宋学旧籍”的规划直接影响了朝廷的书院政策。就在西湖书院创办完成的第二年，元贞元年（1295），元朝廷便在一则法令中强调：

> 各处书院见有书板，令教官检校，全者，整顿成帙，置库封锁，析类架阁，毋致失散，仍仰各印一部。及置买四书、九经、《通鉴》各一部，装背完整，以备检阅，不许借借出学。如有书板但有欠阙，教官随即点勘无差，于本学钱粮内刊补成集。③

在这样一种政策氛围下，西湖书院的学术定位便顺理成章。它的发展方向不仅要成为书院教学的楷模，而且要成为南方图书中心，使之成为上承孔门儒学下载宋代理学弘扬中华文化的学术象征。

接下来的便是经费问题了。书院的发展本来就得力于民间财力。尤其是

---

① 黄溍：《西湖书院田记》，载《中国书院史资料》上册，浙江教育出版社 1998 年版，第 433 页。

② 陈基：《西湖书院书目序》，载《中国书院史资料》上册，浙江教育出版社 1998 年版，第 457 页。

③ 《庙学典礼》卷五《行台坐下宪司讲究学校便宜》，浙江古籍出版社 1992 年标点本，第 103—104 页。

宋代确立学田制度之后，能否置办学田便成为开办书院的主要条件。江浙行省虽然创办了西湖书院，但维持整个书院的运作也只能靠学田收入，而不能靠官府拨款。如果西湖书院不能有效地扩大学田收入，刻书事业便永远只能是空中楼阁。在这关口，郡人朱庆宗慷慨捐田，使这一难题迎刃而解：

> 顾所以赡之者田，皆薄瘠且远在他州县。富岁所输犹多，不登营缮厚给之须，犹或匮乏而弗继，未有余力及其书也。郡人朱庆宗以二子尝肄业其中，念无以报称，乃捐宜兴州泊阳村圩田二百七十有五亩归于书院，遵着令减其租什二，实为米一百三十有二石，请别储之，以待书库之用而毋移他费。凡书板之缺者补治之，舛误者刊正之，有所未备者增益之。主教事者既白于儒台，而转闻于宪府，俾有司蠲其田之徭役。虑后人昧于所自而堕其成规．征文为记，以示永久。①

黄溍写下这番话的兴奋之情是溢于言表的。西湖书院原有学田，然皆为薄瘠之地且远在他乡，富岁所输尚能应付书院教学与生活的日常开支，一旦遇上灾年穷岁，则用度匮乏而难以为继，“未有余力及其书也”。郡人朱庆宗以二子曾肄业其中，念无以报称，乃捐宜兴州泊阳村圩田二百七十五亩归于书院，官府以减其租二成的方式，便为西湖书院争取到每年一百三十二石大米的“专款”，“请别储之，以待书库之用而毋移他费”。这样，西湖书院便能够真正组织人力对缺损的书板进行补治，对舛误之书板进行刊正，对有所未备的书籍补充增益了。黄溍的兴奋之情是别有深意的，要不他就不会“虑后人昧于所自而堕其成规，征文为记，以示永久”了。

① 黄溍：《西湖书院田记》，载《中国书院史资料》上册，浙江教育出版社1998年版，第433页。

二

元代西湖书院在刻书事业上的第一个大手笔便是对原有书籍进行整理编目，形成了中国书院史上的第一个刻书书目。

西湖书院创办之后，呈现出一派兴盛的景象。为了适应发展的需要，不久便有了更新书院布局而大行土木工程之事。据贡师泰在《重修西湖书院记》中所述，延祐三年（1316），周德元迁尊经阁，建彝训堂，创藏书库。[①] 既有了尊经阁，又为什么还要创藏书库？陈袤在《西湖书院重整书目记》中说："近岁鼎新，栋宇工役匆遽，东迁西移，书板散失，甚则置诸雨淋日炙中。"这就给刻书藏书带来了直接的影响。"一日，宪慕长张公昕、同寅赵公植、柴公茂因奠谒次，顾而惜之，谓兴滞补弊，吾党事也。乃度地于尊经阁后，创屋五楹，为庋藏之所，俾权山长黄裳、教导胡师安、司书王通督、学生作头顾文贵等，始自至治癸亥夏，讫于泰定甲子春，以书目编类揆议补其阙"[②]。这里讲了两件事：一件是因为书板散失而须专建藏书库予以保管，第二件便是进一步对所刻印书籍进行分类整理。其中所谓"兴滞补弊"、"以书目编类揆议补其阙"，其意图就是要通过编辑书目来记录西湖书院的刊印成就，总结刻书的经验教训，规划下一步刊刻的方向。这标志着古代书院刻书事业的进步和步入制度化轨道。

至治癸亥年为元至治三年（1323），泰定甲子年为元泰定元年（1324）。也就是说，在从至治三年夏到泰定元年春这近一年的时间内，山长黄裳、教导胡师安、司书王通督与学生作头顾文贵等，系统地将西湖书院的刻书进行了书目

① 贡师泰：《重修西湖书院记》，载《中国书院史资料》上册，浙江教育出版社 1998 年版，第 455 页。

② 陈袤：《西湖书院重整书目记》，载《中国书院史资料》上册，浙江教育出版社 1998 年版，第 450 页。

编类，《元西湖书院重整书目》因此问世。现将此书目转录如下：

元西湖书院重整书目

经

易古注
易注疏
易程式传
书古注
易复斋说
书注疏
诗古注
诗注疏
谷梁古注
谷梁注疏
埤雅
论语古注
论语注疏
论语讲义
仪礼古注
仪礼经传
春秋左传注
春秋左传疏
公羊古注
公羊注疏
孝经注疏
语孟集注
孟子古注
孟子注疏
文公四书
大学衍义
国语注补音
春秋高氏解
礼记古注
礼记注疏
周礼古注
周礼注疏
仪礼注疏
仪礼集说
陆氏礼象
葬祭会要
政和五礼
文公家礼
经典释文
群经音辨
尔雅古注
尔雅注疏

孝经古注	说文解字
古文孝经注	玉篇广韵
礼部韵略	孔氏增韵
毛氏增韵	文公小学书
博古图	

史

大字史记	新唐书
中字史记	五代史并纂误
史记正义	荀氏前汉纪
东汉书	袁氏后汉记
西汉书	通鉴外纪
三国志	通历
南齐书	资治通鉴
北齐书	武侯传
宋书	通鉴纲目
陈书	仁皇训典
梁书	唐书直笔
周书	子由古史
后魏书	唐六典
元辅表	救荒活民书
刑统注疏	临安志
刑统申明	崇文总目
刑律文	四库阙书
成宪纲要	唐书音训

子

颜子	荀子
曾子	列子
扬子	武经七书
文中子	百将传
太玄温公注	新序
太玄集注	

集

通典	武功录
两汉蒙求	金陀粹编
韵类题选	击壤诗集
回文类聚	林和靖诗
声律关键	吕忠穆公集
西湖纪逸	王魏公集
农桑辑要	伐檀集
韩昌黎文集	王校理集
苏东坡集	张西岩集
唐诗鼓吹	晦庵大全集
张南轩文集	宋文鉴
曹文贞公集	文选六臣注①

当时人对这个书目的问世是欢欣鼓舞的。西湖书院山长陈袤亲自作记，前教谕张庆孙亲自书写并篆刻，于泰定元年（1324）的九月由直学朱钧立碑。

① 《元西湖书院重整书目》，载《中国书院史资料》上册，浙江教育出版社 1998 年版，第 451—453 页。

这个书目按经史子集分四部，共著录图书一百二十二种，其中经部五十一种，史部三十六种，子部十一种，集部二十四种。与前朝的图书目录相比，这个书目只著录了书名，而作者、卷数及内容提要一概从略。这或许是因为书目需碑刻而不能详细，故而留下了深深的历史遗憾。但认真研究这个书目，不难看出它在古代目录学史中还是富有意义的。

首先，这个书目所采用的四部分类法继承了前朝目录分类的学术成果。目录四分法萌发于魏晋南北朝，至唐代魏徵作《隋书·经籍志》按经史子集定名，分四部四十类，形成了一个更为完整更为切合实际的图书分类体系。元代西湖书院整理书目继承了这一传统，有利于学术传统的张扬，有利于指导书院生徒的读书研究，也有利于书院刊刻事业的发展和规范化。

其次，这个书目于四部之下没有再分小类，但仔细分析，其图书归类是依据一定的原则来执行的，它十分注意继承和借鉴前人在目录学上的新成果。例如在经部中，《孟子》原来一直归于子部，南宋人尤袤首次在《遂初堂书目》中将其附于《论语》类而归之于经部，陈振孙在编录《直斋书录解题》时则进一步将《论语》、《孟子》合为语孟类。他的理由是：

> 前志《孟子》本列于儒家，然赵岐固尝以为则象《论语》矣。自韩文公称孔子传之孟轲，轲死不得其传，天下学者咸曰孔孟。孟子之书，固非荀、扬以降所可同日语也。今国家设科取士，语、孟并列为经，而程氏诸儒训解二书，常相表里，故今合为一类。[①]

可见这种归类法是适应理学的发展而产生的。《西湖书院重整书目记》显然是采纳了这一成果，将《语孟集注》、《孟子注疏》、《孟子古注》、《文公四书》、《大学衍义》这些理学著作都归之于经部了。又例如，《尤目》在集部中

① 陈振孙：《直斋书录解题》卷三，中华书局 1985 年版，第 68 页。

删去了楚辞类，增加了章奏类、乐曲类、文史类，而《陈目》中则增加了诗集、歌词、章奏、文史四类，这些都是目录学上的新发展。《西湖书院重整书目》也采纳了这一新的学术成果，在集部录入了这些方面的书籍。

当然，值得商榷的是，这个书目将《通典》归入了集部。《通典》以食货、选举、职官、礼、乐、刑、州郡、边防等八门事类相从，将散见于各书的历代典章制度，社会发展的重要史实，组成一个完整的系统。作者杜佑欲通过历史沿革来总结经验，虽然其中多有议论，但应该是一部史书，似归于史部更为妥当。另外，将《农桑辑要》归于集部也不妥当。《农桑辑要》是元代朝廷为“劝课农桑”而命大司农司编撰的一部农书，它分典训、耕垦、播种、栽桑、养蚕、瓜菜、果实、竹木、药草、草畜等十门，以为大司农司派员巡察各地，督促农桑，推广技术的主要依据。这部书应属于传统分类法中的农家类，按传统四部分类法将其归之子部更为合理。此外还有将《博古图》归到了经部，似也不妥。

尽管如此，《西湖书院重整书目》的社会意义还是值得充分肯定的。这是古代第一个书院书目，在目录学史上具有重要意义。西湖书院将这一书目刻石立碑，陈袤强调是欲“以传不朽。非独为来者劝，抑亦斯文之幸也欤”[①]，此话的话外之音是十分丰富的。在元朝廷含有民族歧视政策的统治下，江南士大夫对能够完整保留固有文化的传统当然是感到欣慰的。书目的编定实质上是昭示着对传统文化的崇尚，而传统文化的不被破坏，又标志着中国传统士大夫所形成的群体意识和内聚力依然流行。

三

元代西湖书院在编订《西湖书院重整书目》之后，刻书事业又有了进一步

① 陈袤：《西湖书院重整书目记》，载《中国书院史资料》上册，浙江教育出版社 1998 年版，第 450 页。

的发展。其突出的业绩主要有三项：一是刊刻了马端临的《文献通考》，二是刊刻了苏天爵的《国朝文类》，三是再度整理了一个书目。

从时间上推测，西湖书院刊刻马端临的《文献通考》是在编辑《西湖书院重整书目》之前就开始了。马端临认为司马光的《资治通鉴》缺载历代典章制度，《通典》一书虽可补配其书，但仅止于唐天宝年间，且不甚详尽。于是便广泛搜集史料，虚心求教通人，发誓要著成一部典制体通史。他历时 20 余年，终于完成《文献通考》348 卷。元仁宗延祐四年（1317），真人王寿衍奉命访求有道之士来到饶州乐平（今江西乐平），见到《文献通考》文稿而爱不释手，决定抄录上报。延祐六年（1319）四月，王寿衍将《文献通考》上呈仁宗，得到仁宗的嘉许，并命令马端临亲自带上书稿“赴路誊写校勘刊印”。英宗至治二年（1322），《文献通考》由饶州路出资，由西湖书院承担刊刻。泰定帝泰定元年（1324）《文献通考》全书刊刻完成，经马端临亲自校对后印行。估计《文献通考》成书在《西湖书院重整书目》之后，故书目未载。据《中国出版简史》评价：“元泰定帝泰定元年（1324）浙江杭州西湖书院刻的马端临《文献通考》三四八卷，刻印俱精，字体书写优美，行款疏朗悦目，为元本中代表作。”①

西湖书院刊刻《国朝文类》也是元代文化史上的一件大事。苏天爵时任奎章阁授经郎，他就学于元代国子学，历官翰林僚属，致力搜辑元初以来的文章，用了整整二十年，并将所搜集的文章按歌、诗、赋、颂、铭、赞、序、记、奏议、杂著、书、说、议、论、铭、志、碑、传等类分，编成《国朝文类》七十卷。此书成于元文宗至元二年（1336）。据《西湖书院刊刻〈国朝文类〉文书》所述，这一年的十二月，翰林国史院待制谢端、修撰王文煜、应奉黄清老、编修吕思诚、王沂、杨俊民等人上书，认为元代文章兴盛，“宜有纂述以传于时，于以敷宣政治之宏林，辅翼史官之放失，其于典册不为无补”。

① 吉少甫：《中国出版简史》，学林出版社 1991 年版，第 114 页。

而苏天爵的《国朝文类》“虽文字固富于网罗，而去取多关于政治，若于江南学校钱粮内刊版印行，岂惟四方之士广其见闻，实使一代之文焕然可述矣”，建议中书省予以刊印。中书省十分同意这个意见，其在给礼部的函件中强调，此书如能“刊行以广其传，不唯黼黻太平有裨于昭代，抑亦铅椠相继可望于后人”，于是决定由江浙行省“于钱粮众多学校内委官提调，刊勒流布”。江浙行省即刻指派“西湖书院山长计料工物价钱”，所需赡学钱，也“已行分派各处”。为了保证刊刻质量，同时委派儒学提举司副提举陈登仕“不妨本职，校勘缮写，监督刊雕”。刊刻《国朝文类》的任务便由西湖书院承担下来。

至元四年（1338）八月十八日，太常礼仪院在检查西湖书院刊刻完毕的《国朝文类》书板之后，对书板质量提出了意见：“近据西湖书院申交札到《国朝文类》书板，于本院安顿，点视得内有补嵌板，而虑恐日后板木干燥脱落，卒难修理，有妨印造。况中间文字刊写差讹，如蒙规划刊修，可以传久，不误观览，申乞施行。”于是，西湖书院山长方员与儒士叶森又用了两年的时间，“将刊写差讹字样比对校勘明白，修理完备，印造起解”。

至正元年（1341）十一月二十二日，江浙等处儒学提举司提举黄奉政对《国朝文类》的样书质量提出意见：“当职近在大都，于苏参议家获睹元编集，检草校正，得所刊板本第四十一卷内缺少下半卷，计一十八板九千三百九十余字不曾刊雕，又于目录及各卷内辑正，得中间九十三板脱漏差误，计一百三十余字，盖是当时校正之际，失于鲁莽，以致如此。宜从本司刊补改正，庶成完书。今将缺少板数、漏误字样录连在前，关请施行。”于是，西湖书院遵照儒学提举司的意见，又对《国朝文类》的板本进行刊补改正。至正二年（1342）二月二日全部工作完成。[①]

元代西湖书院在至正二十二年（1362）又一次编定了一个书目，这次编定

---

① 《西湖书院刊刻〈国朝文类〉文书》，载《中国书院史资料》上册，浙江教育出版社 1998 年版，第 458—460 页。

书目的缘由也是因为书院的重修。据杨维桢于至正二十年（1360）所写的《重修西湖书院记》所言：

至正十有六年春，浙省丞相金紫达公、浙西监宪丑公各捐俸金新之。比明年大阅，募兵益众，聚庐益隘，军栖于寺观，演于庠序，院之新者随毁。平章光禄张公谂，其故长院者，白之，明日令下，驱部伍徙营翼，院之缺者补之，弊者易之，弱不支者壮之。三贤诸像彰施粉绘，六经版籍重加修补。①

从中可以看到，至正十七年（1357），因阅兵而造成书院楼房损坏，故而对书院建筑进行了一次大修补，其中就包括了对书籍书板的整修。这次修补工作于至正二十年完成。两年后，书目编辑工作也告竣，陈基在《西湖书院书目序》介绍了这一工作的具体进程：

独书库屋圮板缺，或有所未备，杭之有志者间以私力补葺之，而事不克继。至正十七年九月间，尊经阁坏圮，书库亦倾，今江浙行中书平章政事兼同知行枢密院事吴陵张公曾为而新之。顾书板散失埋没，所得瓦砾中者往往毁虫朽。至正二十一年，公复厘补之。俾左右司员外郎陈基钱用董其役，庀工于是年十月一日。所重刻经史子集欠缺，以板计者七千八百九十有三，以字计者三百四十三万六千三百五十有二。所缮补各书损毁漫灭，以板计者一千六百七十有一，以字计者二十万一千一百六十有二，用粟以石计者一千三百有奇，木以株计者九百三十。书手刊工以人计者九十有二。对读校正则余姚州判官宇文桂、山长沈裕、广德路学正马盛、绍兴

① 杨维桢：《重修西湖书院记》，载《中国书院史资料》上册，浙江教育出版社 1998 年版，第 456 页。

路兰亭书院山长凌云翰、布衣张庸、斋长宋良、陈景贤也。明年七月二十三日工竣，饬司书秋德桂、杭府史周羽以次类编，藏之经阁、书库，秩如也。先是，库屋洎书架皆朽坏，至有取而为薪者，今悉修完。既工毕，俾为书目，且序其首，并刻入库中。①

从文中可知，这次的版籍修补工作开始于至正二十一年（1361）的十月一日，完成于至正二十二年（1362）的七月二十三日，投入书手刊工共92人，校勘工作则由众山长、地方官学学官及学生斋长把关，最后由司书、杭府史等人将其以次类编，藏之经阁、书库。可惜这次的书目未能碑刻，而是刊刻后藏入书库，今已失传，故不能将其与第一个书目进行比较。但从文中所述仅修补的板数及字数皆十分庞大这一点，可以推测这第二个书目的内容远比第一个书目要丰富，这也反映了元代西湖书院的刻书事业处于发展之中。

从事于西湖书院的刻书事业，封建士大夫的心中是畅快的。他们看到承继着中华文明的宋学旧板，历经动荡，因经他们之手而不坠不亡，且能推而明之。对此，他们油然而起一种欣慰和自豪之感：

夫经史所载，皆历古圣贤建中立极、修己治人之道。后之为天下国家者，必于是取法焉。传曰："文武之道，布在方册"，不可诬也。下至百家诸子之书，必有裨世教者，然后与圣经贤传并存不朽。秦汉而降，迨唐至五季，上下千数百年，治道有得失，享国有久促，君子皆以为书籍之存亡，岂欺也哉？宋三百年来，大儒彬彬辈出，务固先王旧章推而明之，其道大著，中更靖康之变，凡百王诗书礼乐相沿以为轨则者，随宋播越东南。国初，收拾散佚，仅存十一，于千百斯文之绪不绝如线，西湖书院板

① 陈基：《西湖书院书目序》，载《中国书院史资料》上册，浙江教育出版社1998年版，第457—458页。

库乃其一也。承平日久，士大夫家诵而人习之非一日矣。海内长兴，四方驿骚，天下简册所在或存或亡，盖未可考也。杭以崎岖百战之余，而宋学旧板赖公以不亡。某等不敏，亦辱与执事者，手订而目校之惟谨，可谓幸矣。[①]

重整西湖书院的版籍，使这“不绝如线”的“斯文之绪”得以光大发扬，这在封建士大夫看来是一件经邦治国的伟业，是在承担着将圣经贤传相沿以为轨则的历史使命，因为“经史所载，皆历古圣贤建中立极、修己治人之道。后之为天下国家者，必于是取法焉”。从这字里行间我们完全可以看到他们在从事刻书事业之时那份庄重的神情和自觉的民族责任感。

① 陈基：《西湖书院书目序》，载《中国书院史资料》上册，浙江教育出版社 1998 年版，第 458 页。

元代崇义书院论略

元代崇义书院是落籍于河南濮阳的西夏遗民之唐兀崇喜家族所创办。蒙元时期随蒙古军队进入中原的外来民族众多，其中不乏少数民族官僚在任职治所倡办书院之举，也有如千奴致仕回乡后捐资创办历山书院[①]，达可致仕回乡后捐资创办石室等书院[②]的记载。然而少数民族中以乡绅身份倾家族之力创办书院者，根据目前所见到的材料，只有来自西夏的唐兀崇喜家族。它的创办在元代教育史上具有典型意义。明人王圻在《续文献通考·学校考》中论及元代书院发展，在所列举的37所书院中，就有开州的崇义书院。但长期以来，关于崇义书院的材料，仅见保存在《开州志》等方志中的张以宁的《崇义书院记》[③]，因而许多书院研究成果只能以此文为限，对其作简略介绍。20世纪80年代中期，河南省濮阳县柳屯镇杨什八郎村西夏遗民唐兀氏后裔杨姓族人将珍藏600年之久的祖传藏书《述善集》传抄本公之于世，最近由甘肃人民出版社校注出版。该书详细保存了西夏后裔唐兀氏一支随元军征战中原并迁居濮阳后

---

① 《元史》卷一三四《和尚附千奴传》，中华书局1976年标点本，第3259页。

② 刘岳申：《西蜀石室书院记》，《申斋集》卷六，四库全书本。

③ 收录张以宁《崇义书院记》的方志有：嘉庆《开州志》卷八；光绪《开州志》卷八；正统《大名府志》卷九；同治《畿府通志》卷一一六。

家族教育的原始记录。其中较完整地保存了关于崇义书院的材料。依据这些材料，杨富学先生对崇义书院的史料进行了勾辑梳理，张迎胜先生对其进行了研究[①]。拜读诸作，仍有言犹未尽之处。故本文拟对元代崇义书院的创办经过及其原因略作考证。

一

《述善集》中收录了张以宁的《崇义书院记》。为了能对崇义书院的创办经过有个大致了解，下面转录了张以宁《崇义书院记》中的部分段落：

> 至正十三年夏四月，前国子生唐兀氏崇喜，新作庙学于开州濮阳县所居鄄城乡。既成。十六年秋，献粟为石五百，蒿为束万，予县官，佐军兴用。粤十又八年之夏四月，中书礼部符下大名路，锡"崇义书院"名，旌义士，劝齐民也。
>
> 初，崇喜之祖赠敦武府君，名在五符，从其父繇河西，下江左，还侨于澶，即今开州之濮阳也。生聚教训，既殖以蕃子姓，童奴食者万指。思贻孙谋，用永励世，乃至治癸亥，市屋为塾于居室之西北陬，南北为楹者九，东西广亦如之。至泰定间，考忠显府君议广前规，爰作义学，东西为楹，如敦武所市之数。中建讲堂，楹三檩七，以为讲读之所。先鹜并于其西，它未奏功，贲志以终。君既仕，奋然曰："幸得生圣明时，庶富而教，以克荷国宠荣，繄祖考遗德是赖，其曷为报称？"遂禀于母恭人孙氏，咨于季父敦武伯诸昆弟，捐金出粟，购材命工，首成堂三间，颜以"亦乐"，

---

① 杨富学：《元政府护持学校文告二件——元代西夏遗民兴学档案之一》，载《档案》2001年第2期；《崇义书院史料辑注——元代西夏遗民兴学档案之二》，载《中国北方民族历史文化论稿》，甘肃人民出版社2001年版；张迎胜：《家族文化的灿烂奇葩——杨氏家族教育刍议》，载何广博编：《〈述善集〉研究论集》，甘肃人民出版社2001年版。

故赠礼部尚书潘公迪名且记也。寻买地三亩，创礼殿，扁以“大成”，藩王文济书以赐也。

殿崇为阶四尺有五，柱栿有一，其修为梁二丈有二，广为丈有三，面势宏敞，缔构坚致，丹碧黝垩，焕丽辉炳。既而灵星、周庑、斋馆、庖湢，次第毕备。买田四顷五十亩有畸，定著于籍。延聘儒师，训迪学子，凡醴齐、膳饮、币帛、脯修之须，胥此焉出。惟官未锡名，无以列诸学院，大惧弗称。及是县上其事于州若郡，郡请于朝。集贤院议曰：“是义人也。宜旌之如郡，请达于春宫。”

闻于宰相，宰相曰：“俞。”故获是命。[①]

从这段记载可以看到，崇义书院的创办者是来自河西地区的唐兀氏之崇喜家族。唐兀崇喜家族世居宁夏贺兰山。蒙古窝阔台汗七年（1235），其曾祖唐兀台随蒙古军队南征，收金破宋，累著功效，以疾卒于营戍。其祖父唐兀闾马从小生长在军营，攻城野战，围打襄樊，多获功赏，南宋战事结束后便在河南濮阳鄄城乡定居了下来[②]。为家族兴旺计，至治三年（1323），唐兀闾马于寨之西北买下房屋以兴办家塾。泰定年间，其父唐兀达海进一步扩展，兴办义学。至正十三年（1353），曾为国子生的唐兀崇喜为光大祖训，与叔叔兄弟共同协力，创办了书院。为争取朝廷批准，至正十六年（1356），崇喜捐粮五百石、草万束给朝廷以补军用。至正十八年（1358），朝廷正式赐名“崇义书院”。

从唐兀崇喜家族四代繁衍发展的历程看，其演变经历了一个由尚武到崇文的过程。促成这个转变的原因首先是来自蒙元统治政策的力量。蒙古国时期，

① 张以宁：《崇义书院记》，《元代西夏遗民文献〈述善集〉校注》，甘肃人民出版社 2001 年版，第 125—126 页。

② 潘迪：《大元赠敦武校尉军民万户府百夫长唐兀公碑铭并序》，《元代西夏遗民文献〈述善集〉校注》，甘肃人民出版社 2001 年版，第 137—143 页。

拓展边界是蒙古统治者的第一需要，因而以武力横行天下，攻城略地成为其统治政策的主导。至忽必烈建立元朝，特别是平宋之后，军事需要退而居次，元代统治政策开始向崇文方向倾斜。忽必烈在其即位诏中明确指出了蒙古自建国以来“武力迭起，文治多阙，五十余年于此矣”[①] 的缺憾，表达了欲以文治兴国的愿望。虽然由于漠北草原文化和中原农业文明的碰撞，导致元代的文治历程异常艰难曲折，但崇文的趋势始终未能逆转。特别是元代中后期，统治者通过尊孔、恢复科举、重开经筵等措施，进一步推动了元代社会的崇文趋向。可见，唐兀崇喜家族的发展方向与元代统治政策的变化趋向是一致的。

唐兀崇喜家族的发展历程又与进入中原的西夏遗民的命运有着密切联系。濮阳所属的大名路是西夏遗民聚集最为密集的地区。宪宗时期，西夏人昔李钤部出任大名路达鲁花赤后，直至元末，该家族成员一直世袭大名路达鲁花赤。故随昔李钤部而来的河西子弟亦多落籍于大名路各地，如开州、浚州、滑州、长垣等地都成为西夏遗民的聚居地，当时较为有影响的家族如黄头一家、野仙普花一家、述哥察儿一家、师克恭一家等都居住于此。唐兀崇喜在此地创办书院得到了众多西夏官员的支持，说明这一崇文举措得到了西夏遗民的支持。

蒙古国时期，西夏人的政治地位是十分低下的。1205—1227 年，蒙古军队六伐西夏。西夏是在接连不断地拼死抵抗蒙古军队的攻占中亡国的，这使得骄慢的蒙古首领怒不可遏。《蒙古秘史》载，成吉思汗降旨说：“每次吃饭时，都要说：把他们（指西夏）消灭干净，杀死，消灭掉!”[②] 这种咬牙切齿的誓言，说明这位蒙古大汗对西夏仇恨之炽烈已达到无以复加的地步。“天兵破灭夏以西，有旨：戈矛所向，耆髫无遗”[③]。这种状况导致了归顺后的西夏遗民在蒙古国也多不受重用。除了高智耀、李桢等少量西夏遗民为太宗窝阔台所征用外，从总体看，西夏人的地位不仅与当时的回回、畏兀儿、吐蕃诸族相比而

---

① 《元史》卷四《世祖纪一》，中华书局 1976 年标点本，第 64 页。

② 《蒙古秘史》续集卷二，余大钧译注，河北人民出版社 2001 年版，第 465 页。

③ 柳贯：《师氏先墓碑铭》，《待制文集》卷一〇，四库全书本。

相形见绌，而且也远不如同样处于亡国命运的金人[①]。为了改变这一低下的政治地位，素有“忠实为先，战斗为务”强梗民风的西夏遗民跟随蒙古军队攻金收宋，极力展示其尚武精神，不避艰险，累著功效，终于导致忽必烈对西夏遗民的看法有了改变。《元史·朵儿赤传》言：“帝以西夏子弟多俊逸，欲试用之。”这种看法直接影响了西夏遗民在元代社会的定位，“世祖以其（西夏）人刚直守义，嘉之，赐姓唐兀氏，俾附国籍，次蒙古一等。”[②] 这样，西夏遗民被归入色目人种，在元代“四等人制”中处于第二等级中。

在色目人种中，西夏遗民的地位也在逐步提升。至元五年诏：“罢诸路女真、契丹、汉人为达鲁花赤者，回回、畏兀、乃蛮、唐兀仍旧。”[③] 至元六年诏：“以随路见任并各投下创差达鲁花赤内多女真、契丹、汉人，除回回、畏兀、乃蛮、唐兀同蒙古例许叙用，其余拟合革罢。”[④] 这两个诏令表明，在世祖朝的中统至元之际，唐兀位列色目人之末。但在至元二十一年诏中：“定拟军官格例，以河西、回回、畏兀儿等各依官品充万户府达鲁花赤，同蒙古人”[⑤]，河西（即唐兀）已位居色目人之首。从这三个诏令的变化可以看到，西夏遗民的政治地位有了很大的改善。

西夏人依据“四等人制”的优势地位，也开始了政治力量的蓄积。世祖朝时，在中书省的宰相名单中，还找不到一个冠以唐兀氏族的人。成宗以后，西夏人在政治权力方面逐步占据了优势。如高纳麟，以名臣子“入备宿卫”，后官至中书省参政、御史大夫、太尉等[⑥]；亦怜真班，暗伯之子，仁宗朝“令入宿卫”，后累官御史大夫、知枢密院事、江浙行省右丞相[⑦]；星吉，武宗时

---

① 详见汤开建《元代西夏人的政治地位》，载《〈述善集〉研究论集》，甘肃人民出版社 2001 年版。
② 吴海：《送王潮州序》，《闻过斋集》卷一，四库全书本。
③ 《元史》卷六《世祖纪三》，中华书局 1976 年版，第 118 页。
④ 《元史》卷八二《选举志二》，中华书局 1976 年版，第 2052 页。
⑤ 《元史》卷一三《世祖纪十》，中华书局 1976 年标点本，第 268 页。
⑥ 《元史》卷一四二《纳麟传》，中华书局 1976 年标点本，第 3406 页。
⑦ 《元史》卷一四五《亦怜真班传》，中华书局 1976 年标点本，第 3445 页。

“袭怯里马赤”，后为中政院使、宣政院使、南台御史大夫、湖广行省平章政事①；福寿，“既长，入备环卫”，后为燕南廉访使、同知枢密院事②；卜颜帖木儿，“早备宿卫”，后为监察御史、浙江行省平章政事③。至顺帝时期，西夏遗民不仅完全摆脱了被人奴役、任人宰割的亡国奴地位，而且也抛弃了元朝前、中期在历史舞台上一直充当配角的位置。在中书省、枢密院、御史台、宣政院四大中央高级机构中，西夏人担任要职者约占总数的一半。在行省中任要职的西夏人更多，顺帝一朝就有 19 人出任④。

随着元廷文治力度的加大，西夏遗民在色目人中所具有的文化优势也开始显现。西夏故地是受汉文化影响近千年的地区，西夏王朝的中后期也注意以提倡汉文化、尊崇儒学、推行科举为治国方略。因此在色目诸种中，西夏人的汉文化水平明显高于回回人和畏兀儿人。这一优势使西夏人在元代科举中一方面享受着较汉族人远为优越的民族地位，另一方面在色目人中又具有极强的竞争能力。以《元统癸酉进士录》为例，顺帝元统元年（1333）一科，西夏遗民进士及第者有 8 人，在色目人中位居第一，占色目进士总数的三分之一。而且在这次的殿试中，高中蒙古色目组一甲二名者就是移居庐州的西夏人余阙。

由此看来，从尚武到崇文，体现了西夏遗民对当时政治形势变化的感悟和选择，这也为西夏遗民进一步提升他们的社会地位带来了新的活力。特别是至正初年，顺帝驱逐权臣伯颜，起用脱脱为中书右丞相，下诏“作新风宪”，实行“更化”，一度带来了“海宇晏宁，文治诞敷”⑤ 的新景象。西夏遗民在这一形势下也更为活跃，一时人文荟萃。西夏宰相斡道冲的曾孙斡玉伦徒以《礼记》第进士，后参与编修《宋史》⑥。杨维桢赞进士昂吉“西凉世家东瓯学，

① 《元史》卷一四四《星吉传》，中华书局 1976 年标点本，第 3438 页。

② 《元史》卷一四四《福寿传》，中华书局 1976 年标点本，第 3441 页。

③ 《元史》卷一四四《卜颜帖木儿传》，中华书局 1976 年标点本，第 3436 页。

④ 详见汤开建《元代西夏人物表》，载《〈述善集〉研究论集》，甘肃人民出版社 2001 年版。

⑤ 权衡：《庚申外史》，商务印书馆 1935 年版。

⑥ 欧阳玄：《进宋史表》，《圭斋集》卷一三，四部丛刊本。

公子才名久擅场"[①]。张雄飞"延祐首科，国人暨诸部列右榜者十六人，唐兀氏张雄飞，首科右榜有闻者也。尤工于诗，佳章奇句，不可悉举"[②]。翰林待制孟昉有《孟待制文集》、《千顷堂书目》传世，宋褧称"河东孟君天日韦，学博而识敏，质美而行懿。尝拟先秦、西汉诸作，摹仿工致，大夫士皆与之"[③]。任潮州总管的西夏人王翰喜好读书作诗，自号友石山人，有《友石山人遗稿》一卷传世。

文治的核心在推行儒治。儒家文化对西夏人影响深远，故而蒙元时期的西夏人对推进崇儒兴学进程特别热心。早在蒙哥汗时期，西夏人高智耀就力陈尧、舜、禹、汤、文、武、周公、孔子之道有补于世，强调对儒者"用之则治，不可一日无者"[④]。西夏人李桢建议窝阔台汗寻访天下儒士，并给予优厚待遇[⑤]。西夏遗民进入中原后，进一步受到儒家文化的影响。所以当元廷加大儒治力度，西夏遗民也积极为发展教育事业贡献力量。任平江路达鲁花赤的西夏人六十很有才学，到江西为官时，常拜谒先师孔子，修饰学宫，增设弟子员，礼聘名师。还常给吏属讲修身理人之术，出入经史，不知疲倦，日以为常[⑥]。西夏人立智理威在江东时"所治郡，兴学校，谨教养，拔俊秀而用之"[⑦]。余阙在合肥"每解政，开门授徒，萧然如寒士"[⑧]。杨执里不花在其职任中"修学校，励风俗，教戒家至"[⑨]。张讷弃官不仕，居保定"建义学其家"[⑩]。其他西夏人如野仙、黑厮、勃罗帖木儿、师克恭、襄加歹、王翰等在其任职时期均重视教育，努力兴学。余阙甚至希望元廷能派名臣到西夏故地兴

① 杨维桢：《送启文会试诗》，《东维子文集》卷一，四库全书本。
② 许有壬：《张雄飞诗集序》，《至正集》卷三三，元人文集珍本丛刊。
③ 宋褧：《题孟天日韦拟古文后》，《燕石集》卷一五，四库全书本。
④ 《庙学典礼》卷一《秀才免差发·附》，浙江古籍出版社1992年标点本，第11页。
⑤ 《元史》卷一二四《李桢传》，中华书局1976年标点本，第3051页。
⑥ 陈基：《平江路达鲁花赤西夏六十公纪绩碑颂》，《夷白斋稿》卷一二，四库全书本。
⑦ 虞集：《立智理威忠惠公神道碑》，《道园类稿》卷四二，四库全书本。
⑧ 宋濂：《余左丞传》，《宋学士全集》卷一一，四库全书本。
⑨ 许有壬：《杨公行实序》，《至正集》卷三一，元人文集珍本丛刊。
⑩ 刘岳申：《瑞芝堂记》，《申斋文集》卷六，四库全书本。

学施教，他说："兴学施教以泽吾夏人，吾夏人闻朝廷以儒臣为尊官以莅己，必能勤于学以服君之化，风气必当丕变，以复于古。"①

余阙此话道出了西夏遗民的心声。我们注意到，唐兀崇喜之祖父是在文宗至治年间开始兴办家塾，其父扩展义学是在泰定年间。他们已经从当时的形势变化中捕捉到了新的信息和新的趋势。顺帝初期入读国子监的唐兀崇喜更是感受到了这一新的气象，他决意创办书院时说了这么一句话："幸得生圣明时，庶富而教，以克荷国宠荣，繄祖考遗德是赖，其曷为报称?"② 所谓"生圣明时"，当有两层含义：一是指西夏遗民在当时的社会地位足以让唐兀崇喜感到自豪和舒心，所以才有"荷国宠荣"之谓；二是指元朝顺帝时期的文治政策给西夏遗民发挥文化优势以更大的活动空间，所以才有"繄祖考遗德是赖"的使命感。也就是说，崇义书院的创办与西夏遗民为提升自己的政治地位是密切相关的。

二

唐兀崇喜是其家族第四代掌门人，又名杨崇喜③，字象贤，曾袭任百夫长，授敦武校尉，并就读于国子监，为上舍生。唐兀崇喜之父于顺帝至正四年(1344)去世④。唐兀崇喜这时已作为国子监上舍生的高等生员，准备参加礼部公试，因丁忧守孝而放弃公试。回乡后主要致力于兴办书院。光绪《开州志》卷六有《杨崇喜传》。

① 余阙：《送归彦温赴河西廉使序》，《青阳先生文集》卷四，四库全书本。

② 张以宁：《崇义书院记》，《元代西夏遗民文献〈述善集〉校注》，甘肃人民出版社 2001 年版，第 125 页。

③ 《杨氏家谱序》载："四世祖唐兀崇喜蒙大明建国，改为杨姓。"但据李凌清考证，此言不确。《述善集》中 1348 年刘让之诗序、1364 年危素之文和 1367 年张以宁之文都将唐兀崇喜称为杨姓，故其改姓大致在 1348—1368 年间。见《〈述善集〉研究论集》，甘肃人民出版社 2001 年版。

④ 潘迪：《唐兀敬贤孝感序》，《元代西夏遗民文献〈述善集〉校注》，甘肃人民出版社 2001 年版，第 177 页。

唐兀崇喜家族创办崇义书院的根本目的是为了家族的兴旺。当年其祖父购房舍以建家塾，便是为了“宁得子孙贤，莫求家道富”。因而常厚礼学师，以教子孙。其父也认为“欲求家道久昌，莫若教子义方”，于是扩展义学，礼请师儒，教诲子孙。唐兀崇喜也决心“继祖考之志，扩而大之”。他说：“愚窃自谓，资虽不敏，叨居胄馆，忝预公试，俟贡有期。值父忧，还家养母，以守业务本为事。既毕丧，敢不思先祖积累之勤，成均师友切磋之笃，圣天子涵养六世之恩，使祖宗以来安享百年之福，冀以报其万一。”[①] 主导这三代人教育观念的基本内核就是对以血缘为纽带的家族群体感的认同。

家族的兴旺又有赖于家族在地方的地位和声望。在元廷崇尚文治的大背景下，一个家族欲在乡社崭露头角，唯有肩负起文化领袖的角色方可奏效。唐兀崇喜家族所在地本设有“龙王社”。所设之意，本以重神明、祈雨泽、美风俗、厚人伦为归依。然因袭之弊，尚于奢侈，原本立社之义、乡约之礼全然丢弃。至正元年（1341），唐兀忠显和唐兀崇喜父子俩在与乡社领袖商议之后，拟定《龙祠乡社义约》，决定整顿乡社，置立籍簿，推举年高有德、才良行修者，充任设举、社司，掌管社人。议定每年设社，除夏季忙月不会，余月皆会，以言谈经史，讲究农务，劝惩善恶，礼规乡约。义约中还规定应在乡社兴办学校：“学校之设，见有讲室。礼请师儒，教诲各家子弟。刱又购材命工，大建夫子庙堂，以为书院。”[②] 可见崇义书院之设是唐兀崇喜家族意欲参与和主导乡社建设的一项举措。

要肩负起乡社文化领袖的角色，关键要树立起儒学的大旗，要成为弘扬儒家仁义道德的扛旗人。唐兀崇喜借助创建崇义书院，努力向社会展示自己的崇儒形象，书院建设的每一举措都体现了唐兀崇喜推崇儒学的趋向。其一，在为家庙、居室、书斋命名时突出儒学氛围。唐兀崇喜命名家庙为“思本堂”，取

① 唐兀崇喜：《自序》，《元代西夏遗民文献〈述善集〉校注》，甘肃人民出版社 2001 年版，第 50 页。

② 唐兀忠显、唐兀崇喜：《龙祠乡社义约》，《元代西夏遗民文献〈述善集〉校注》，甘肃人民出版社 2001 年版，第 24 页。

意人生本乎祖。子孙繁衍，一门万指，则其积累，皆自而然。由思亲而思本，因思本而行孝，血脉相传，祀先祖而绪深远。他又为居室匾额“顺乐堂”，取《诗经》“妻子好合，如鼓瑟琴。兄弟既翕，和乐且耽。宜尔室家，乐尔妻帑。夫子赞云：父母其顺矣乎”之意，提倡家人尊卑之有等，长幼之有序，使吾亲安而乐。他为书斋取名“敬止斋”，其弟之书斋则取名“知止斋”，皆取《大学》引《诗经》“于缉熙敬止”之意，以求学问道德之极致。

其二，兴建讲堂。为使书院规模宏大，唐兀崇喜继承父志，与兄弟协力，投巨资营建书院主体建筑。至正八年（1348），书院讲堂正式落成。其外观轮奂翚飞，青碧璀璨，“岂徒为一乡学者劝，实可为一郡学校华也”①。讲堂落成后，唐兀崇喜请国子司业潘迪为其命名。潘迪取《论语》“有朋自远方来，不亦乐乎”之意，定名“亦乐堂”。

其三，兴建大成至圣文宣王殿。唐兀崇喜在讲堂落成后，又与家人共同捐资协力，于1349年动工兴建书院的又一主体建筑，以祭祀孔子。大成至圣文宣王殿于1352年竣工，面势宏敞，缔构坚致，丹碧黝垩，焕丽辉炳，成为“一方文明之状观”②。蒙古宗王文济王蛮子亲自书写匾额“大成殿”，更为大成至圣文宣王殿添色增辉。

其四，置籍学田。学田之制，乃为供书院之牢醴、廪书院之师徒。书院凡祭祀、醴齐、币帛、脯修、膳食供需，皆由此出，使其弟子得专心励志于学，成德达材以待宾兴之用。唐兀崇喜斥资十五万缗，在书院周围购置学田四百五十四亩，以为书院地产③。至此，唐兀崇喜的书院建设已经达到庙有殿、讲有堂、学有田的基本规模。

---

① 潘迪：《亦乐堂记》，《元代西夏遗民文献〈述善集〉校注》，甘肃人民出版社2001年版，第67—68页。

② 潘迪：《有元澶渊官人寨创建庙学记》，《元代西夏遗民文献〈述善集〉校注》，甘肃人民出版社2001年版，第110页。

③ 程徐：《崇义书院田记》，《元代西夏遗民文献〈述善集〉校注》，甘肃人民出版社2001年版，第100—101页。

其五，礼请师儒。书院建设除硬件设施之外，教师的学术名望是不可或缺的条件。国子司业潘迪为唐兀崇喜制定的聘师条件是“有志诗书，无心利禄，德足以服众，道足以济人，垂训立言，允蹈先儒之范，循规蹈矩，当为后进之模。讲解有渊源，每得程朱之余论，文章有机纾，世修韩柳之正传，若允舆论，宜主师席”①。根据考察，唐兀崇喜与众乡绅决定以楮币15锭、米15石、学田40亩、柴薪1000束的待遇礼请新任密州儒学正的唐兀伯都主师席。唐兀伯都，字彦国，国子监上舍生，曾任濮阳监尹、密州儒学正。唐兀伯都在任濮阳监尹时就对唐兀崇喜家族教育的举措大加赞赏，对崇义书院的建设多所建言，故而深得唐兀崇喜家族的信赖。潘迪曾称他为“燕南名进士”②，但未详细说明。而在另一处则说：“窃惟彦国学正先生，诗礼名门，簪缨世胄，驰芳馨于河北，占上甲于山东。”③ 以此推断唐兀伯都可能在地方科举考试中举，而这一出身与他的官职是相吻合的。

由此看来，唐兀崇喜创办崇义书院确实是为了在乡社树立起其家族的文化形象和主导地位。这样做有利于唐兀崇喜家族的根本振兴，也有利于儒学在家族乡社的推广普及。这种书院建设的方向正迎合了元代统治者的意愿。

元代书院发展的类型与宋代有所不同。虽然宋代书院也有少数家族式书院，但那多是名师高官之家族，其宗旨也主要是为了弘扬某一学派的学术。从总体讲，宋代书院是因学术而设置，是理学大师为探讨学术、宣扬理学而设置。为远离尘嚣，宋代书院多选择山高林深之处，以利于修身养性。书院的功能并未延伸到家族教育。而元代则不同。徐梓先生在《元代书院研究》中指出，元代书院的基本类型是乡里书院，甚至是家族书院，统而言之，可以称之

---

① 潘迪：《礼请师儒疏》，《元代西夏遗民文献〈述善集〉校注》，甘肃人民出版社2001年版，第106页。

② 潘迪：《有元澶渊官人寨创建庙学记》，《元代西夏遗民文献〈述善集〉校注》，甘肃人民出版社2001年版，第69页。

③ 潘迪：《礼请师儒疏》，《元代西夏遗民文献〈述善集〉校注》，甘肃人民出版社2001年版，第104页。

为宗党书院[1]。这些宗党书院多是出自乡绅之手，而且多是由家塾、义学发展而成。其宗旨不在探讨学术，而在促进家族、乡社的建设。

元代书院发展的这一特点是在元廷的鼓励和支持下形成的。如翰林直学士薛友谅“思缵前志，式承遗训，割岁入之奇，仿书院之制，爰建义塾，用迪教事”，“延祐元年春，国子监以闻，陟义塾为洛西书院”[2]。滕州的性善书院最初也是义塾，“延祐元年，监察御史任君敬言于朝曰：‘昔藤文公尝闻性善之说于孟子，宜表义塾曰性善书院。’朝廷用其言，性善书院列于学官，置山长以为之师”[3]。又如“建宁路浦城县，真文忠公之故居在焉。其孙渊子言其族人，用建安祠朱文公之比，筑室祠公，相率举私田，给凡学于其宫者，而请官为之立师。江浙行中书省上其事，朝廷伟之，名之曰西山书院，列为学官，实延祐四年四月也”[4]。

元代书院发展的这个新特点之所以能形成，马端临是这样说的：“盖州县之学，有司奉诏旨所建也，故或作或辍，不免具文。乡党之学，贤士大夫留意斯文所建也，故前规后随，皆务兴起，后来所至，书院尤多。”[5] 马端临认为，地方官学多为具文而由乡党之学兴起，这是元代宗党书院增多的原因。马端临此话其实还未点到本质。乡党之学之所以在元代受到重视，根本在于元代社会秩序的重构。元代社会动荡不安的根源在于传统的纲常秩序受到了冲击和破坏。要实现社会秩序的重构，关键是要恢复儒家所倡导的伦理纲常，使孝悌礼让之习在社会上下蔚然成风。这既有利于蒙古统治步入规范化和伦理化，也有利于元代社会在战乱的废墟上复兴。因而崇儒兴学是元代文治的核心问题。诚如许衡向忽必烈所言：“自上都、中都下及司县，皆设学校，使皇子以下至于庶人子弟，皆从事于学，日明父子君臣之大伦，自洒扫应对至于平天下之要

① 徐梓：《元代书院研究》，社会科学文献出版社 2000 年版，第 137 页。

② 程钜夫：《洛西书院碑》，《雪楼集》卷二一，四库全书本。

③ 虞集：《滕州性善书院学田记》，《道园学古录》卷八，四部备要本。

④ 虞集：《西山书院记》，《道园学古录》卷七，四部备要本。

⑤ 马端临：《文献通考》卷四六《学校考七》。

道，十年以后，上知所以御下，下知所以事上，上下和睦，又非今日比矣。”[①] 然而地方官学多为具文，更难以深入到乡社家族，难以完成普及伦理纲常于社会基层之任务。于是扎根于家族乡社的宗党书院便应运而生了。

元代社会文化秩序的重构又正好迎合了宋代理学发展的趋势。从理学发展的历程看，宋代理学至朱熹而集大成后，将理学准则普及于社会成为理学发展的重要任务。元代正好处于这一历史阶段。仁宗朝顺应这一历史趋势，借科举之力定程朱理学为思想领域之至尊。而欲使理学真正成为社会生活的指导思想，借科举和官学之途固然重要，然于乡社的普及、教化更为重要。宗党书院便是为推进这一进程而应运而生。诚如吴澄为乡社义塾或宗党书院的任务定位所言，使“一家一族，无一人不明于父子兄弟夫妇之伦。推而及于宗姻朋友乡里之间，雍雍一和，充满融盎。贵者必获称当代之名贤，富者必获保奕世之永业”[②]。

由此看来，古代书院的发展至元代出现一大转机。如果说理学的发展成为宋代书院发展的重要原因，那么可以说，理学的普及成为元代书院发展的催化剂，尤其是促成宗党书院壮大的直接原因。崇义书院就是这一进程的产物。

三

但一家族一乡社欲创办书院并不取决于它的一相情愿。在元代，书院的创办须经朝廷批准，须由朝廷赐名发文，方算合法。虽然世祖时期对书院采取了较为宽松的保护政策，强调了于“先儒过化之地，名贤经行之所，与好事之家出钱粟赡学者，并立为书院”原则[③]。但在实际上，特别是在成宗朝以后，元廷对民间书院的支持并非如此宽松。元贞二年（1296），有人向部使者完颜贞

① 许衡：《时务五事·农桑学校》，《鲁斋遗书》卷七，北京图书馆古籍珍本丛刊。

② 吴澄：《蒨冈义塾记》，《吴文正公集》卷二二，元人文集珍本丛刊。

③ 《元史》卷八一《选举志一·学校》，中华书局1976年标点本，第2032页。

按越请求修建和靖书院，完颜贞按越“即属其事学官，学官以闻于提举学事，以谂于郡若宣慰使，以上于省府，报下若请”[①]。就是说，和靖书院是经过地方学官层层上报，历提举学事司、宣慰司直达行省，方得获准修建。以后的申报手续还要繁杂，行省后来也没有审批书院的权力，“郡邑有以立书院文移至国子、乃上之集贤，以至仪曹”[②]，经国子监、集贤院议准，呈礼部、中书省批准。批文再层层下发，直到基层官府公示，方可着手兴建书院。这一程式烦琐复杂，耗时耗力，从申报到批准，在元代大致都须费去五到十年的时间。如果其中某一环节出现故障，那整个公文旅行便被迫中断，书院的兴建便遥遥无期了。因此许多人为缩短这一周期，尽力动用各种手段疏通层层关系。南宋参知政事魏了翁的曾孙魏起为修复其曾祖的鹤山书院，于“泰定甲子（1324）之秋，乃来京师，将有请焉。徘徊久之，莫伸其说。至顺元年（1330）八月乙亥，上在奎章之阁，思道无为，鉴书博士柯九思得侍左右，因及魏氏所传之学，与其曾孙起之志。上嘉念焉，命臣集题鹤山书院，著记以赐之”[③]。魏起至京师六年都求助无门，“莫伸其说”，幸得柯九思直达御前，方得成功。可见，元代的书院申报工作关山重重。

元廷此举绝不是有意设卡刁难，而是借审批赐号的手段来控制和规范各地书院的建设。元廷审批书院的条件，第一是看其硬件设施，如教学设备是否齐全、学田是否落实，等等；第二则是看其师资水平如何，特别是书院的办学方针是否与朝廷文治政策保持一致。这第二个条件相当重要，在朝廷审批时几乎成为关键因素。北山书院的申请报告请吴师道主笔。吴师道在文中着重强调了北山先生何基“学绍紫阳之传，道著金华之望”，是朱熹之学的正宗传人，因而立北山书院纪念何基传其学术符合朝廷“兴崇正学，表章先儒”[④] 的政策。

① 戴表元：《和靖书院记》，《剡源集》卷一，四库全书本。

② 谢端：《道溪书院记》，光绪《武昌县志》卷七。

③ 虞集：《鹤山书院记》，《道园学古录》卷七，四部备要本。

④ 吴师道：《请立北山书院文》，《吴礼部文集》卷二〇，四库全书本。

婺源州知州在申报建立明经书院时强调“本州为文公桑梓之邦，考川乃唐进士胡昌翼讲学之地，历世以明经举者，事迹显著”，而朝廷两次派人到实地“体究”，“体得委是立学教养人材”[①]。这里突出强调的也是明经书院的办学方向与朝廷文教政策的一致性。由此看来，元代书院的官学化，并非只是通过委派山长来实现。而是在书院创建之前，通过审批赐号就把对书院的控制权牢牢掌握在政府手中。书院创办者为求得名分求得成功，不仅要在书院的硬件设施上达标，而且要在书院办学宗旨上与朝廷保持一致。这样，元代书院的自由讲学之风自然就无法流行了。古代书院学风于此而发生转折，元廷的这一举措当是至为关键的。

崇义书院的申报经历就充分体现了这一特性。唐兀崇喜之书院是在家塾、义学的基础上发展而成，因而是建院在前，申报在后，这已于朝廷规定有所不合。因此“前此官未锡名，无以列诸学院，大惧弗称”[②]。唐兀崇喜于是开始了积极的活动，为书院的申报成功铺平道路。唐兀崇喜的努力，主要从两方面着手：一是在京城朝廷发生影响，以扩大知名度；二是在地方争取官府及乡邻缙绅的支持。唐兀崇喜为此费尽心思。他充分利用在京城和地方所建立的关系网，或登门造访，抠衣跽请；或邀至家乡，亲历现场；或将乡社义约广泛赠送，恳请省、台、馆、阁、成均之巨公、四方游居京城之士大夫，赐之题咏，以为教勉。唐兀崇喜的这个努力卓有成效。他建大成至圣文宣王殿成，蒙古宗王文济王蛮子为其亲笔书匾“大成殿”。在《述善集》中，为其家族教育赋诗文者，有国子司业潘迪、国子博士张以宁、翰林待制伯颜宗道、监察御史程徐、翰林学士曾坚、前国子助教张翥、危素等。地方官员则有开州刺史张桢、开州牧守忠公严、燕南名进士密州儒学正唐兀伯都、濮阳首知刘让以及一批乡绅。

---

① 《明经书院赐额缘由》，胡炳文：《云峰胡先生文集》卷九附录上，四库全书本。

② 张以宁：《崇义书院记》，《元代西夏遗民文献〈述善集〉校注》，甘肃人民出版社 2001 年版，第 125 页。

唐兀崇喜的努力显然是在争取名人效应。家族乡社式书院若不能在京城朝野产生影响，不能得到一批名人的鼎力支持，其申报的成功率是微乎其微的。但这只是问题的一个方面，甚至可以说这只是问题的现象层面。问题的本质是，唐兀崇喜在争取朝野名人支持的同时，他实际上是在朝野名人的指点下，按照朝廷文教政策的方向，创建和完善书院。而朝廷官僚们在为唐兀崇喜的书院赋诗著文之时，所宣传的和所提倡的也都是儒家文化秩序和朝廷文治导向。

从《述善集》中所收的诗文看，潘迪著文最多，对创办崇义书院出力最大宣传最热心者也数潘迪。潘迪，元代元城（今河北大名县）人，历官国子司业、集贤学士、礼部尚书。从潘迪提及“蒙古侍卫百夫长唐兀崇喜，向在成均，尝从余游”[①] 来看，潘迪是唐兀崇喜在国子监的老师。《钦定国子监志》中收集有国子司业潘迪在顺帝至元五年（1339）所书国子监石鼓的文章[②]，这个时间与唐兀崇喜入读国子监的时间相吻合。潘迪在另一处还写有“且崇喜父子皆从余游”[③]，可见唐兀崇喜与潘迪交谊不一般。自1346年，潘迪就为唐兀崇喜的《龙祠乡社义约》写序。以后唐兀崇喜的每一个兴学举措，潘迪几乎都为之秉书赠言。1347年，唐兀崇喜将居室及读书之所分别定名为“顺乐堂”、“敬止斋”，潘迪嘉其有志，分别赋记。1348年，唐兀崇喜义学讲堂落成，潘迪为其定名“亦乐”。1349年，唐兀崇喜之弟匾其斋为“知止”，潘迪赋记并嘉其孝行而写序。1351年，唐兀崇喜与乡社同志者会聚习射，谓之为“观德会”，潘迪也欣然赋跋。1353年，唐兀崇喜家庙以“思本”命名，潘迪敬书《思本堂记》；庙学讫工，潘迪为其撰记刻石。1356年，唐兀崇喜立《唐兀公碑》，潘迪为其写铭与序。1355年和1356年，潘迪两次撰文为唐兀崇喜之乡

---

① 潘迪：《龙祠乡社义约序》，《元代西夏遗民文献〈述善集〉校注》，甘肃人民出版社2001年版，第16页。

② 《钦定国子监志》卷六一《金石志九·周石鼓》，北京古籍出版社2000年标点本，第1100—1101页。

③ 潘迪：《有元澶渊官人寨创建庙学记》，《元代西夏遗民文献〈述善集〉校注》，甘肃人民出版社2001年版，第109页。

校礼请师儒唐兀彦国。但潘迪对唐兀崇喜的家族教育举措绝不是流于人情交往的吹捧，而是依据儒学原理对唐兀崇喜兴学措施进行点评和指引。潘迪在诗文中热情赞扬唐兀崇喜家族按照儒家伦理纲常治家护乡的种种举措，肯定了其家族建设尊孔崇儒的方向，高度评价了其乡校所聘教师的儒学素养。这既是为唐兀崇喜书院在京城造势，也是在规范着和指引着唐兀崇喜创办书院的走向。

在争取朝廷审批赐名的过程中，唐兀崇喜最具决定意义的动作是他在至正十六年（1256）向官府捐粮五百石和草万束，以补军用。唐兀崇喜表示，这样做“并不愿除授名爵，关请官钱，但期天戈早息，生民获安”[①]。这个举动既出自唐兀崇喜的本意，也对崇义书院的最后正名起到了关键作用。它极具说服力地向朝廷展示，唐兀崇喜创办书院确实是为着效忠朝廷，为着遵循崇儒的文治政策。

濮阳县尹刘德训据此再次上呈，强调“似此忠义之士，诚为罕见，请早为申达上司，乞赐书院之号”。此件经州而路，送达中书省礼部。集贤院讨论此事时认为：“斯人尚义轻财，尊儒重道，建学田，育人材以报国，献粟草，供军需而效忠。既无心爵赏之名，惟注意书院之号，若兹嘉士，良可褒称，可拟‘崇义书院’，盖取褒崇义士之意。如蒙准呈，亦励薄俗、厚风化之一端也。”至正十八年（1358）四月，这一意见得到礼部和中书省的批准。不久，中书礼部护持学校文榜正式下发，并在崇义书院内张挂[②]。朝廷为唐兀崇喜书院赐号“崇义”，意取“褒崇义士”，以嘉奖唐兀崇喜书院尊儒重道、育才报国、效忠朝廷之主旨。崇义书院的办学方向也就在朝廷的这一精神下正式定位。

崇义书院赐名后，唐兀崇喜将家族教育进程中所撰及所征之记、序、碑名、字说、诗文、杂著共29篇，成《述善集》一书。国子博士张以宁为该书

① 唐兀崇喜：《报效军储》，《元代西夏遗民文献〈述善集〉校注》，甘肃人民出版社2001年版，第118页。

② 《赐号崇义书院中书礼部符文》和《中书礼部护持学校文榜》，《元代西夏遗民文献〈述善集〉校注》，甘肃人民出版社2001年版，第119—124页。

作序，全面总结了唐兀崇喜家族教育的成就及其意义："象贤之先，自贺兰而澶渊，为善之积，盖四世矣。夫其龙祠乡社有约，蓝田吕氏之范也；精舍论堂曰'崇义'，曰'亦乐'，睢阳戚氏之规也；祀先之室曰'思本'，肄业之斋曰'敬止'，曰'知止'，则紫阳家礼、横渠砭愚之训也。敦武之发潜有名，昆弟之敬名有说，孝感有记，于是见一家父子祖孙之懿；'顺乐'之堂有记，祖宗契券有志，'为善最乐'有说，'观德'之会有文，于是又见君提身正家之有本。而书院锡号，具载始末，尤以见为下者，捐己以纾国家之急；为上者，褒义以敦风化之源，甚盛举也。"①

张以宁所言十分准确地概述了崇义书院创办成功的历程和原因。来自贺兰山区的唐兀崇喜家族，以积善为念，心存儒家修身齐家之学，义取效忠朝廷之行，务本求实，带动着家族乡社建设。这种书院学风走向和书院教育效应正是元朝统治者所希望的。

（注：本文在《元史论丛》第九辑发表，与汤开建教授联合署名。）

① 张以宁：《〈述善集〉序》，《元代西夏遗民文献〈述善集〉校注》，甘肃人民出版社2001年版，第4页。

附录　部分元人文集中关于元代国子监材料的篇目索引

一　元代国子监人物

虞集:《国子学题名序》,《道园学古录》卷六。

1. 许衡

欧阳玄:《许衡神道碑》,《鲁斋遗书》卷一三附录,《圭斋文集》卷九,许衡生平事迹。

耶律有尚:《行实》,《鲁斋遗书》卷一三附录,许衡生平事迹。

《许衡谱传》,《鲁斋遗书》卷一二,其中有许衡、许师敬之材料。

《考岁略》,《鲁斋遗书》卷一三附录,许衡生平事迹。

《国学事迹》,《鲁斋遗书》卷一三附录,许衡主持国子学事迹。

2. 王恂

虞集:《跋王赞善遗事后》,《道园学古录》卷一一,王恂事迹。

3. 刘因

苏天爵:《静修先生刘公墓表》,《滋溪文稿》卷八,刘因事迹。

4. 耶律有尚

苏天爵:《耶律文正公神道碑铭》,《滋溪文稿》卷七,国子助教、司业、祭酒耶律有尚生平。

黄溍：《代渊东宪使请立耶律文正公书院公牒》，《金华黄先生文集》卷三。

张之翰：《送耶律祭酒南归》，《西岩集》卷一，言及国子学教学内容之文道关系。

5. 刘敏中

刘敏中：《中庵集序》，《中庵集卷首》。

6. 刘赓

虞集：《刘公神道碑》，《道园学古录》卷一七，国子祭酒刘赓生平（又见《国朝文类》卷六六）。

7. 邓文原

吴澄：《邓公神道碑》，《吴文正公集》卷六四，国子司业、祭酒邓文原生平。

黄溍：《邓公神道碑铭》，《金华黄先生文集》卷二六，国子司业、祭酒邓文原生平。

马臻：《送善之邓学士之国子司业》，《霞外诗集》卷六，国子司业邓文原事迹。

8. 虞集

赵汸：《邵庵先生虞公行状》，《东山存稿》卷六，国子助教、博士、司业虞集生平。

欧阳玄：《虞庸公神道碑》，《圭斋文集》卷九，国子助教、博士、司业虞集生平。

9. 欧阳玄

危素：《欧阳公行状》，《危太朴文续集》卷七，国子博士欧阳玄生平。

10. 赵期颐

纳延：《投赠赵祭酒二十韵》，《金台集》卷二，祭酒赵期颐，宛丘人。

纳延：《次韵赵祭酒城东宴集》，《金台集》卷二，反映了当时国子监职官生活的一面。

郑元祐：《寄宛丘赵祭酒》，《侨吴集》卷五，国子祭酒赵期颐事迹。

11. 郭思恭

许有壬：《故集贤直学士兼国子祭酒郭公墓志铭》，《雁门集》卷五九，国子祭酒郭思恭生平。

12. 孛术鲁翀

苏天爵：《孛术鲁公神道碑》，《滋溪文稿》卷八，国子祭酒孛术鲁翀生平。

13. 宋褧

苏天爵《燕石集序》，《燕石集》卷首，国子祭酒宋褧事迹。

许有壬《燕石集序》，《燕石集》卷首，国子祭酒宋褧事迹。

苏天爵：《宋褧墓志》，《滋溪文稿》卷一三，国子司业宋褧生平。

14. 宋本

宋褧：《宋公行状》，《燕石集》卷一五，国子监丞、祭酒宋本生平。

苏天爵：《宋翰林文集序》，《滋溪文稿》卷六，宋褧、宋本事迹。

余阙：《宋祭酒挽歌二首》，《青阳先生文集》卷一，国子监丞、祭酒宋本事迹。

15. 李好文

吴师道：《春陪李惟中司业同年赴京至彭城而别》，《吴正传文集》卷八，与国子司业李好文之情义。

16. 张翥

张翥：《监中暮归》，己亥岁。《蜕庵集》卷四。

张翥：《召入国学雨中过高沙湖》，《蜕庵集》卷一，将赴任途中急迫之情展示无遗。

张雨：《张仲举助教》，《居竹轩诗集》卷二，国子助教张翥事迹。

17. 杨俊民

吴师道：《静思斋记》，《吴正传文集》卷一三，国子司业、祭酒杨俊民事迹。

吴师道：《辛酉进士题名后题》，《吴正传文集》卷一八，由当年同榜者为国子监同僚之人员记载。

苏天爵：《杨氏东茔碑铭》，《滋溪文稿》卷一六，国子司业、祭酒杨俊民生平。

18. 张秋山

张之翰：《赠张祭酒》，《西岩集》卷八，赋诗祭酒张秋山，言及国子监职官之使命。

19. 萧𣂏

苏天爵：《萧贞敏公墓志铭》，《滋溪文稿》卷八，萧𣂏生平。

萧𣂏：《辞免国子司业状》，《勤斋集》卷二。

萧𣂏：《辞免国子祭酒状》，《勤斋集》卷二。

20. 汪泽民

宋濂：《汪先生神道碑》，《宋文宪公全集》卷五，国子司业汪泽民生平。

宋褧：《汪叔志司业堪老园》，《燕石集》卷一〇，国子司业汪泽民事迹。

李存：《近诗五首》，《俟庵集》卷六，其中有二首分别赞美了汪泽民司业和吴师道博士。

21. 曾坚

宋濂：《曾学士文集序》，《宋文宪公全集》卷七，国子助教、国子监丞、司业曾坚事迹。

22. 孔克坚

宋濂：《元故国子祭酒孔公神道碑》，《宋文宪公全集》卷三一，国子祭酒孔克坚生平。

23. 危素

宋濂：《危素墓志铭》，《宋文宪公全集》卷一八。

24. 柳贯

宋濂：《柳先生行状》，《宋文宪公全集》卷四一，国子助教、博士柳贯生平。（卷二五）

黄溍：《翰林待制柳公墓表》，《金华黄先生文集》卷三〇，国子助教、博士柳贯生平。

25. 黄溍

宋濂：《金华黄先生行状》，《宋文宪公全集》卷四一，国子博士黄溍生平。

危素：《黄公神道碑》，《危太朴文续集》卷二，《金华黄先生文集》附录，国子博士黄溍生平。

杨维桢：《金华先生墓志铭》，《东维子文集》卷二四，国子博士黄溍生平。

胡助：《戏呈黄晋卿博士》，《纯白斋类稿》卷一五。

26. 康若泰

杨维桢：《送康司业诗》，《东维子文集》卷二九，送康若泰赴任国子司业，强调了国子监学官的重要性。

27. 白栋

姚燧：《河南道劝农副使白公墓碣》，《牧庵集》卷二六，国子助教白栋生平。

王恽：《白签事彦隆哀辞》，《秋涧集》卷一九，对国子助教白栋的追忆与评价。

28. 滕安上

姚燧：《国子司业滕君墓碣》，《牧庵集》卷二六，国子博士、国子监丞、司业滕安上生平。

吴澄：《滕司业文集序》，《吴文正公集》卷一〇，为国子司业滕安上文集作序。

29. 砚弥坚

苏天爵：《元故国子司业砚公墓碑》，《滋溪文稿》卷七，国子司业砚弥坚生平。

苏天爵：《题国子司业砚公遗墨》，《滋溪文稿》卷二九，国子司业砚弥坚事迹。

滕安上：《祭砚司业先生文》，《国朝文类》卷四八，国子司业砚弥坚生平。

张之翰：《挽砚司业三首》，《西岩集》卷一〇，国子司业砚弥坚事迹。

30. 王构

王恽：《送王司业嗣能倅衢州》，《秋涧集》卷二一，送别国子司业王构。

张伯淳：《送王士能赴衢州同知》，《养蒙文集》卷九，国子监丞、司业王构事迹。

滕安上：《嗣能司业迁衢州倅诗以送之》，《东庵集》卷三，送别国子司业王构。

31. 宋翼

虞集：《松友记》，《道园学古录》卷八，国子司业宋翼事迹。

欧阳玄《宋公墓碑》，《山右石刻丛编》卷三九，国子司业宋翼生平。

32. 李元礼

虞集：《题故国子司业李公挽诗后》，国子司业李元礼事迹。

程矩夫：《李庭训御史挽词》，《雪楼集》卷二八，国子司业李元礼事迹。

贡奎：《司业李公哀挽》，《贡云林集》卷五，国子司业李元礼事迹。（又见《元文类》卷七）

33. 吴澄

虞集：《请吴先生书》，《道园学古录》卷一二，国子监丞、司业吴澄事迹。

虞集：《庆草庐先生初度启》，《道园学古录》卷一二，国子监丞、司业吴澄事迹。

虞集：《回吴先生庆初度启》，《道园学古录》卷一二，国子监丞、司业吴澄事迹。

虞集：《临川先生吴公行状》，《道园学古录》卷四四，国子监丞、司业吴澄事迹。

虞集：《祭吴先生文》，《道园学古录》卷四四，国子监丞、司业吴澄事迹。

揭傒斯：《吴澄神道碑》，《吴文正公集》附录，国子监丞、司业吴澄事迹。

危素：《吴文正公年谱》，《吴文正公集》附录，国子监丞、司业吴澄事迹。

刘岳申：《祭草庐先生吴公文》，《申斋文集》卷一二，国子监丞、司业吴澄事迹。

陈晋斋：《呈草庐吴司业》，《皇元风雅前集》卷六，国子监丞、司业吴澄事迹。

34. 李凤

虞集：《国子助教李先生墓碑》，《道园学古录》卷一五，国子助教李凤生平。（又见《国朝文类》卷五五）

苏天爵：《西林李先生诗集序》，《滋溪文稿》卷五，国子助教李凤事迹。

35. 熊太古

虞集：《送熊太古诗序》，《道园学古录》卷五，国子助教熊太古事迹。

36. 王沂

虞集：《送王师鲁编修祠南镇》，《道园学古录》卷三，国子博士王沂事迹。

37. 于钦

柳贯：《于思容墓志铭》，《柳待制文集》卷一一，国子助教于钦生平。

袁桷：《送于思容助教佐济南廉司》，《清容居士集》卷四。

38. 蒲道源

黄溍：《顺斋文集序》，《金华黄先生文集》卷一八，国子博士蒲道源事迹。

蒲道源：《和国子博士刘损斋喜雪韵》，《闲居丛稿》卷六。

蒲机：《顺斋先生墓志文》，《闲居丛稿》附录，国子博士蒲道源事迹。

蒲道诠：《顺斋先生蒲公诔》，《闲居丛稿》附录，国子博士蒲道源事迹。

39. 陈旅

郑元祐：《呈陈众仲助教》，《侨吴集》卷八，为陈旅任国子助教而作。

周权：《呈陈众仲助教》，《此山诗集》卷八，为陈旅任国子助教而作。

吴师道：《陈监丞安雅堂集序》，《吴正传文集》卷一五，国子监丞陈旅。

吴师道：《监学祭陈众仲监丞文》，《吴正传文集》卷二〇，国子助教、国子监丞陈旅事迹。

宋褧：《莆田陈众仲由国子助教提学江浙》，《燕石集》卷七，国子助教陈旅事迹。

王沂：《送陈众仲序》，《伊滨集》卷一五，国子助教陈旅任教五年，王沂博士送行。

傅若金：《送陈助教众仲赴江浙儒学提举二首》，《傅与砺诗文集》卷二。

40. 揭傒斯

周权：《呈揭曼硕监丞》，《此山诗集》卷五，此证揭傒斯曾任国子监丞。

黄溍：《文安揭公神道碑》，《金华黄先生文集》卷二六，国子博士揭傒斯生平。

欧阳玄：《豫章揭公墓志铭》，《圭斋文集》卷一〇，国子博士揭傒斯生平。

傅若金：《奉和揭监丞立春病中之作》，《傅与砺诗文集》卷四。

41. 韩镛

萨都拉：《送韩司业》，《雁门集》卷一，送韩镛赴任国子司业。

42. 冯福可

许有壬：《京师送冯景仲赴江西儒学提举》，《雁门集》卷二一，国子助教冯福可任职六年，迁江西儒学提举。

43. 畅师文

许有壬：《畅公神道碑》，《雁门集》卷四九，有畅师文“入为国子司业，教育有规，诸生服焉”之记载。

欧阳玄：《畅公神道碑铭》，《圭斋小稿》卷九，国子司业畅师文生平。

44. 吴师道

张枢：《元故礼部郎中吴君墓表》，《吴正传文集》附录，国子助教、博士吴师道生平。

杜本：《吴师道墓志铭》，《吴正传文集》附录，国子助教、博士吴师道生平。

宋濂：《吴先生碑》，《宋文宪公全集》卷三〇，国子助教、博士吴师道生平。

45. 赵季明

滕安上：《司业赵季明南归索诗为赋》，《东庵集》卷三，送别国子司业赵季明。

46. 李祯

同恕：《封承直郎国子监丞李公墓志铭》，《榘庵集》卷九，国子监丞李祯生平。

47. 龚子翱

同恕：《送龚子翱入蜀》，《榘庵集》卷一二，诗中有“人物曾登祭酒堂”句，疑龚子翱曾任国子祭酒。

48. 同恕

贾仁：《同公行状》，《榘庵集》附录，召同恕为国子司业，使三至不起。

孛术鲁翀：《同文贞公神道碑铭》，《榘庵集》附录，召同恕为国子司业，使三至不起。

49. 齐履谦

苏天爵：《齐文懿公神道碑铭》，《滋溪文稿》卷九，国子司业齐履谦生平。

50. 谢端

苏天爵：《谢公神道碑铭》，《滋溪文稿》卷一三，国子司业谢端生平。

51. 李淦

程钜夫：《故国子助教李性学墓碑》，《雪楼集》卷二〇，国子助教李淦生平。

52. 李黼

张雨：《送李子威赴国子监》，《居竹轩诗集》卷二，国子监丞李黼事迹。

53. 史秉文

贡奎：《送史助教代祀西岳》，《贡云林集》卷二。

胡助：《送史秉文助教祠西岳还家》，《纯白斋类稿》卷一二。

袁桷：《祭史车父助教》，《清容居士集》卷四三。

54. 段辅

张翥：《戊子正月连雪苦寒答段助教天祐吉甫二首》，《蜕庵集》卷二，国子助教段辅事迹。

程廷珪：《题段吉甫助教别野图》，《青阳先生文集》卷九。

55. 郑应先

贡师泰：《国子监丞郑君墓志铭》，《玩斋集》卷一〇，国子监丞郑应先。

56. 贡师泰

朱镒：《年谱，纪年录》，《玩斋集》附录，国子司业贡师泰生平。

57. 荣肇

宋濂：《荣祭酒像赞》，《荣祭酒遗文》卷首，国子祭酒荣肇生平。

许焞：《荣祭酒传》，《荣祭酒遗文》卷首，国子祭酒荣肇生平。

58. 张以宁

杨荣：《张公墓碑》，《文敏集》卷一九，国子助教张以宁生平。

59. 其他

陈栎：《贺邓祭酒书》，《定宇集》卷一〇。

余阙：《与国子助教程以文书》，《青阳先生文集》卷五。

程廷珪：《送余廷心赴大学》，《青阳先生文集》卷九。

贡师泰：《送国子张教授》，《玩斋集》卷二，此张教授应为蒙古国子学教授。

《刘尚质吉州诗》，《山右石刻丛编》卷三九，国子助教刘尚质事迹。

《国子博士王吾素先生墓表》，《刘坦斋文集》卷一一，国子博士王相生平。

吴澄：《送监察御史刘世安赴行台序》，《吴文正公集》卷一四。

王恽：《举陕西儒士杨元甫事状》，《秋涧集》卷八九，推荐杨恭懿出任国子监学官。

苏天爵：《黄清老墓碑》，《滋溪文稿》卷一三，廷臣欲召黄清老任教国子，而黄已卒。

苏天爵：《乌冲墓碑》，《滋溪文稿》卷一四，廷臣欲召乌冲任教国子，而乌已卒。

二　元代国子监办学思想

王恽：《论立国子学事状》，《秋涧集》卷八六，上疏创设国子学。

王恽：《便民三十五事·设学校》附《议复立国子学》，《秋涧集》卷九〇。

袁桷：《国学议》，《清容居士集》卷四一，从历史角度阐述国子学的办学宗旨。

黄溍：《翰林国史院题名记》，《金华黄先生文集》卷八，元代翰林国史院演变历史及与国子监关系。

许有壬：《上都孔子庙碑》，《雁门集》卷四四，记述了蒙元国子学发展的历程。

程矩夫：《大元国学先圣碑》，《雪楼集》卷六，介绍了元代国子监发展状况。

苏天爵：《马祖常墓志》，《滋溪文稿》卷九，有马祖常上言兴学易俗的建议。

苏天爵：《野先神道碑》，《滋溪文稿》卷一五，言及创办蒙古国子学事。

许衡：《语录上》，《鲁斋遗书》卷一。

许衡:《语录下》,《鲁斋遗书》卷二。

许衡:《小学大义》,《鲁斋遗书》卷三。

许衡:《大学要略》,《鲁斋遗书》卷三。

许衡:《小大学或问》,《鲁斋遗书》卷三。

许衡:《时务五事》,《鲁斋遗书》卷五。

许衡:《与窦先生》,《鲁斋遗书》卷九。

许衡:《与子师可》,《鲁斋遗书》卷九。

吴澄:《送虞叔常北上序》,《吴文正公集》卷二七,与虞集讨论文学教育问题。

吴澄:《赠王士温序》,《吴文正公集》卷一八。

刘岳申:《送吴草庐赴国子监丞》,《申斋文集》卷一,吴澄受命国子监丞,作者论及应坚持的办学方针。

刘岳申:《答吴草庐书》,《申斋文集》卷四,对吴澄受命预经筵的期望。

苏天爵:《乞增广国学生员》,《滋溪文稿》卷二六。

王沂:《科举程文序》,《伊滨集》卷一三,对元代延祐至至顺年间科举程文的评价。

欧阳玄:《赵忠简公祠堂记》,《圭斋文集》卷五,言及自宋以来学术教育演变轨迹。

揭傒斯:《天寿节代蒙古国子监贺表》,《揭安文公全集》卷六。

黄溍:《国学迁设先师配位祝文》,《金华黄先生文集》卷三。

黄溍:《国子监贺正旦表二首》,《金华黄先生文集》卷三。

黄溍:《国子监贺圣节表二首》,《金华黄先生文集》卷三。

黄溍:《国子监贺册太皇太后表》,《金华黄先生文集》卷三。

黄溍:《国子监贺册皇后表》,《金华黄先生文集》卷三。

黄溍:《国子监贺册太皇太后正旦表》,《金华黄先生文集》卷三。

黄溍:《国子监上太皇太后贺册皇后表》,《金华黄先生文集》卷三。

黄溍：《国子监贺皇后受册笺》，《金华黄先生文集》卷三。

吴师道：《国子监贺亲记礼成表》，《吴正传文集》卷一一。

程端学：《国子监贺正表》，《积斋集》卷五。

三　元代国子监的教学

许衡：《编年歌括》，《鲁斋遗书》卷一〇，将历史编年与数学结合的国子学教材。

许衡：《稽古千文》，《鲁斋遗书》卷一〇，国子学教材。

许衡：《设器歌》，《鲁斋遗书》卷一〇，关于国子学祭祀之规矩。

王恽：《书商司业定武兰亭本后》，《秋涧集》卷七二，对国子学采用书法教材的意见。

吴澄：《私试策问》，《吴文正公集》卷二，为国子学考试所拟试题，共 12 大类。

黄溍：《国学蒙古色目人策问》，《金华黄先生文集》卷三。

黄溍：《国学汉人策问》，《金华黄先生文集》卷三。

柳贯：《国学私试一》，《柳待制文集》卷七，国子学试题，论田制。

柳贯：《国学私试二》，《柳待制文集》卷七，国子学试题，论六经。

柳贯：《国学私试三》，《柳待制文集》卷七，国子学试题，论礼乐。

柳贯：《国学私试四》，《柳待制文集》卷七，国子学试题，论安民之术。

柳贯：《国学私试五》，《柳待制文集》卷七，国子学试题，论社会舆论。

柳贯：《国学私试六》，《柳待制文集》卷七，国子学试题，论时历。

柳贯：《国学私试七》，《柳待制文集》卷七，国子学试题，论官制。

柳贯：《国学私试八》，《柳待制文集》卷七，国子学试题，论述礼制与安天理人心之关系。

柳贯：《国学私试九》，《柳待制文集》卷七，国子学试题，论述科举与学校之关系。

柳贯:《国学私试十》,《柳待制文集》卷七,国子学试题,论述诸葛亮实践儒学之真谛。

柳贯:《国学私试十一》,《柳待制文集》卷七,国子学试题,比较虞之胄子、周之国子、汉之任子之法。

蒲道源:《国学策文》,《闲居丛稿》卷一三,国子学试题。

吴师道:《国学策问四十道》,《吴正传文集》卷一九。

吴师道:《请传习许益之先生点书公文》,《吴正传文集》卷二〇,对国子监教材的意见。

宋褧:《晨入太学即事口号》,《燕石集》卷九,描述国子监官早晨上班状况。

宋褧:《胄监东厅口号》,《燕石集》卷九,描述国子监东厅状况。

傅若金:《太学上丁》,《傅与砺诗文集》卷七,述国子监祭祀之情景。

吴当:《大驾南归至龙虎台,迎候者皆于昌平,胄监岁馆旧县何氏。至正九年八月,监丞吴当独来馆,人持祭酒、司业旧题索赋》,《学言稿》卷六。

张昱:《辇下集》,《可闲老人集》卷二,作者任职宣政院,将京城所见所闻辄赋诗,其中有关于国子监见闻。

贡奎:《题京学所壁》,《贡云林集》卷四,此处存疑,此京可能指大都路学,也可能指国子学。

四　元代国子监建筑

陈孚:《同国子司业王士能监丞滕仲礼谒南城文庙观周宣王石鼓各模数本以归》,《陈刚中诗集》卷三。

吴澄:《崇文阁碑》,《吴文正公集》卷二六,为国子监所建崇文阁所作。

吴澄:《国子学告揭大成新扁文》,《吴文正公集》外集卷三,为孔庙大成新匾而作。

蒲道源:《贾政道监修京师庙学诗卷》,《闲居丛稿》卷六,赞扬贾训修建国子监之功。

蒲道源:《崇文阁上梁文》,《闲居丛稿》卷一一,为国子监修建崇文阁而作。

陈旅:《国子监营缮官舍记》,《安雅堂集》卷七,关于国子监建设的记载。

五　上都分教制

纳延:《送危助教分监上京》,《金台集》卷一,送危素赴上都国子监,极言一路艰辛。

柳贯:《上京纪行诗序》,《柳待制文集》卷一六,以国子助教赴上都纪行。

程端学:《上都国子监题名记》,《积斋集》卷四,有上都国子监教学情况。

陈旅:《上都分学题名记》,《安雅堂集》卷七,有上都国子学的教学状况记载。

六　元代国子监学生

陈高:《送章氏二生游国学序》,《不系舟渔集》卷一一,其中论及在国子学学习的有利及不利条件。

程端礼:《张克宽义聚序》,《畏斋集》卷三,有“予助教国学,伴读张生克宽携兄子汝邻从予游”句。

袁桷:《书凌生功课历后》,《清容居士集》卷六。

袁桷:《送刘生归乡试序》,《清容居士集》卷二四,送国子生刘任回乡省亲,参加乡试。

徐明善:《送汪子中序》,《芳谷集》卷上,汪子中欲入国学,徐明善勉之。

虞集：《送王中夫赴安庆教授》，《道园学古录》卷三，王大本由国子伴读为安庆路教授。

虞集：《倪行简墓志铭》，《道园学古录》卷一九，国子生倪行简。

吴澄：《送国子伴读倪行简赴京》，《吴文正公集》卷九四，国子伴读倪行简省亲期满赴京继续学业。

吴澄：《聂谊字说》，《吴文正公集》卷六，为国子生聂谊名字释义。

吴澄：《送吕诜赴江西行省掾序》，《吴文正公集》卷一四，国子生吕诜选为江西行省掾。

吴澄：《国学生李黼泗州省亲序》，《吴文正公集》卷二七，国子监亟李黼当年入读国子监事迹。

吴澄：《送廉充赴浙西照磨序》，《吴文正公集》卷一九。

吴澄：《跋李氏家集》，《吴文正公集》卷二九。

吴澄：《题刁是病中所书字后》，《吴文正公集》卷三〇，国子生刁是因善书而被推荐入学。

吴澄：《题姚博士与洪汝懋赠言后》，《吴文正公集》卷三一，国子生洪汝懋学成归里。

吴澄：《题人瑞堂记后》，《吴文正公集》卷三一。

吴澄：《题李思温举业稿后》，《吴文正公集》卷三一，国子生李思温为备考所作然不幸病逝，吴澄惜之。

吴澄：《国子生叶恒母楮氏墓表》，《吴文正公集》卷三四，应国子生叶恒为其母楮氏而作。

吴澄：《跋在平梁君政绩记后》，《吴文正公集》卷六〇，国子伴读梁宜入仕后事迹。

吴澄：《金溪吴昌文墓志铭》，《吴文正公集》卷八三。

刘岳申：《解开先省亲监学序》，《申斋文集》卷一，为国子生解开归乡省亲而作。

纳延：《送国子生郭鹏归河东石室山省亲》，《金台集》卷一。

黄溍：《送郑生序》，《金华黄先生文集》卷五，其中有对国子监学官地位的议论。

黄溍：《送吴生归黄岩诗序》，《金华黄先生文集》卷六，送国子生吴生归乡省亲。

黄溍：《送徐生归吴中序》，《金华黄先生文集》卷六，送国子生徐生归乡省亲。

王沂：《送翟生序》，《伊滨集》卷一四，为国子生翟文中赴任而作。

王沂：《送赵生序》，《伊滨集》卷一四，国子生赵秉忠辞学养亲，有人为之可惜，王沂鼓励之。

王沂：《送冯翊序》，《伊滨集》卷一五，为国子生冯翊赴任而作。

王沂：《送曹溱序》，《伊滨集》卷一五，为国子生曹溱甲科贡举送行。

王沂：《送张宗德序》，《伊滨集》卷一五，为国子生张宗德送行。

王沂：《送刘掌仪序》，《伊滨集》卷一七，其中言及国子监设置掌仪之由。

欧阳玄：《喜门生中状元》，《圭斋文集》卷三，盛状泰定四年国子生科举中第谢师之感想。

欧阳玄：《刘叔耔字说》，《圭斋文集》卷一三，国子生刘师耔入学及学习情况。

欧阳玄：《国朝名臣事略序》，《圭斋文集》卷七，言及苏天爵在国子学学习情况。

柳贯：《五月八日至上都国子监作》，《柳待制文集》卷二，谈及上都国子监的环境及个人打算。

柳贯：《送国子伴读李颙还省潞州》，《柳待制文集》卷五。

柳贯：《送国子伴读朱礼悌盱江省亲》，《柳待制文集》卷五。

蒲道源：《题国子生张行修归养卷》，《闲居丛稿》卷三，对国子生张行修归家养亲之行为倍加推崇。

蒲道源：《送京师学正郑桀下第还家》，《闲居丛稿》卷六，喜其“不见色间形喜愠，果能度外置穷通”。

蒲道源：《送国子伴读王时清归觐序》，《闲居丛稿》卷一九，其中论及国子学教学状况。

许有壬：《题国子生叶恒父谦甫墓碣后》，《雁门集》卷一六，对国子生叶恒学习儒学的寄望。

吴师道：《送孙生归丰城》，《吴正传文集》卷八，谈国子生孙生十年读书之艰辛。

吴师道：《送揭生浩侍父南归》，《吴正传文集》卷八，送国子生揭浩南归省亲。

吴师道：《送舒生序》，《吴正传文集》卷一五，记述了国子伴读遴选释褐的变化。

程端学：《赠国子生巴颜归觐序》，《积斋集》卷三。

宋褧：《送张掌仪诗》，《燕石集》卷五，序中介绍了国子监释奠情况。

宋褧：《送国子生吉祥海涯还蕲州觐亲》，《燕石集》卷五。

宋褧：《国子生杜俭墓志铭》，《燕石集》卷一四，有国子生状况。

龚璛：《送李孔言上舍北游》，《存悔斋稿》附遗，送国子生李孔言还京，言及当时国子生的处境。

滕安上：《伴读杨观谦逢吉告归平定省觐索诗，观谦，监丞王嗣能之甥》，《东庵集》卷一。

傅若金：《送王思文上舍》，《傅与砺诗文集》卷五，王思文乃国子学上舍生。

李存：《赠陈九成游国学》，《俟庵集》卷二，描述了去国子监学习的好处。

李存：《王伯衡诗序》，《俟庵集》卷二〇，王伯衡由国子生释褐入仕。

苏天爵：《马祖谦墓碣》，《滋溪文稿》卷一九，国子生马祖谦。

贡师泰：《送郑伴读归省山东》，《玩斋集》卷二。

贡师泰：《送张介臣伴读归省济南》，《玩斋集》卷二。

贡师泰：《送国子伴读张德贞归湖南》，《玩斋集》卷三。

贡师泰：《送国子生哲德明归淮西觐省》，《玩斋集》卷三。

贡师泰：《送国子掌仪魏居仁还山东》，《玩斋集》卷四。

贡师泰：《送翟生北还序》，《玩斋集》卷六，送国子生翟允学，言及当时国子学教学内容。

周伯琦：《季长弟由国子生除侍仪舍人喜赋二首》，《近光集》卷二，祝国子生季长释褐。

张翥：《送监生聂让省兄山后》，《蜕庵集》卷四。

梁寅：《送国学生吕允亮序》，《石门集》卷七，展示了国子生吕直的雄心壮志。

杨翮：《送成均赵存中还太学序》，《佩玉斋类稿》卷三。

苏天爵：《国子生试贡题名记》，《滋溪文稿》卷二。

吴师道：《送王生归省记》，《吴正传文集》卷一五，记述了国子监对久不归省者促其省亲的做法。

苏天爵：《吕端善神道碑》，《滋溪文稿》卷七，国子伴读吕端善从师许衡。

苏天爵：《孟泌墓志》，《滋溪文稿》卷一三，国子生孟泌。